Inhaltsverzeichnis

Vorwort

Seit über 25 Jahren bietet das vorliegende Buch „Grundwissen Wirtschaft" eine Einführung in wirtschaftliche Fragen und Problemkreise. Häufige Neuauflagen und Neubearbeitungen sorgten dafür, dass das Buch stets „auf der Höhe der Zeit" blieb. Die nunmehr vorliegende gründliche Neubearbeitung trägt erneut der gewandelten wirtschaftspolitischen Diskussion Rechnung. Der Arbeitslosigkeit, der Staatsverschuldung, der Wiedervereinigung Deutschlands und nicht zuletzt der Europäischen Wirtschafts- und Währungsunion wurden ausführliche Darstellungen gewidmet.

Dabei erwies es sich oft als schwierig, die zum Teil recht komplexen Zusammenhänge in eine verständliche Sprache zu bringen. Es ließ sich nicht durchgängig vermeiden, ökonomische Fachbegriffe zu verwenden.

Für die vorliegende Neubearbeitung wurden alle Zahlentafeln und Abbildungen aktualisiert.

Für Hinweise aus dem Benutzerkreis danke ich bereits im Voraus.

Köln, im Juli 1999 Günter Ashauer

Das „Grundwissen Wirtschaft“

ist als ständiger Begleiter für den Lernenden gedacht. Es kann in der Sekundarstufe I und darüber hinaus verwandt werden, und zwar in allen Fächern, in denen es um wirtschaftliche Probleme und um Zusammenhänge von Wirtschaft und Politik geht. Das mag in Wirtschaftslehre, Gesellschaftslehre, Arbeitslehre, aber auch in Gemeinschaftskunde, Sozialkunde, Sozialwissenschaften oder Politik der Fall sein.
Jugendliche sind in manchen Wirtschaftszweigen, z. B. als Käufer von CDs, die wichtigste Verbrauchergruppe. Nach dem Schulabschluss werden sie als Konsumenten und Sparer, als Arbeitnehmer, Kreditnehmer und in manchen anderen Rollen aktiv am Wirtschaftsgeschehen teilnehmen. Von diesen künftigen Rollen, von den vorliegenden Lehrplänen und von der Häufigkeit vorkommender Begriffe im Wirtschaftsteil der Tageszeitungen wurde die Stoffauswahl dieses Buches bestimmt.
Das Grundwissen Wirtschaft bietet nicht den gesamten herkömmlichen Stoff der Volks- und Betriebswirtschaftslehre, sondern bloß eine Einführung in sozialökonomische Grundbegriffe und Zusammenhänge.
Durch die übersichtliche Gliederung des Buches, das ***Hervorheben*** wichtiger Begriffe und durch ein umfangreiches Personen- und Sachwortverzeichnis wird das Nachschlagen und das Wiederholen erleichtert.

1 Grundlagen der Wirtschaft

1.1 Aufgabe und Ziel der Wirtschaftslehre

Warum werden Autoreparaturen ständig teurer?
Könnte die Sparkasse nicht mehr Zinsen für mein gespartes Geld zahlen?
Wie konnte es nur passieren, dass gerade meine Unternehmung, bei der ich seit zwanzig Jahren arbeite, Pleite macht?
Müssen die Preise steigen, wenn die Gewerkschaften für die Arbeitnehmer höhere Löhne und Gehälter durchsetzen?
Das sind Fragen, die jeden von uns angehen.

Auch andere Fragen sind für den Einzelnen und für jedes Volk (jede Volkswirtschaft) nicht weniger bedeutsam:
Warum gibt es so viele Arbeitslose?
Was bringt uns der Euro?
Warum verlagern so viele Unternehmungen ihre Produktion ins Ausland?

Mit diesen und vielen anderen Problemen befasst sich die Wirtschaftslehre. Sie will die wirtschaftliche Wirklichkeit ***beschreiben***, darüber hinaus die Zusammenhänge ***erklären***, und sie will ***Wege aufzeigen***, die zu beschreiten sind um bestimmte wirtschaftliche Ziele zu erreichen. Es geht also auch um Fragen wie:
Was kann die Bundesregierung tun um eine gerechte Einkommens- und Vermögensverteilung zu erreichen?
oder:
Welche Möglichkeiten gibt es, die Arbeitslosigkeit zu mindern?

Aufgabe der Wirtschaftslehre
Allgemein kann man sagen:
Es ist ***Aufgabe der Wirtschaftslehre*** zu untersuchen, wie die Mittel zur Befriedigung menschlicher Bedürfnisse am sinnvollsten hergestellt, verteilt und gebraucht oder verbraucht werden.

Der Mensch wirtschaftet nicht als Robinson. Vielmehr sind Spezialisierung, Arbeitsteilung und Güteraustausch Kennzeichen unserer Wirtschaft. Insofern sind alle wirtschaftlichen Handlungen zugleich soziale Handlungen, und die Wirtschaft ist ein gesellschaftlicher Bereich. Die Wirtschaftslehre ist folgerichtig – neben der Soziologie und der Politikwissenschaft – ein wichtiges Teilgebiet der Sozialwissenschaften.

1.2 Die Produktionsfaktoren

Die Mittel, mit deren Hilfe Menschen Güter zur Befriedigung ihrer Bedürfnisse erstellen, fasst man allgemein in drei Hauptgruppen zusammen:

- Alle Gaben der Natur, wie Schätze des Bodens und der Gewässer, die Kraft der Sonne, des Wassers, des Windes, der Atome usw. (kurz: ***Natur***);
- alle menschlichen Kräfte, die angeborenen wie die erworbenen, die körperlichen wie die geistigen (kurz: ***Arbeit***);
- alle sonstigen Mittel, die vom Menschen erdacht und gefertigt wurden und die nicht um ihrer selbst willen gebraucht oder verbraucht (konsumiert), sondern die dazu verwandt werden, andere Güter herzustellen. Dazu zählen Werkzeuge, Maschinen, Automaten und Fabrikhallen (kurz: ***Kapital***).

Diese Mittel – Natur, Arbeit und Kapital – werden ***Produktionsfaktoren*** genannt, weil sie dazu dienen, das zu produzieren, was die Leute haben möchten um damit ihre Bedürfnisse zu stillen. Die Mittel zur Befriedigung menschlicher Bedürfnisse nennt man ***Güter*** und man teilt sie oft in Sachen (***Sachgüter***), wie Autos, Strümpfe und Eiskrem, und in Dienste (***Dienstleistungen***), wie Haarschneiden und Ausbildung, ein. Diese Einteilung besagt freilich nicht allzu viel, denn letztlich wird jedes Gut wegen der Dienste geschätzt, die es leistet, das Sachgut „Auto" etwa, weil es transportiert und beweglicher macht.

Von den oben genannten Produktionsfaktoren bezeichnet man Natur und Arbeit als ***ursprüngliche*** Produktionsfaktoren. Kapital hingegen ist ein ***abgeleiteter*** Produktionsfaktor. Abgeleitet deshalb, weil man Kapital mithilfe der beiden ursprünglichen Produktionsfaktoren schaffen kann. Es ist denkbar, die Produktionsfaktoren auch anders einzuteilen. So wird z. B. im Sozialismus – in Anlehnung an Karl ***Marx*** (1818–1883) – nur die Arbeit als Produktionsfaktor anerkannt.

1.3 Die Knappheit der Güter

Wären die Produktionsfaktoren ***unbegrenzt*** vorhanden, so gäbe es keine wirtschaftlichen Probleme. Jedes Gut könnte in beliebiger Menge hergestellt, jeder menschliche Wunsch erfüllt werden. Es würde nichts ausmachen, von einer Ware zu viel zu produzieren oder Arbeitskräfte mit zu vielen Werkzeugen auszurüsten. Es wäre auch unerheblich, wie die Güter

verteilt werden, denn es gäbe keine ***knappen*** Güter. Alle Güter wären ***frei*** wie die Luft oder das Sonnenlicht.
In der Welt, in der wir leben, gilt jedoch das ***Gesetz der Knappheit***, auch für die Überflussgesellschaften der Industrienationen, hier freilich auf einer ungleich höheren Ebene als in den Entwicklungsländern oder zur Zeit unserer Vorfahren. Der Einzelne muss wählen, ob er seine knappen Mittel für einen CD-Player oder für ein Fahrrad, für mehr oder feinere Nahrungsmittel oder für eine bessere Wohnung verwenden will. Jeder Staat muss entscheiden, ob mehr Straßen oder mehr Schulen gebaut werden sollen, mehr Geld für die Errichtung von Altenheimen und Krankenhäusern oder für die Unterhaltung einer Armee ausgegeben werden soll. Gleichzeitig mehr von all diesen Gütern zu haben, ist wegen der Knappheit der Produktionsfaktoren nicht möglich.

1.4 Das ökonomische Prinzip

Die Wirtschaftslehre geht davon aus, dass der wirtschaftende Mensch sich bei seinen Entscheidungen vernünftig (***rational***) verhält. Das besagt im Hinblick auf die knappen zur Verfügung stehenden Mittel, dass er versucht,

- mit einem bestimmten Aufwand einen möglichst großen Ertrag zu erzielen – ***Maximalprinzip*** – und/oder
- einen bestimmten Ertrag mit einem möglichst geringen Aufwand zu erzielen – ***Minimalprinzip***.

Dieses ***ökonomische Prinzip*** wird als allgemein gültig für die wirtschaftlichen Entscheidungen der Haushalte, der Betriebe und des Staates angesehen. Der Konsument (Verbraucher) wird danach also versuchen, sein begrenztes Einkommen zur Befriedigung ***der*** Bedürfnisse zu verwenden, die er für vordringlich hält. Der Produzent von Möbeln wird die Furniere so schneiden, dass er möglichst wenig Abfall hat. Der Staat wird den Bau einer neuen Straße ausschreiben und ***dem*** Anbieter den Auftrag erteilen, der bei gleicher Leistung die niedrigsten Preise fordert.
In Wirklichkeit verhält sich der Mensch oft nicht wirtschaftlich vernünftig, sondern lässt sich bei seinen Entscheidungen von Gefühlen, Gewohnheiten oder Überlieferungen leiten. Wenn die Wirtschaftslehre dennoch an der Allgemeingültigkeit des ökonomischen Prinzips festhält, dann deshalb, weil bei Annahme unvernünftigen (irrationalen) Verhaltens überhaupt keine Aussage mehr möglich wäre.

1.5 Das Lenkungsproblem

Für alle Volkswirtschaften besteht ein gemeinsames Wirtschaftsproblem: Überall müssen die knappen Produktionsfaktoren so eingesetzt werden, dass ein möglichst großer Erfolg erzielt wird. Daraus erwächst eine Vielzahl von Planungen und Entscheidungen, die umso zahlreicher sind, je mehr in einer Volkswirtschaft Arbeitsteilung herrscht.

Der ***Produktionsprozess*** moderner Industriewirtschaften ist derart kompliziert, dass eine genaue Beschreibung seiner Verzweigungen kaum möglich ist. Tausende von Menschen wirken bei der Erzeugung von Gütern wie Kraftfahrzeugen, Waschmaschinen und Tiefkühlmahlzeiten mit. Für die Herstellung dieser Güter werden zahlreiche Maschinen und Materialien benötigt, die ihrerseits auf vorgelagerten Produktionsstufen mithilfe von Rohstoffen und anderen Materialien aus noch früheren Produktionsstufen hergestellt werden. Die Tageszeitung z. B. kommt aus der Rotationspresse, die Rotationspresse wurde mit Werkzeugmaschinen hergestellt, die Maschinen bestehen aus unterschiedlichen Stählen, die Stähle wurden auf den Fertigungsstraßen der Stahlwerke erzeugt, diese wiederum brauchen dafür Energie wie Elektrizität, Kohle und Öl, und so könnte man die Produktionskette fast beliebig verlängern.

Wie aber ist es möglich, dass am Ende dieses vielfältigen und komplizierten Arbeitsablaufes, bei dem häufig ein Produktionsvorgang vom anderen abhängig ist, die „richtigen" Güter zur „richtigen" Zeit in „richtiger" Zahl am „richtigen" Platz zur Verfügung stehen? Wie kommt es, dass eine so komplizierte Wirtschaft letztlich in ausreichender Menge ***die*** Konsumgüter zur Verfügung stellt, die alle Beteiligten einer jeden Volkswirtschaft haben möchten? Wie gelingt es, Millionen von Einzelleistungen und Teilarbeiten sinnvoll und möglichst ohne Reibungsverluste aufeinander abzustimmen? Und wie werden die Güter an die verschiedenen gesellschaftlichen Gruppen verteilt, die an ihrer Erstellung beteiligt (oder nicht beteiligt) waren? Man könnte noch eine Vielzahl derartiger oder ähnlicher Fragen stellen.

Grundfragen jeder Volkswirtschaft

Alle diese Fragen kann man auf die folgenden ***Grundfragen*** zurückführen:

- ***Welche*** Güter und ***wie viel*** von jeder Güterart sollen erstellt werden?
- ***Wie*** sollen die Güter, deren Produktion beschlossen ist, erzeugt werden? Es ist nämlich meist möglich, ein und dasselbe Gut auf verschiedene Weise herzustellen.
- ***Für wen*** soll produziert werden?

Damit kehren wir wieder zur ersten Frage zurück. Denn die Entscheidung

über die Art der zu erzeugenden Güter hängt wesentlich davon ab, für wen sie erzeugt werden.
Wie immer diese Grundfragen entschieden werden, stets handelt es sich um eine Entscheidung von Menschen, und die Entscheidungen müssen von Menschen ausgeführt werden. Menschen folgen nun aber nicht Instinkten, sie müssen vielmehr in irgendeiner Weise dazu angehalten werden, ihre Entscheidungen und ihre Arbeit in den Wirtschaftsprozess einzuordnen. Damit ist das große Grundproblem jeder Volkswirtschaft angesprochen – das ***Lenkungsproblem***:
Wie können die Entscheidungen und die Arbeiten der Menschen sowie die sonstigen Produktionsfaktoren so gelenkt werden, dass Ordnung und kein Chaos entsteht und dass zugleich dem ökonomischen Prinzip Rechnung getragen wird?

Grundformen der Wirtschaftslenkung und -organisation

Man kann zwei Grundformen oder Systeme zur Lenkung und Organisation einer Volkswirtschaft unterscheiden:
Wenn die genannten Grundfragen dezentral, nämlich in den einzelnen Haushalten und Betrieben entschieden und diese millionenfachen Entscheidungen dann über ein System von Märkten, Preisen, Gewinnen und Verlusten in Übereinstimmung gebracht werden, nennt man dieses Wirtschaftssystem ***Marktwirtschaft***. Wenn eine staatliche Zentrale über diese Grundfragen entscheidet, nennt man ein solches Wirtschaftssystem ***Zentralverwaltungswirtschaft***.
Die Marktwirtschaft hat ihre Wurzeln im Liberalismus des 18. Jahrhunderts. Als ihr geistiger Vater kann der britische Philosoph und Ökonom Adam ***Smith*** (1723–1790) angesehen werden. Die Zentralverwaltungswirtschaft begründet sich demgegenüber vor allem auf der Theorie des Marxismus-Leninismus – nach Karl ***Marx*** (1818–1883) und Wladimir Iljitsch ***Lenin*** (1870–1924) –, wonach sich das marktwirtschaftliche System des Kapitalismus zwangsläufig selbst auflöst und durch eine sozialistische Planwirtschaft ersetzt wird.
Beide Wirtschaftssysteme kommen in der Wirklichkeit in reiner Form nicht vor: Alle bestehenden Wirtschaftsordnungen sind ***Mischsysteme***, die sich u. a. dadurch voneinander unterscheiden, dass der Staat mehr oder weniger großen Einfluss auf die wirtschaftlichen Entscheidungen nimmt. Allerdings dominiert inzwischen in allen entwickelten Staaten der Erde der Marktmechanismus. Aus den zentral geleiteten sozialistischen Wirtschaftsordnungen in Zentral- und Osteuropa entstanden – entgegen den Marx'schen Prognosen – unter großen Erschütterungen und Verwerfungen

marktwirtschaftliche Systeme. Selbst die Volksrepublik China befindet sich auf dem Weg in die Marktwirtschaft.

1.6 Das Ertragsgesetz

Der Wohlstand eines Volkes hängt entscheidend von den vorhandenen Produktionsfaktoren ab. Was den Produktionsfaktor „Natur" anbelangt, so beschäftigte zahlreiche Denker seit dem 18. Jahrhundert die Frage, inwieweit es möglich und sinnvoll ist, die Bodenerträge dadurch zu steigern, dass man den Boden gründlicher bebaut, d. h. mehr für die Bodenverbesserung, Düngung, Bewässerung usw. aufwendet. Als Erster hat der Franzose Anne Robert Jacques ***Turgot*** (1727–1781), Finanzminister unter Ludwig XVI., das so genannte ***Bodenertragsgesetz*** formuliert, das inzwischen weiterentwickelt und auch hinsichtlich seiner Gültigkeit für die übrigen

Beispiel für das Ertragsgesetz

10 Grundstücke gleicher Beschaffenheit werden unterschiedlich stark gedüngt:

Einsatz Volldünger in dz	Gesamt- ertrag Weizen in dz	Ertragszuwachs je dz Volldünger Weizen in dz	Durchschnittsertrag je dz Volldünger Weizen in dz
1	2		2
		3	
2	5		2,5
		4	
3	9		3
A		5	
4	14		3,5
		4	
B 5	18		3,6
		3	
6	21		3,5
		2	
7	23		3,3
		1	
C 8	24		3
		–1	
9	23		2,6
		–2	
10	21		2,1

Produktionsbereiche untersucht wurde[1]. Danach nehmen die Erträge einer Bodenfläche zu, wenn man mehr Dünger (oder mehr Arbeiter) einsetzt, und zwar mit zunächst zunehmenden und dann abnehmenden Ertragszuwächsen.

Das Ertragsgesetz

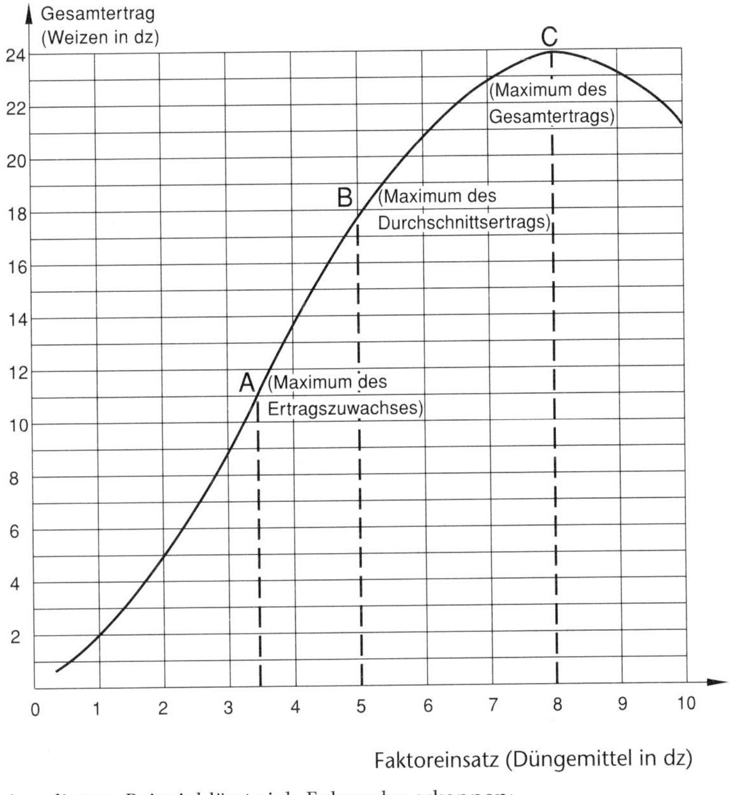

Aus diesem Beispiel lässt sich Folgendes erkennen:

- Bei der Steigerung des Düngemitteleinsatzes von 3 auf 4 dz ist der ***Ertragszuwachs*** am höchsten, nämlich 5 dz.

[1] Man spricht deshalb statt vom „Bodenertragsgesetz" allgemeiner vom „Ertragsgesetz".

A = Maximum des Ertragszuwachses (Wendepunkt der Gesamtertragskurve).

- Bei Verwendung von 5 dz Volldünger ist der ***Durchschnittsertrag*** am höchsten, nämlich 3,6 dz je dz Dünger.
  B = Maximum des Durchschnittsertrages.
- Wird mit 8 dz Volldünger gedüngt, so ist der ***Gesamtertrag*** am höchsten, nämlich 24 dz.
  C = Maximum des Gesamtertrages. Anschließend nimmt der Gesamtertrag ab (Überdüngung).

Der Zusammenhang zwischen dem Gesamtertrag und dem Düngemitteleinsatz ist im Schaubild auf Seite 9 dargestellt:

Das Ertragsgesetz ist also – genauer ausgedrückt – das Gesetz vom zunächst zunehmenden und dann abnehmenden Ertragszuwachs.

In seinem zweiten Teil (ab Punkt A: abnehmender Ertragszuwachs) entspricht das Ertragsgesetz einer vielfach bestätigten wirtschaftlichen und technischen Grundregel und leuchtet deshalb unmittelbar ein: Die Erträge wachsen, wenn man einen Produktionsfaktor (hier: Bodenfläche) konstant hält und einen anderen (hier: Düngemittel) in seinen Einsatzmengen vergrößert, aber sie wachsen mit abnehmenden Zuwachsraten. Wäre das nicht so, müsste es gelingen, die gesamte Weltbevölkerung aus einem Blumentopf zu ernähren. Der erste Teil des Ertragsgesetzes (bis Punkt A: zunehmender Ertragszuwachs) lässt sich für die **industrielle** Fertigung nicht nachweisen; die Ertäge wachsen vielmehr linear. Hier spricht man deshalb nur vom ***Gesetz des abnehmenden Ertragszuwachses***.

1.7 Struktur und Entwicklung der Bevölkerung in ihrer Bedeutung für die Wirtschaft eines Landes

Zum ***„Datenkranz"*** einer Volkswirtschaft, d. h. zu den Rahmenbedingungen, die das wirtschaftliche Geschehen beeinflussen und begrenzen, gehören neben der Natur (Fruchtbarkeit des Bodens, Bodenschätze, Klima, Verkehrsgünstigkeit) und der Ausstattung mit Kapitalgütern die Entwicklung und die Struktur der Bevölkerung.
Seit zwei Jahrhunderten beschäftigen sich Wirtschaftswissenschaftler, Ernährungsfachleute und Politiker mit der Frage, ob die Bevölkerung der Erde und der einzelnen Volkswirtschaften im Vergleich zu den Ernährungsmöglichkeiten zu schnell wächst. Die Nahrungsmittelproduktion lässt sich ja, wie das Ertragsgesetz zeigt, nicht beliebig vergrößern.

Entwicklung der Weltbevölkerung

Der britische Pfarrer Thomas Robert ***Malthus*** (1766–1834) behauptete 1798, die Bevölkerung neige dazu, sich etwa alle 25 Jahre zu verdoppeln (Wachstum in geometrischer Reihe: 1, 2, 4, 8, 16 usw.), während sich der Nahrungsmittelspielraum nur in arithmetischer Reihe (1, 2, 3, 4, 5 usw.) erweitern lasse. Die Folge seien Hungersnöte, Seuchen, Kriege und großes Elend. Einen Ausweg sah Malthus nur in einer Beschränkung der Kinderzahl durch späte Heirat und „moralische Enthaltsamkeit".

Heute wissen wir, dass die Aussagen von Malthus zumindest für Europa und Nordamerika nicht eingetroffen sind, und zwar aus zwei Gründen: Malthus konnte die biologischen und technischen Erfindungen (z. B. Kunstdünger, Verbrennungsmotor) und die dadurch ermöglichte Steigerung der Güterproduktion nicht voraussehen. Er konnte außerdem nicht ahnen, dass mit zunehmender Verstädterung und Erhöhung des Lebensstandards die Kinderzahlen abnehmen würden, und zwar trotz sinkender Kindersterblichkeit infolge medizinisch-hygienischen Fortschritts. Trotzdem sind die Malthus'schen Lehren vom Ungleichgewicht zwischen Bevölkerungszahl und Nahrungsmitteln für große Teile der Welt, insbeson-

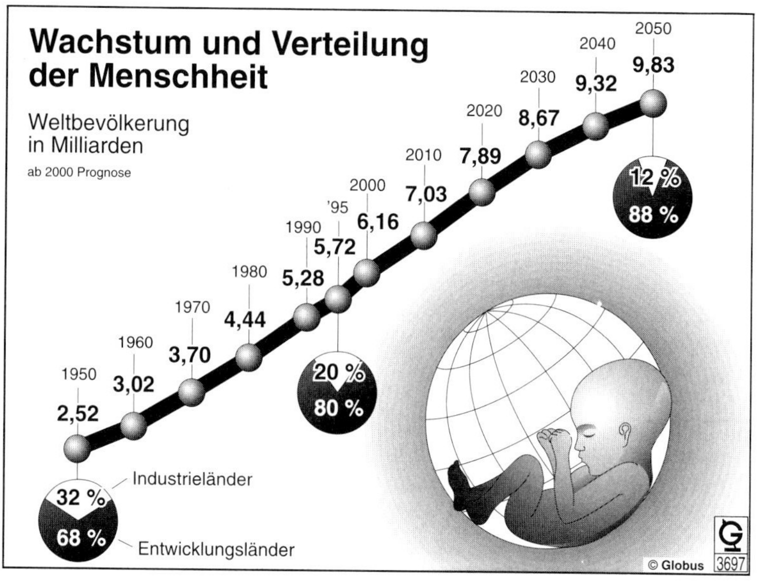

dere für die Entwicklungsländer, von großer Bedeutung. Der zukünftige technische und wissenschaftliche Fortschritt kann ebenso wenig vorausgesagt werden wie der der vergangenen zwei Jahrhunderte prognostiziert werden konnte. Deshalb besteht keine Einmütigkeit darüber, wie viele Menschen auf der Erde höchstens leben können. Die Vereinten Nationen schätzen, dass Ende des 21. Jahrhunderts 11,2 Milliarden, im pessimistischsten Fall sogar 18 Milliarden Menschen auf der Erde leben werden. Dies bedeutet wohl eine noch viel stärkere Ausbeutung der Rohstoff- und Energievorkommen und eine noch größere Belastung der Umwelt durch Schadstoffe sowie Verschmutzung von Luft, Wasser und Erde. Ein besonderes Problem besteht darin, dass die größten Zuwachsraten in den Entwicklungsländern liegen, also in Afrika, Asien und Lateinamerika (vgl. das Schaubild auf Seite 11).

Bevölkerungsentwicklung in Deutschland

Die Zahlentafel auf Seite 14 gibt einen Überblick über die Bevölkerungsentwicklung in Deutschland: In den 60er-Jahren entstand in der DDR und in den 70er-Jahren in der (alten) Bundesrepublik Deutschland anstelle eines Geburtenüberschusses ein Geburtendefizit.

Dieser Bevölkerungsrückgang dürfte folgende Ursachen haben:
- zunehmende Erwerbstätigkeit der Frauen,
- unzureichende Wohn- und Lebensbedingungen,
- andere, mit dem Kinderwunsch konkurrierende Lebensziele,
- erweiterte Möglichkeiten der Familienplanung („Pillenknick" Mitte der Sechzigerjahre) und
- Legalisierung des Schwangerschaftsabbruchs (in der DDR seit 1972).

Die Wohnbevölkerung eines Landes wird außerdem erheblich durch ***Wanderungsbewegungen*** beeinflusst. Bis Anfang der Fünfzigerjahre strömten – insgesamt rund 12 Millionen – Vertriebene und Flüchtlinge aus den ehemaligen deutschen Ostgebieten in die vier Besatzungszonen, später in die Bundesrepublik Deutschland und in die DDR. In den Fünfzigerjahren – bis zum Bau der Berliner Mauer am 13. August 1961 – führte ein permanenter Flüchtlingsstrom aus der DDR in die Bundesrepublik zur Verschiebung der Bevölkerungszahlen. Seit den Sechzigerjahren erhöhen ausländische Gastarbeiter mit ihren Familienangehörigen die Zahl der Wohnbevölkerung in der Bundesrepublik Deutschland um inzwischen rund 7,4 Millionen Personen. Viele davon bleiben nicht nur vorübergehend in Deutschland, sondern sind als Einwanderer anzusehen. Den mit Abstand größten Anteil an der Wohnbevölkerung besitzen – mit über 2 Millionen – die Türken. Seit den Achtzigerjahren kam es in der Bundesrepublik Deutschland vor allem zum Zuzug von deutschstämmigen Übersiedlern und Aussiedlern aus Osteuropa und von Asylbewerbern aus zahlreichen Ländern der Welt. Inzwischen liegt die Ausländerquote in den alten Bundesländern bei über 11 %. In der DDR waren auch Gastarbeiter – insbesondere aus Vietnam – tätig. Offizielle Zahlenangaben darüber wurden nicht veröffentlicht. Insgesamt dürfte die Quote erheblich niedriger als in der Bundesrepublik Deutschland gewesen sein.

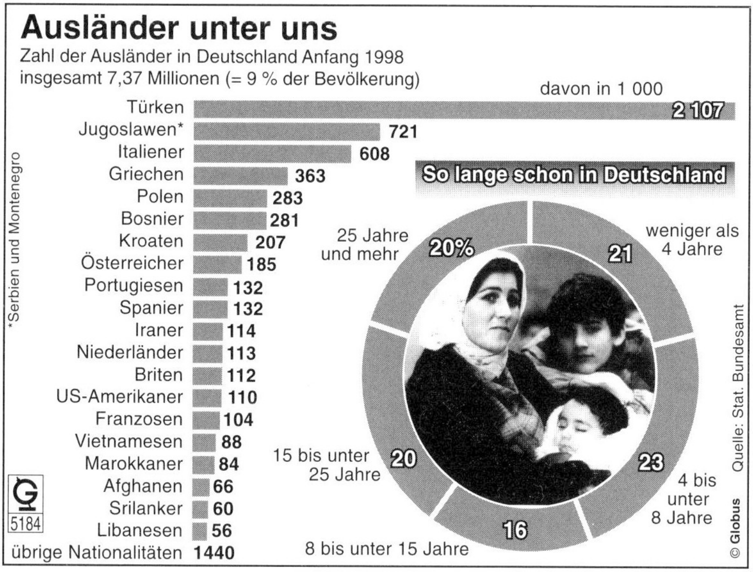

Die Wanderungsbewegungen und die relativ hohen Geburtenzahlen der ausländischen Familien, die zur Wohnbevölkerung in Deutschland zählen, haben die niedrigen (west-)deutschen Geburtenzahlen ausgeglichen, sodass die Bevölkerung nach der Abnahme in den Siebziger- und Achtzigerjahren seit den Neunzigerjahren wieder stagniert oder sogar leicht wächst. Seit der Wiedervereinigung gibt es in den neuen und in den alten Bundesländern eine sehr unterschiedliche Entwicklung der Bevölkerungszahlen. Dafür sorgt zum einen die andauernde Binnenwanderung von Ost nach West. Zum anderen wirken sich die unterschiedliche Stimmungslage und die unterschiedliche Wirtschaftssituation anscheinend bis in die Wiegen

Wohnbevölkerung in Deutschland

Jahr	Bundesrepublik/alte Bundesländer			DDR/neue Bundesländer			insgesamt		
	Wohnbevölkerung in Mio.	Geburten in 1000	Sterbefälle in 1000	Wohnbevölkerung in Mio.	Geburten in 1000	Sterbefälle in 1000	Wohnbevölkerung in Mio.	Geburten in 1000	Sterbefälle in 1000
1950	50,0	813	529	18,4	304	220	68,4	1117	749
1960	55,4*	969**	643	17,2	293	234	72,6	1262	877
1970	60,7*	811**	735	17,1	237	241	77,8	1048	976
1980	61,6*	621**	714	16,7	245	238	78,3	866	952
1990	63,3*	727**	713	16,1	175	201	79,4	902	914
1998	66,7*	682**	687	15,3	100	164	82,0	782	851

* darunter Ausländer: 1961: 0,7; 1970: 3,0; 1980: 4,5; 1990: 5,3; 1998: 7,3
** darunter Ausländer (in 1000): 1960: 11; 1970: 63; 1980: 81; 1990: 86; 1997: 117.

Quellen: Statistisches Bundesamt; Staatliche Zentralverwaltung für Statistik (ehemalige DDR)

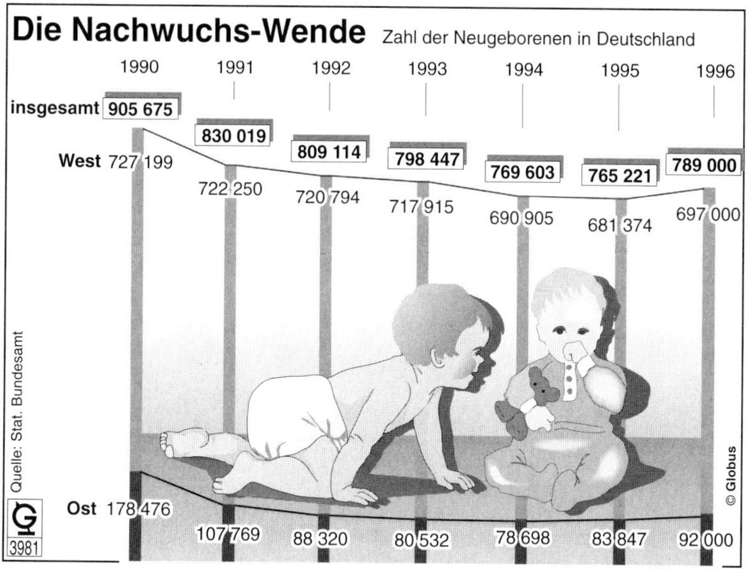
Die Nachwuchs-Wende
Zahl der Neugeborenen in Deutschland
1990
1991
1992
1993
1994
1995
1996
insgesamt
905 675
830 019
809 114
798 447
769 603
765 221
789 000
West
727 199
722 250
720 794
717 915
690 905
681 374
697 000
Ost
178 476
107 769
88 320
80 532
78 698
83 847
92 000
Quelle: Stat. Bundesamt
© Globus
3981

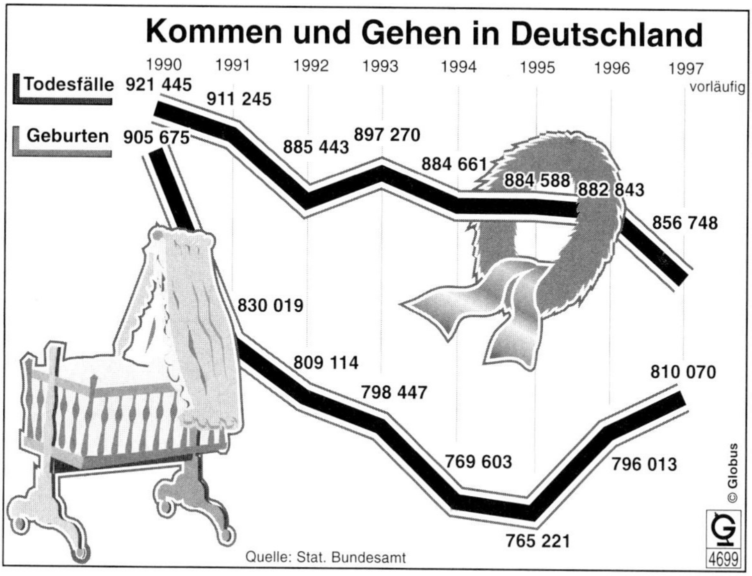
Kommen und Gehen in Deutschland
1990
1991
1992
1993
1994
1995
1996
1997
vorläufig
Todesfälle
921 445
911 245
885 443
897 270
884 661
884 588
882 843
856 748
Geburten
905 675
830 019
809 114
798 447
769 603
765 221
796 013
810 070
Quelle: Stat. Bundesamt
© Globus
4699

hinein aus: Während es in Westdeutschland seit 1990 – nach jahrelangen Geburtendefiziten – wieder Geburtenüberschüsse, d. h. mehr Geburten als Sterbefälle, gibt, sind in den neuen Bundesländern seit 1989 stark rückläufige Geburten zu verzeichnen. Die gestiegenen Geburtenzahlen in Westdeutschland beruhen teilweise auf dem „Babyberg" der Jahre 1960–1967: Die Angehörigen der starken Geburtenjahrgänge von damals bekommen jetzt selbst Kinder. Außerdem haben die in (West-)Deutschland wohnenden ausländischen Familien nach wie vor viele Kinder.

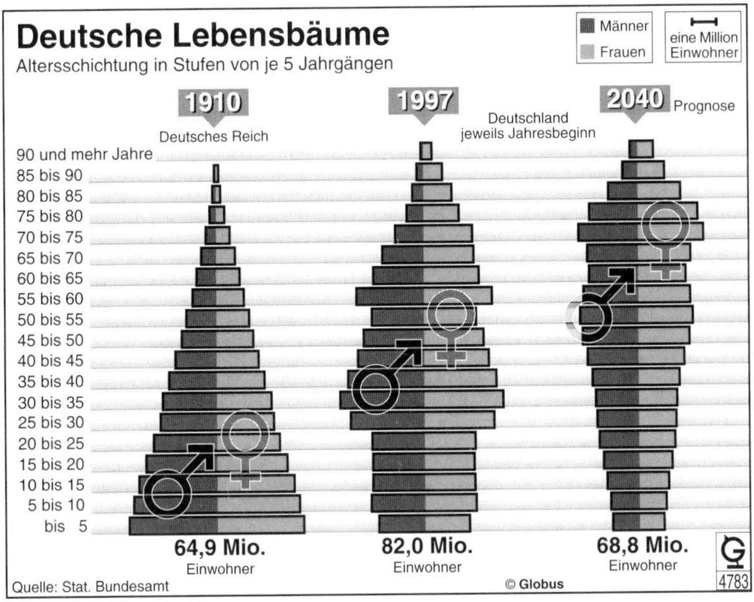

Im Deutschen Reich vor dem Ersten Weltkrieg ähnelte die Bevölkerungsstruktur, wie in diesem Schaubild dargestellt, einer ebenmäßigen Tanne: Hohe Geburtenzahlen und eine kurze Lebenserwartung führten dazu.
Die beiden Weltkriege 1914/18 und 1939/45 sowie die Weltwirtschaftskrise 1931/32 blieben nicht ohne Auswirkungen auch auf die Bevölkerungszahl und -struktur. Bei den über Siebzigjährigen im Lebensbaum des Jahres 1997 lässt sich aufgrund der gefallenen Männer des Zweiten Weltkrieges ein deutlicher Frauenüberschuss feststellen. Die Geburtenausfälle in den

Kriegen und in der Weltwirtschaftskrise sind ebenfalls – als Einbuchtungen – erkennbar. Die rückläufigen Geburtenzahlen seit der Mitte der Sechzigerjahre führten dazu, dass der Lebensbaum an seinem Fuß schlanker (statt breiter) wird.
Für die nächsten Jahrzehnte sagen die Bevölkerungswissenschaftler eine starke Verschiebung in der Altersstruktur der deutschen Wohnbevölkerung voraus: Der Anteil der über Sechzigjährigen, der 1950 erst 15 % und 1990 20 % betrug, wird bis zum Jahr 2040 voraussichtlich auf rund 34 % steigen. Dies hängt außer mit den niedrigeren Geburtenzahlen mit der höheren Lebenserwartung zusammen, die inzwischen – für Neugeborene – bei 73,3 Jahren (Männer) und bei 79,7 Jahren (Frauen) liegt.

Entwicklung der Erwerbstätigkeit

Das Wirtschaftsergebnis einer Volkswirtschaft hängt von zahlreichen Faktoren ab. Zunächst spielen die Ausstattung mit produzierten Produktionsmitteln (= ***Kapitalstock***) und die Gegebenheiten beim Produktionsfaktor Natur eine wesentliche Rolle. Ferner sind – quantitativ – die Zahl der zur Verfügung stehenden Arbeitskräfte und – qualitativ – deren allgemeiner und spezieller beruflicher Bildungsstand bedeutsam. Schließlich kommt es wesentlich darauf an, in welchem Umfang die Bevölkerung erwerbstätig ist. 1997 wurden in der Bundesrepublik Deutschland 38,2 Millionen Einwohner als Erwerbspersonen[1] gezählt. Der Umfang der Erwerbstätigkeit wird in ***Erwerbsquoten*** ausgedrückt, d. h. als prozentualer Anteil der Erwerbspersonen an der Wohnbevölkerung im arbeitsfähigen Alter (15–65 Jahre). In der (alten) Bundesrepublik Deutschland ging die Erwerbsquote bei den Männern von rund 88 % (1970) auf rund 80 % (1998) zurück. Bei den Frauen stieg sie im gleichen Zeitraum von 46 % auf 63 %. In den neuen Bundesländern lagen die Erwerbsquoten 1998 bei 80 % (Männer) und 74 % (Frauen). Hier waren und sind also relativ mehr Frauen im arbeitsfähigen Alter erwerbstätig als in der (alten) Bundesrepublik, wo es relativ mehr nicht erwerbstätige Hausfrauen und Mütter gibt. Dies dürfte auf die unterschiedliche Einkommenssituation (Notwendigkeit eines Zweiteinkommens!), auf unterschiedliche Traditionen und auf die Möglichkeit der Kinderversorgung während der Arbeitszeit (Kinderkrippen, Kinderhorte und Ganztagsschulen) zurückzuführen sein.
Die Zahlentafel auf Seite 18 lässt die Verteilung der Erwerbstätigen auf die verschiedenen Wirtschaftsbereiche erkennen. Im Vergleich wird deutlich, dass der Strukturwandel von der Land- und Forstwirtschaft (primärer Sek-

[1] Erwerbspersonen = Erwerbstätige + Arbeitslose

Prozentuale Verteilung der Erwerbstätigen auf die verschiedenen Wirtschaftsbereiche

Jahr	Bundesrepublik Deutschland/alte Bundesländer			
	Land- und Forst-wirtschaft	Verarb. Gewerbe/ Baugew.	Handel und Verkehr	Dienstleistungen, Staat, private Haushalte
1949	–	–	–	–
1960	13,7	48,0	18,3	20,0
1970	8,5	48,9	17,9	24,7
1980	5,2	43,4	18,6	32,8
1990	3,4	39,9	18,6	38,1
1998	2,5	33,7	18,9	44,9
	DDR/neue Bundesländer			
Jahr	Land- und Forst-wirtschaft	Verarb. Gewerbe/ Baugew.	Handel und Verkehr	Dienstleistungen, Staat, priv. Haushalte
1949	30,7	42,3	14,6	12,4
1960	17,0	47,5	18,8	16,7
1970	12,8	49,9	18,5	19,8
1980	10,7	48,3	17,7	23,3
1990	8,2	40,8	16,4	34,6
1998	3,5	33,6	18,7	44,2

Quellen: Statistisches Bundesamt; Staatliche Zentralverwaltung für Statistik (ehemalige DDR)

tor) über das verarbeitende Gewerbe (sekundärer Sektor) zum Dienstleistungssektor (tertiärer Sektor) sich in der (alten) Bundesrepublik erheblich schneller vollzogen hat als in der ehemaligen DDR.

Die Quote der unselbstständig Erwerbstätigen nahm in der (alten) Bundesrepublik Deutschland von 71,7 % (1950) auf 88,8 % (1998) zu. Z. B. gaben in der Landwirtschaft zahlreiche Bauern ihre selbstständige Existenz auf, und die Betriebe werden seitdem als Nebenerwerbslandwirtschaften geführt. Im Einzelhandel wurden Tante Emma-Läden durch Supermärkte verdrängt. In den neuen Bundesländern liegt die Quote bei 91,4 % (1998). Im Gründungsjahr der DDR waren hier wie in der Bundesrepublik Deutschland 71,7 % der Erwerbstätigen unselbstständig, 28,3 % selbstständig (einschließlich mithelfende Familienangehörige). Im Zuge der Verwirkli-

Bevölkerung in Deutschland (30. 6. 97)

Bundesland	Einwohner absolut in Mio.	Fläche in km^2	Einwohner je km^2
Baden-Württemberg	10,4	35 753	291
Bayern	12,1	70 551	171
Berlin	3,4	891	3869
Brandenburg	2,6	29 479	87
Bremen	0,7	404	1673
Hamburg	1,7	755	2260
Hessen	6,0	21 114	286
Mecklenburg-Vorpommern	1,8	23 170	78
Niedersachsen	7,8	47 611	165
Nordrhein-Westfalen	18,0	34 078	527
Rheinland-Pfalz	4,0	19 847	202
Saarland	1,1	2 570	421
Sachsen	4,5	18 413	246
Sachsen-Anhalt	2,7	20 446	133
Schleswig-Holstein	2,8	15 771	174
Thüringen	2,5	16 171	154
Deutschland	82,1	357 024	230

chung der sozialistischen Planwirtschaft wurde der Anteil der Selbstständigen – insbesondere in den Fünfzigerjahren – mit großem Zwang immer mehr verringert. Er betrug zum Schluss nur noch 1,8 % aller Erwerbstätigen. Seit der Wiedervereinigung Deutschlands wird mit einigem Erfolg versucht, durch Förderung von Existenzgründungen die Selbstständigen-Quote in den neuen Bundesländern wieder zu erhöhen.
Die Bevölkerung verteilt sich nicht gleichmäßig über Gesamtdeutschland. Es gibt vielmehr in West- und Ostdeutschland ein ausgeprägtes Nord-Süd-Gefälle. Dies wird – neben vielen Wirtschaftskennzahlen – schon in der Bevölkerungsdichte erkennbar. Die Gründe für dieses Gefälle sind vielschichtig. Sie liegen u. a. in der Wirtschaftsgeschichte (Strukturwandlungen!), in der Ausstattung mit Produktionsfaktoren und Verkehrswegen, aber auch in unterschiedlichen politischen Zielsystemen, z. B. in der Mittelstandspolitik und in der Bildungspolitik, begründet.

2 Der private Haushalt und seine wirtschaftlichen Entscheidungen

2.1 Der private Haushalt

Alle Menschen gehören einem Haushalt an, der zugleich ***Wohngemeinschaft***, ***Konsumgemeinschaft*** und ***Einkommensgemeinschaft*** ist; in der Landwirtschaft und zum Teil im Handwerk sind Haushalte auch noch ***Produktionsgemeinschaften.*** Ein privater Haushalt ist zunächst die zusammenlebende Familie. Andere Personen gehören zu einem Haushalt, sofern sie als Verwandte oder auch als fremde Personen (häusliches Dienstpersonal, landwirtschaftliche Arbeitskräfte) in die Wirtschaftsgemeinschaft einbezogen sind. Daneben gibt es – zunehmend – ***Einpersonen-Haushalte***; das sind allein stehende Personen mit eigener Wohnung. Ferner werden ***Anstaltshaushalte*** wie Altenheime, Klöster und Pflegeanstalten zu den Haushalten gerechnet.

Zahl und Struktur der Privathaushalte

Gebiet Jahr	Privathaushalte insgesamt in 1000	darunter Einpersonenhaushalte in 1000	in %	Personen je Haushalt
Deutsches Reich				
1871	8 697	536	6,2	4,63
1910	14 283	1 045	7,3	4,40
1939	20 335	1 984	9,8	3,27
Bundesrepublik Deutschland				
1950	16 650	3 229	19,4	2,99
1961	19 460	4 010	20,6	2,88
1970	21 991	5 527	25,1	2,74
1980	24 811	7 493	30,2	2,48
1990	28 175	9 849	35,0	2,25
1998*	37 532	13 297	35,4	2,19

*inkl. neue Bundesländer
Quelle: Statistisches Bundesamt

Im Gegensatz zu früher ist der am häufigsten anzutreffende Haushaltstyp in Deutschland die ***Kleinfamilie***. Sie umfasst Eltern und Kinder, nicht je-

doch auch noch Großeltern und andere Verwandte. Die Zahl der Personen je Haushalt nimmt seit Jahrzehnten ab (vgl. Tabelle auf S. 20).
Obwohl Haushalte im Allgemeinen nicht oder zumindest nicht in erster Linie aus wirtschaftlichen Überlegungen gegründet werden, sind sie wichtige ***Wirtschaftseinheiten*** (Einzelwirtschaften). Sie stellen Produktionsfaktoren zur Verfügung und beziehen dafür Einkommen verschiedener Art.

2.2 Haushaltseinkommen

Das Einkommen der Haushalte ist heute in erster Linie ***Geldeinkommen***, das vor allem als ***Arbeitseinkommen*** zufließt. ***Naturaleinkommen***, etwa in Form der Deputatkohle im Bergbau, von Agrarprodukten in der Landwirtschaft und Bier in Brauereien, spielt dagegen nur noch eine sehr untergeordnete Rolle.
Vier von fünf Haushalten in der Bundesrepublik Deutschland erhalten ferner regelmäßig Geld aus öffentlichen Kassen. Diese Zahlungen werden ***Transferzahlungen*** genannt. Zu ihnen gehören z. B. Renten aus der gesetzlichen Sozialversicherung, Kindergeld und Arbeitslosengeld. 1998 belief sich das monatliche Bruttoeinkommen aus unselbstständiger Arbeit je Beschäftigten und Monat in der Bundesrepublik Deutschland durchschnittlich auf 4260 DM (ohne Arbeitgeberbeiträge zur Sozialversicherung).
Zum ***Arbeitseinkommen*** kommen ***Vermögenseinkünfte*** (Zinsen, Mieten, Gewinne) hinzu, die 1998 rund 19 % des Volkseinkommens ausmachten. Das Schaubild auf Seite 22 oben lässt erkennen, dass die Selbstständigen mit Abstand die höchsten Vermögenseinkünfte erzielen. Freilich ist beim Vergleich zu berücksichtigen, dass die Selbstständigen für ihre Alterssicherung selbst aufkommen und dafür ein privates Vermögenspolster, z. B. in Form von Lebensversicherungen, schaffen müssen.

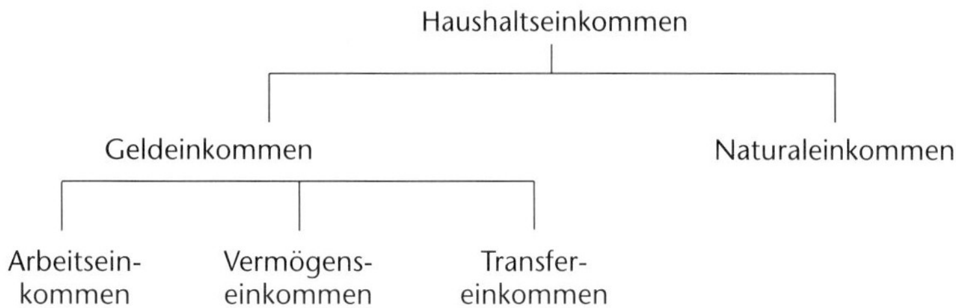

Einkommensverteilung
Die Einkommen der Haushalte sind nicht gleich hoch, sondern den Haushalten fließen je nach Stellung der Haushaltsmitglieder im Beruf, der allgemeinen wirtschaftlichen Situation, der Größe der Haushalte (Kindergeld!), der Höhe des vorhandenen Ertrag bringenden Vermögens und der Zahl der erwerbstätigen Haushaltsmitglieder Einkommen in sehr unterschiedlicher Höhe zu.
Die Verteilung der Einkommen ist ein Gegenstand der gesellschaftspolitischen Auseinandersetzung, denn die Einkommenshöhe bestimmt maßgeblich die Entfaltungsmöglichkeiten einer

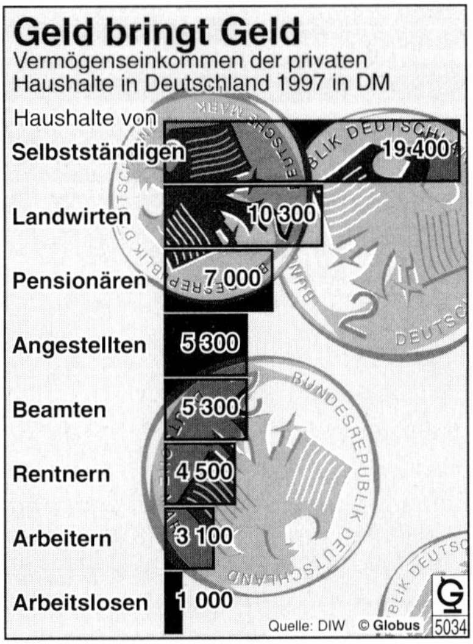

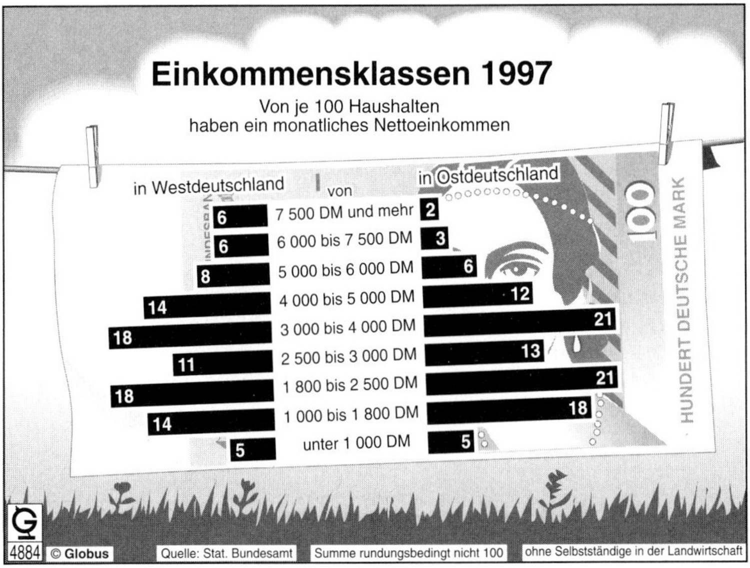

Person. Die Gewerkschaften vertreten die Auffassung, eine gleichmäßigere Einkommensverteilung sei auch eine gerechtere. Deshalb bemühen sie sich z. B. darum, in Tarifverhandlungen neben prozentualen Steigerungen Mindest-Sockelbeträge für die niedrigeren Vergütungsgruppen durchzusetzen um den Abstand zwischen den niedrigen und den höheren Einkommen zu verringern. Die Arbeitgeber weisen demgegenüber darauf hin, dass die Chance durch beruflichen Aufstieg höhere Einkommen zu beziehen, leistungsfördernd wirkt und dass die Verwischung von Einkommensunterschieden die Motivation zu beruflicher Anstrengung mindert.

Bruttoeinkommen – Nettoeinkommen – Verfügbares Einkommen

Beim Einkommensvergleich ist jeweils darauf zu achten, ob ***Brutto-*** oder ***Nettoeinkommen*** verglichen werden. Vermindert man das Bruttoeinkommen um die Lohnsteuer und die Kirchensteuer sowie die Arbeitnehmeranteile zur Sozialversicherung, so erhält man das Nettoeinkommen. Als ***verfügbares Einkommen*** wird das Nettoeinkommen zuzüglich Transferzahlungen definiert.

Da die ***Lohnsteuer*** (wie die Einkommensteuer schlechthin, deren Sonderform sie ist) ***progressiv*** gestaltet ist, d. h. die höheren Einkommen werden überproportional stärker besteuert als die niedrigen, sind die Unterschiede in den Bruttoeinkommen größer als in den Nettoeinkommen.

Schließlich ist zu beachten, dass es zweierlei ist, was jemand verdient und was er seinen Arbeitgeber kostet. Neben dem Lohn oder Gehalt bezieht nämlich jeder Arbeitnehmer noch einen so genannten „zweiten Lohn". Diese ***Lohnzusatzkosten*** machten in der Industrie 1998 noch einmal über 80 % des Bruttolohnes oder -gehaltes aus. Den größten Teil davon bilden die Arbeitgeberanteile zur Sozialversicherung und der bezahlte Urlaub. Die Lohnzusatzkosten sind teils gesetzlich vorgeschrieben, teils tariflich vereinbart, und teils entstehen sie aufgrund freiwilliger Leistungen.

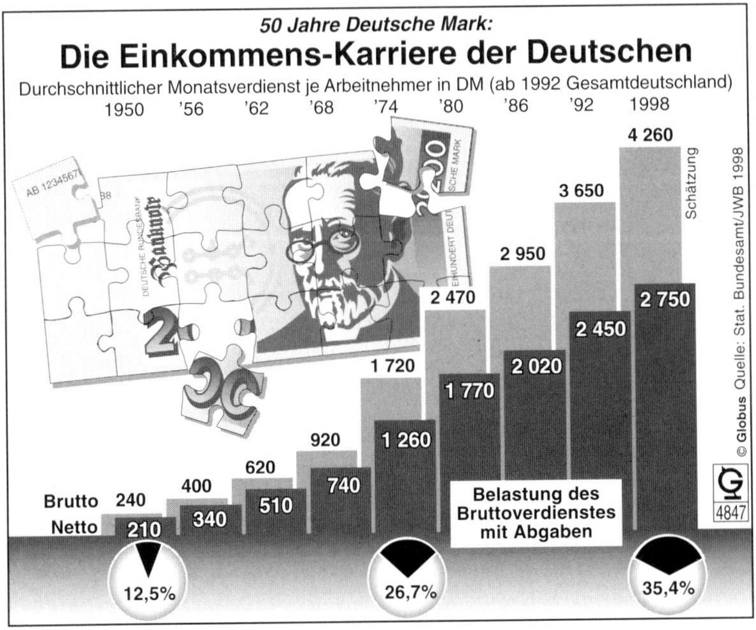

Einkommensentwicklung

Die Abbildung oben lässt die Entwicklung der Brutto- und der Nettolohn- und -gehaltssummen je Arbeitnehmer und Monat von 1950 bis 1998 erkennen. Das Bruttoeinkommen hat sich in diesem Zeitraum verachtzehnfacht, das Nettoeinkommen (wegen der überproportional gestiegenen Abzüge) „nur" verdreizehnfacht.

Diese ***nominale Steigerung*** der Haushaltseinkommen darf nicht verwechselt werden mit der ***realen Steigerung***, d. h. dem Kaufkraftzuwachs. Gleichzeitig mit den Einkommen sind nämlich auch die Güterpreise gestiegen und haben jeweils einen Teil des Mehreinkommens aufgezehrt.

In der folgenden Zahlentafel ist in der Spalte der realen Veränderung erkennbar, dass trotz des gleichzeitigen Anstiegs des Preisniveaus (s. S. 126) die durchschnittliche Einkommenssituation der Arbeitnehmer-Haushalte sich fast permanent verbessert hat. In den letzten Jahren waren die Steigerungen jedoch gering, in den Jahren 1981 bis 1985 und 1997 nahm die Nettolohn- und -gehaltssumme sogar real ab.

Arbeitseinkommen je Arbeitnehmer
Steigerungen des Nettoverdienstes 1950–1998

Periode	Jährliche Veränderung in % nominal	real
1950–55	8,1	6,0
1956–60	6,5	4,6
1961–65	8,4	5,5
1966–70	6,7	4,3
1971–75	8,1	1,9
1976–80	5,2	1,1
1981–85	2,2	– 1,6
1986–90	3,8	2,4
1991–95[1]	3,6	0,0
1996[1,2]	3,8	2,3
1997[1,2]	0,0	– 1,8
1998[1,2]	1,1	0,2

[1] einschl. neue Bundesländer
[2] vorläufig

Das Schaubild unten lässt erkennen, wie sich die Brutto-Jahresverdienste im Jahrhundert von 1887 bis 1987 – gemessen in realer Kaufkraft – entwickelten.

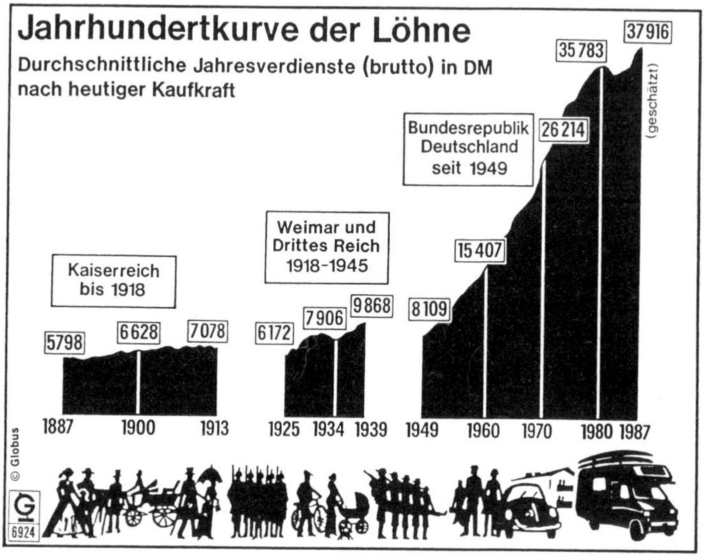

Die Entwicklung verlief nicht stetig: Rückschritte gab es z. B. Anfang der 30er-Jahre während der Weltwirtschaftskrise und zu Beginn der 80er-Jahre. Die eigentliche Einkommenskarriere begann nach der Gründung der Bundesrepublik 1949. Damals setzte ein bis dahin nicht gekannter Lohnschub ein, der u. a. dazu führte, dass zum Kauf bestimmter Konsumgüter immer kürzer gearbeitet werden musste. Diese beachtliche Wohlfahrtssteigerung ging einher mit einer Verkürzung der tariflichen Wochenarbeitszeit und der Verlängerung des tariflichen Jahresurlaubs.

Im internationalen Vergleich wird in der Bundesrepublik Deutschland inzwischen relativ am kürzesten gearbeitet. Mit einer tariflichen Jahresarbeitszeit von 1573 Stunden liegt das Arbeitspensum (west-)deutscher Industriearbeiter um 393 Stunden unter dem japanischer Industriearbeiter. Das entspricht fast elf Fünftagewochen im Jahr.

Effektiv, d. h. bezogen auf die tatsächlich geleistete Arbeitszeit, ist die Kluft noch größer, weil die durchschnittlichen Fehlzeiten in Deutschland relativ hoch sind.

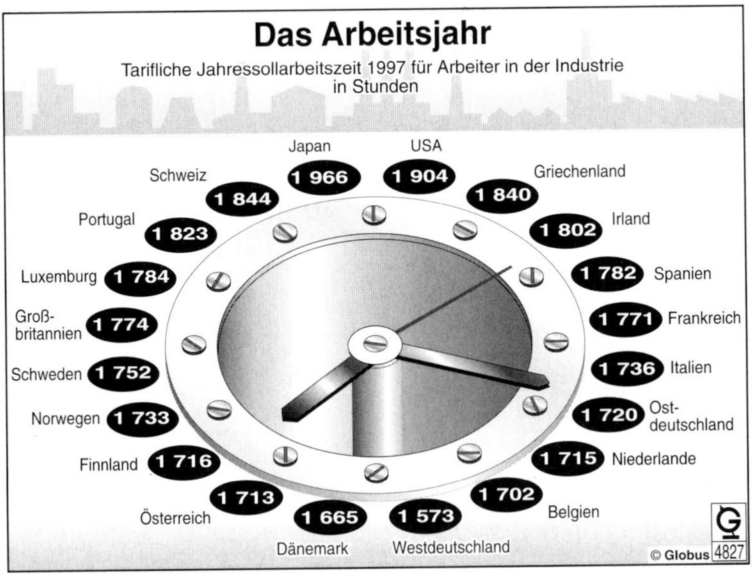

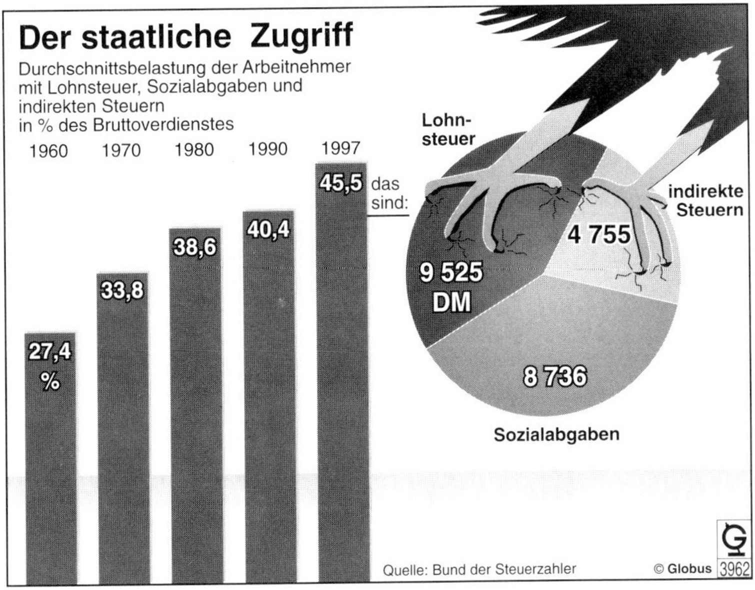

Mit den Einkommensteigerungen sind in den letzten Jahrzehnten auch die Abzüge (Unterschied zwischen Brutto- und Nettoeinkommen) sehr stark angestiegen (vgl. Schaubild auf Seite 24 oben).
Die Höhe der Löhne und der Lohnzusatzkosten hat die Ausbreitung der ***Schwarzarbeit*** gefördert (vgl. die Ausführungen zur Schattenwirtschaft auf S. 107 f.). Wenn z. B. ein Malergeselle für das Anstreichen einer Raufasertapete je m^2 4 DM erhält, die Malerunternehmung aber je m^2 10 DM berechnet, so stehen sich sowohl der Auftraggeber als auch der Malergeselle besser, wenn sie sich zu einem Schwarzmarktpreis von 6 DM einigen. Dem Staat (Fiskus) entgehen jedoch zugleich Einnahmen und der Schwarzarbeiter erwirbt keine Sozialversicherungsansprüche.

2.3 Einkommensverwendung

Die privaten Haushalte können die ***verfügbaren Einkommen***, d. h. die Nettoeinkommen einschließlich der Transferzahlungen, entweder ausgeben oder sparen. Dies wird in der Wirtschaftsfachsprache als konsumtive bzw. nichtkonsumtive Verwendung des Einkommens bezeichnet.

Einkommen	=	Konsum	+	Sparen
E	=	C	+	S

Daraus folgt:

S	=	E	–	C
C	=	E	–	S

Den Prozentsatz des verfügbaren Einkommens, der konsumiert wird, bezeichnet man als ***Konsumquote***, den Teil, der nicht konsumiert, sondern gespart wird, als ***Sparquote***. Sparquote und Konsumquote ergeben zusammen 100 %.

Sparquote in der Bundesrepublik Deutschland

Ersparnis in % des verfügbaren Einkommens der privaten Haushalte			
1950	3,2 %	1980	14,2 %
1960	8,6 %	1990	14,7 %
1970	13,8 %	1998	11,8 %

Quelle: Statistisches Bundesamt
Bis 1990: Alte Bundesländer

Die einzelnen Haushalte haben sehr unterschiedliche Sparquoten. Viele beziehen ein so niedriges Einkommen, dass sie auch heute noch praktisch von der Hand in den Mund leben müssen; ihre Sparquote ist also gleich null.

Konsumtive Einkommensverwendung

Für den privaten Verbrauch werden von den Haushalten in den 16 Bundesländern unterschiedliche Beträge ausgegeben. Es gibt ein Wohlstandsgefälle von Süd nach Nord und von West nach Ost (neue Bundesländer). Beim West-Ost-Vergleich ist ferner zu berücksichtigen, dass in den neuen Bundesländern die Arbeitswoche (noch) länger, der Urlaub (noch) kürzer ist und die Frauen (noch) weitaus häufiger mitarbeiten.
Da die Einkommen fast ausschließlich als Geldeinkommen zufließen und Geld „Bezugsschein“ für ***alle*** vorhandenen Güter ist, sind die Haushalte in der Verwendung ihrer Einkommen grundsätzlich frei. Diese Freiheit, innerhalb der durch das Einkommen gesetzten Grenzen gemäß dem individuellen Wirtschaftsplan Güter nach Belieben kaufen zu können, nennt man ***Konsumfreiheit***.

Wenn man davon ausgeht, dass die Mitglieder eines Haushaltes, die die Entscheidungen über die Einkommensverwendung treffen, sich nach dem ***ökonomischen Prinzip*** verhalten (s. S. 5), dann werden sie versuchen mit den begrenzten Mitteln einen möglichst großen Nutzen zu erzielen, d. h. sie werden die vorhandenen Bedürfnisse nach dem Grad ihrer ***Dringlichkeit*** befriedigen. Die Frage, welche Bedürfnisse besonders dringlich sind, ist nicht für alle Menschen gleich zu beantworten. Wie hoch die Konsumausgaben des einzelnen Haushaltes sind und welche Güter konsumiert werden, hängt nämlich von vielen Faktoren ab, u. a.

- von der Höhe des Einkommens,
- von der Größe des einzelnen Haushaltes,
- vom Alter und vom Geschlecht der Haushaltsangehörigen,
- von der Höhe der jeweiligen Güterpreise und der übrigen Güterpreise,
- von den erwarteten Preisänderungen,
- von der Höhe des bereits angesammelten Vermögens,
- von den bereits vorhandenen dauerhaften Konsumgütern,
- vom Aufkommen neuer Konsumgüter,
- von der Möglichkeit sich zu verschulden und den Bedingungen, zu denen Kredite gewährt werden, und nicht zuletzt
- von den Lebensgewohnheiten des jeweiligen Haushalts.

Auch ***Erziehung, Sitten und Gewohnheiten***, das ***Beispiel des*** wohlhabenderen ***Nachbarn***, die ***Wirtschaftswerbung*** und die ***Mode*** üben Einfluss auf die Ausgabenhöhe und -struktur der privaten Haushalte aus.

Zunächst wird es jeweils um die Befriedigung der ***Existenzbedürfnisse*** gehen, zu denen Nahrung, Wohnung und Kleidung zu rechnen sind. Der Mensch empfindet darüber hinaus ***kulturelle Bedürfnisse***, wie Körperpflege, Lesen, Reisen u. a. Es spricht einiges dafür, dass die Zahl der Bedürfnisse in Richtung auf ***Luxusbedürfnisse*** unbegrenzt ist: „Ein jeder Wunsch, wenn er erfüllt, kriegt augenblicklich Junge“ (Wilhelm Busch).

In den Erhebungen und in den Veröffentlichungen des Statistischen Bundesamtes, insbesondere auch beim Preisindex für die Lebenshaltung (s. S. 125), werden seit vielen Jahren drei typische Haushalte unterschieden:

- der Zwei-Personen-Haushalt von Renten- und Sozialhilfeempfängern mit geringem Einkommen (Haushaltstyp 1),

- der Vier-Personen-Arbeitnehmer-Haushalt mit mittlerem Einkommen (Haushaltstyp 2) und
- der Vier-Personen-Haushalt von Angestellten und Beamten mit höherem Einkommen (Haushaltstyp 3).

Ferner wird ein Preisindex für die Lebenshaltung ***aller*** Arbeitnehmerhaushalte ermittelt und veröffentlicht.

Der an zweiter Stelle genannte Haushaltstyp verfügte z. B. 1996 in den alten Bundesländern über ein Einkommen von monatlich 5143 DM, von dem 639 DM gespart wurden (Sparquote 12,4 %).
Die folgende Zahlentafel lässt erkennen, wie sich das konsumtiv verwendete Einkommen auf die verschiedenen Gütergruppen verteilte.

Einnahmen und Ausgaben privater Haushalte 1996 (Haushaltstyp 2)

Haushalte	West	Ost
Konsumausgaben	%	%
im Einzelnen:		
– Nahrungs- und Genussmittel	21,1	23,5
– Kleidung, Schuhe	6,2	6,0
– Wohnungsmiete	24,6	19,0
– Elektrizität, Gas, Brennstoffe	4,9	5,7
– übrige Güter für die Haushaltsführung	7,1	8,5
– Verkehr, Nachrichten	17,1	19,1
– Körper- und Gesundheitspflege	3,5	3,0
– Bildung und Unterhaltung	11,9	11,3
– Persönliche Ausstattung, Sonstiges	3,6	3,9
– insgesamt	100,0	100,0

Es wird ersichtlich, dass die Ausgaben für Wohnungsmieten (inkl. Energie) mit über einem Viertel in Westdeutschland und knapp einem Viertel in Ostdeutschland den höchsten Anteil am verfügbaren Einkommen einnehmen, gefolgt von den Ausgaben für Nahrungs- und Genussmittel sowie für Auto und Telefon (Verkehr, Nachrichtenübermittlung).
In den Güterpreisen zahlen die Haushalte erneut Steuern mit, nämlich die ***Mehrwertsteuer*** (von derzeit 16 %, auf bestimmte Güter – z. B. Produkte der Land- und Forstwirtschaft und Dienstleistungen – nur 7 %) und ***Verbrauchssteuern***, z. B. Mineralölsteuer, Tabaksteuer und Kaffeesteuer. Man nennt diese Steuern, im Gegensatz zur ***direkten*** Einkommensteuer und Lohnsteuer ***indirekte Steuern***.

Bei manchen Gütern – Zigaretten, Spirituosen, Benzin – machen die Steuern und Abgaben mehr als die Hälfte des Preises aus, in den sie einkalkuliert sind.

Nichtkonsumtive Einkommensverwendung

Ehe es Kreditinstitute und einen organisierten Kapitalmarkt gab, blieb als nichtkonsumtive Einkommensverwendung nur das ***Horten*** von Geld übrig, also der Sparstrumpf oder die Matratze, in die die Münzen oder Geldscheine eingenäht wurden. Dieses Horten war und ist nicht nur gefährlich, denn ein Sparstrumpf kann abhanden kommen, z. B. gestohlen werden oder einem Brand zum Opfer fallen. Noch wichtiger ist, dass Hortgeld dem Wirtschaftskreislauf entzogen wird. Infolgedessen kann es nicht produktiv eingesetzt und es können deshalb auch keine Zinsen erwirtschaftet werden.
Heute stellen Kreditinstitute in allen entwickelten Volkswirtschaften zahlreiche nach Bindungsdauer und damit verbundener Zinshöhe unterschiedliche ***Sparformen*** bereit, und der Staat und die Unternehmungen wenden sich auf dem Kapitalmarkt auch unmittelbar an den Sparer um sich Kapital für Investitionen und sonstige Vorhaben zu beschaffen.
Neben den Spareinlagen/Bauspareinlagen, Sparbriefen der Kreditinstitute und Termingeldern (Festgeldern) erlangten auch Wertpapiere und Lebensversicherungen eine große Bedeutung für die Geldanlage.
Hinsichtlich der ***Sparmotive*** trat, nachdem die Lebensrisiken (Arbeitslosigkeit, Krankheit, Invalidität, Alter) weit gehend über die Sozialversicherung abgedeckt sind, das ***Zwecksparen*** für Anschaffungen und Reisen neben das traditionelle ***Vorsorgesparen***.

Konsumieren und Sparen im Zeitablauf

In der Bundesrepublik Deutschland sind, wie bereits dargestellt, die Einkommen der meisten Haushalte viele Jahre lang permanent gestiegen, und zwar auch real, weil die Einkommensteigerungen über den Steigerungen des Preisniveaus lagen (s. S. 25).
Steigende Einkommen haben – seit etwa 1970 – nicht mehr zu einem weiteren Anstieg der Sparquote geführt (vgl. Zahlentafel auf S. 28), wie man eigentlich hätte erwarten sollen. Offensichtlich haben die Konsumbeeinflussungsfaktoren (s. S. 29) dazu geführt, dass die Konsumausgaben entsprechend gestiegen sind. Nun wurden aber nicht einfach alle vorhandenen Güter in entsprechend größeren Mengen gekauft; vielmehr gab es beachtliche Verschiebungen im Warenkorb. Dies ist in der Zahlentafel auf der nächsten Seite zu erkennen.

Monatliche Verbrauchsausgaben der privaten Haushalte[1]

	1950	1960	1970	1980	1990	1997 West	1997 Ost
Monatl. Ausgaben für den privaten Verbrauch insgesamt (in DM)[2]	294	642	1098	2443	3452	4293	3556
				in %			
Nahrungs- und Genussmittel	50,7	43,5	35,3	28,1	24,1	21,0	23,4
Kleidung, Schuhe	13,2	13,1	10,8	9,3	8,1	6,2	6,0
Wohnungsmieten u. Ä.	10,2	9,9	15,5	16,4	21,6	24,5	19,0
Elektrizität, Gas, Brennstoffe u. Ä.	5,3	4,5	4,7	6,5	5,3	4,9	5,7
übrige Güter für die Lebenshaltung	4,5	7,9	9,0	9,4	7,2	7,1	8,5
Verkehr, Nachrichten	2,1	4,7	10,8	14,0	15,9	17,1	19,1
Körper- und Gesundheitspflege	4,2	4,8	3,6	3,0	3,7	3,5	3,0
Bildung und Unterhaltung	7,0	8,4	7,3	8,6	10,6	11,9	11,3
Persönl. Ausstattung, Sonstiges	2,9	3,2	3,0	4,8	3,5	3,6	3,9
darunter:							
Aufwendungen für Freizeitgüter (ohne Urlaub)			9,3	11,3	13,9	15,0	14,3
Aufwendungen für Urlaub			3,0	5,4	4,6	4,7	4,8

[1] Vier-Personen-Arbeitnehmer-Haushalt mit mittlerem Einkommen, (Haushaltstyp 2).
[2] Ohne übrige Ausgaben.

Der Anteil der Ausgaben für Nahrungs- und Genussmittel machte z. B. 1950 noch mehr als die Hälfte der Gesamtausgaben von 294 DM aus, 1997 nur noch weniger als ein Viertel der auf 4293 DM gestiegenen Gesamtausgaben (alte Bundesländer). Im gleichen Zeitraum stieg aber z. B. der Anteil der Mietausgaben von rund 10 % auf fast 25 %, und die Ausgaben für Telefon, Freizeitgüter inkl. Urlaub und Kraftfahrzeughaltung nehmen inzwischen den ersten Platz unter allen genannten Gütergruppen ein.

- Mit steigendem Einkommen fragen Haushalte Güter nach, die sie bisher noch nicht gekauft haben, oder sie verlangen nach verfeinerten und verbesserten Produkten. Als Beispiele seien Schmuckgegenstände, Sportbekleidung und Flugreisen genannt.
- Es gibt daneben eine ganze Reihe von Gütern, die mit steigendem Einkommen immer weniger nachgefragt werden. So ging etwa in der Bundesrepublik Deutschland der monatliche Verbrauch von Kartoffeln je Haushalt stark zurück.

Ernährungswissenschaftler äußern erhebliche Bedenken gegen einige Umschichtungen im Nahrungsmittelverbrauch. So hat zwar der Konsum von Eiweißprodukten und von vitaminhaltigem Obst in den letzten drei Jahrzehnten erheblich zugenommen; dies ist positiv zu bewerten. Zugleich hat aber auch der Verbrauch von Süßem und Fett zugenommen und der Verbrauch von ballastreichen Stoffen (die reich an Faser- und Füllstoffen sind) abgenommen, was negativ zu beurteilen ist.

Güter, die mit steigendem Einkommen schwächer nachgefragt werden, bezeichnet man als ***inferiore Güter.*** Der Statistiker Ernst ***Engel*** (1821–1896) hat bereits im vorigen Jahrhundert nachgewiesen, dass der Anteil des Einkommens, der für Lebensmittel ausgegeben wird, mit steigendem Einkommen abnimmt, wenn auch der Betrag, der dafür ausgegeben wird, absolut noch wächst (***Engel'sches Gesetz***). Hermann S. ***Schwabe*** (1830–1874) hat das Gleiche für die Mietausgaben dargestellt (***Schwabe'sches Gesetz***). Das Schwabe'sche Gesetz trifft freilich für die Bundesrepublik Deutschland nicht zu: Die Deutschen scheinen Wohnkomfort zu schätzen. Häufig werden die beiden Gesetzmäßigkeiten unter der Bezeichnung ***Engel-Schwabe'sches Gesetz*** zusammengefasst.

2.4 Das Vermögen der privaten Haushalte

Als Vermögen definiert man die Wertsumme der Aktiva (s. S. 66 f.), über die eine Wirtschaftseinheit (z. B. ein Haushalt) zu einem bestimmten Zeitpunkt verfügen kann, vermindert um den Wert der Verbindlichkeiten dieser Wirtschaftseinheit zum gleichen Zeitpunkt. Wenn ein Haushalt als einziges Vermögen ein Einfamilienhaus mit Ausstattung im Wert von 450 000 EUR besitzt und andererseits zur Finanzierung des Hauskaufs ein Hypothekendarlehen aufgenommen hat, das noch mit 300 000 EUR besteht, so beträgt das Vermögen dieses Haushalts
450 000 EUR – 300 000 EUR = 150 000 EUR.
Ökonomisch besitzt Vermögen einen Wert, weil mit ihm Einkommen erzielbar ist. Man kann den Vermögenswert als abgezinstes (diskontiertes) zukünftiges Einkommen ansehen. Wegfallende Ausgaben (z. B. für Miete) müssen ökonomisch ebenfalls als (kalkulatorisches) Einkommen angesehen werden.

Vermögensarten
Vermögen kann in ***Geldvermögen*** und in ***Sachvermögen*** unterteilt werden. Beim ***Geldvermögen*** handelt es sich um Forderungen, z. B. in Form von

Spareinlagen und Sparbriefen, Ansprüchen aus Versicherungen, Bausparguthaben und bestimmten Wertpapieren (z. B. Bundesanleihen, Bundesschatzbriefe, Pfandbriefe).
Alle anderen Vermögensarten zählen zum ***Sachvermögen***, nämlich Grundvermögen, landwirtschaftliches Vermögen und gewerbliches Vermögen (Betriebsvermögen, Kapitalanteile).
Manchmal werden auch noch das ***Gebrauchsvermögen*** (Autos, Hausrat, Möbel, Schmuck usw.) und die (abgezinsten) Renten- und Pensionsansprüche zum Vermögen eines Haushaltes hinzugerechnet.

Vermögensarten

- Geldvermögen
- Sachvermögen
  - Grundvermögen (Immobilien)
  - Landwirtschaftliches Vermögen
  - Gewerbliches Vermögen (= Produktivvermögen)
- Gebrauchsvermögen
- Renten- und Pensionsansprüche (abgezinst)

Vermögensverteilung
1998 verfügten alle privaten Haushalte in der Bundesrepublik Deutschland zusammen über ein ***Geldvermögen*** in der unvorstellbaren Höhe von rund 5,5 Billionen DM (s. Abbildungen auf S. 35).
Wichtigste ***Geldvermögensart*** sind Spareinlagen, über die neun von zehn Haushalten verfügen. Viele Haushalte besitzen daneben auch Lebensversicherungen und Bausparverträge. Die Zahl der Wertpapierbesitzer ist bereits erheblich kleiner als die Zahl der Sparbuchinhaber. Nur etwa jeder zehnte Haushalt hält Aktien.
Das ***Produktivvermögen*** ist nur zu einem kleinen Teil statistisch erfasst, nämlich in Form des Aktienbesitzes. Das ***Grundvermögen*** beläuft sich auf 5,4 Billionen DM, das ***Gebrauchsvermögen*** auf 1,5 Billionen DM.
Hinzu kommen noch ***Renten- und Pensionsansprüche***, die – abgezinst auf ihren Gegenwartswert – noch einmal rund 4 Billionen DM ausmachen.
Diese riesigen Vermögen verteilen sich auf die einzelnen Haushalte sehr ungleichmäßig.

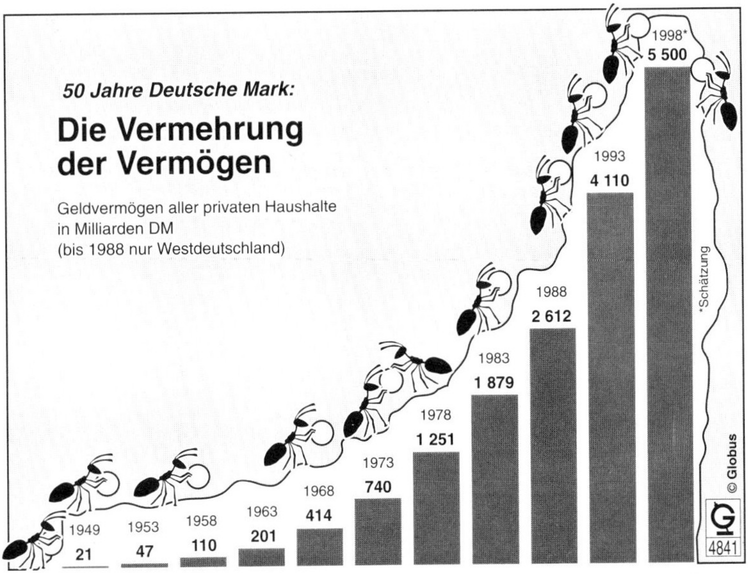
50 Jahre Deutsche Mark:
Die Vermehrung der Vermögen
Geldvermögen aller privaten Haushalte in Milliarden DM (bis 1988 nur Westdeutschland)
1949
21
1953
47
1958
110
1963
201
1968
414
1973
740
1978
1 251
1983
1 879
1988
2 612
1993
4 110
1998*
5 500
*Schätzung
© Globus
4841

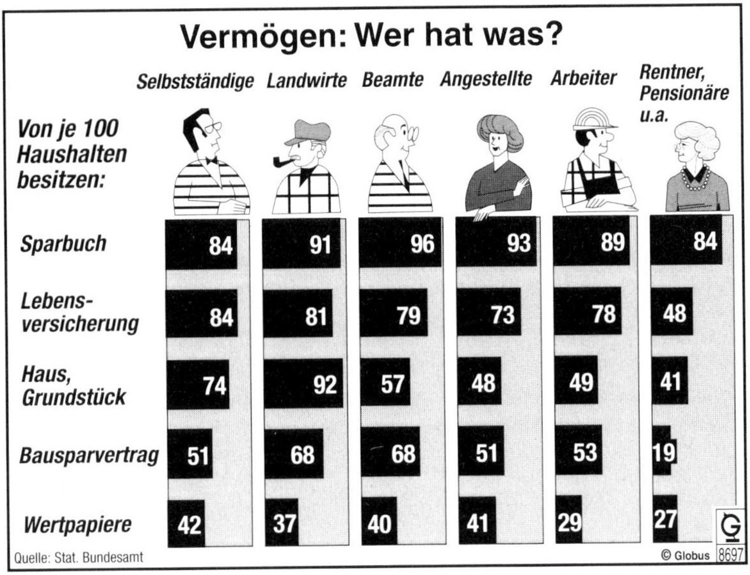
Vermögen: Wer hat was?
Von je 100 Haushalten besitzen:
Selbstständige
Landwirte
Beamte
Angestellte
Arbeiter
Rentner, Pensionäre u.a.
Sparbuch
84
91
96
93
89
84
Lebens-versicherung
84
81
79
73
78
48
Haus, Grundstück
74
92
57
48
49
41
Bausparvertrag
51
68
68
51
53
19
Wertpapiere
42
37
40
41
29
27
Quelle: Stat. Bundesamt
© Globus
8697

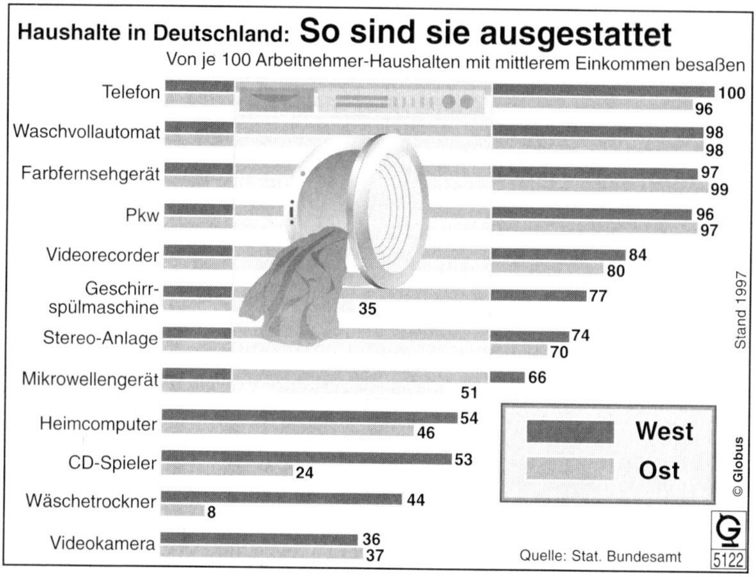

Das ***Geldvermögen*** ist relativ am breitesten gestreut. Es wächst mit dem Einkommen der Haushalte.

Das ***Produktivvermögen*** (= gewerbliches Vermögen) ist mit Abstand am stärksten konzentriert. Darin sehen Kritiker eine Gefahr für unsere Wirtschafts- und Gesellschaftsordnung. Da mit großem Vermögen meist auch großer Einfluss verbunden ist, fragen die Kritiker, ob die Einflussnahme der wenigen den Interessen der großen Mehrheit entspricht, die vergleichsweise wenig besitzt. Die Forderung der politischen Parteien und der Gewerkschaften nach breiterer Verteilung vor allem des Produktivvermögens muss in diesem Zusammenhang gesehen werden.

Das ***Gebrauchsvermögen*** ist ebenfalls breit gestreut. So lässt die Abbildung oben z. B. erkennen, dass 1997 – in den alten und neuen Bundesländern – fast alle Haushalte des Typs 2 (s. S. 30) Waschautomaten, Farbfernsehgeräte und ein Auto besaßen. Nur noch bei einigen Konsumgütern wie CD-Spieler und Wäschetrockner unterschied sich die Ausstattung in West- und Ost-Haushalten deutlich.

Konsum- und Sparverhalten in Abhängigkeit von der Einkommenshöhe

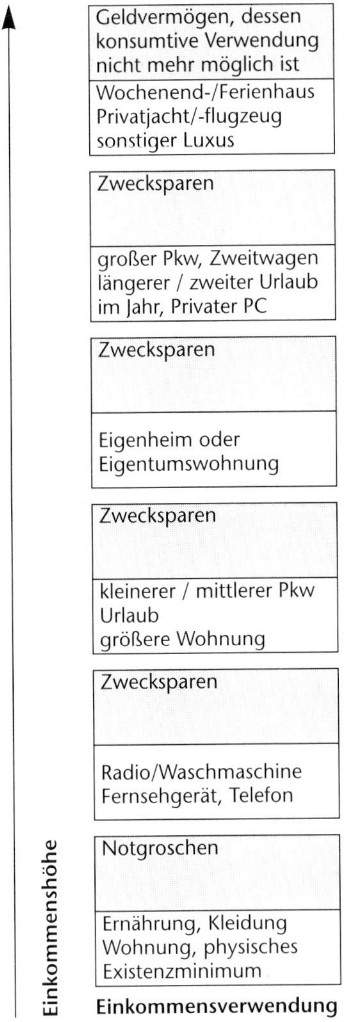

In Anlehnung an H. Adam, in: Kleiner Wirtschaftsspiegel 3/1982

Bestimmungsgründe der Vermögensverteilung

Im nebenstehenden Schaubild wird ein Zusammenhang zwischen der Einkommenshöhe und dem Spar- und Konsumverhalten hergestellt.
Die Einkommensverwendung des einzelnen Haushalts wird sicher von diesem Schema abweichen. Sie hängt ja auch von gesellschaftlichen Bedingungen und unterschiedlichen Nutzenerwägungen der privaten Hauhalte ab (vgl. S. 29). Insgesamt wird man jedoch sagen müssen, dass die ungleichmäßige Verteilung des ***Vermögens*** zu einem guten Stück ein Ergebnis der ungleichmäßigen ***Einkommensverteilung*** ist.
Untere Einkommensschichten sind eben nur in geringem Umfang sparfähig und bilden deshalb auch nur wenig Vermögen, weil Konsumverzicht bei niedrigem Einkommen kaum noch möglich ist.
Daneben sind Unterschiede in der Vermögensverteilung aber auch geschichtlich bedingt. Familien, die viel ***Grundvermögen*** besitzen, haben dies oft über Generationen hin vererbt, und manche Eigentumsverhältnisse an Grund und Boden lassen sich bis ins ausgehende Mittelalter zurückverfolgen.
Der Zweite Weltkrieg schädigte die Sachvermögenseigentümer durch Kriegseinwirkungen stärker als die Geldvermögenseigentümer. Diese verloren aber den weitaus größten

Teil ihres Vermögens in den beiden Inflationen und Währungsreformen nach dem Ersten und nach dem Zweiten Weltkrieg (1923 und 1948).
Der Wiederaufbau der deutschen Wirtschaft in den 50er-Jahren begünstigte die Konzentration von ***Produktivvermögen***, weil die neuen Fabriken und Maschinen nicht mit von außen eingebrachtem Kapital, sondern überwiegend aus einbehaltenen Gewinnen finanziert wurden (Selbstfinanzierung, s. S. 69). Der Eigentumszuwachs kam damit den Alteigentümern zugute. Schließlich profitierten Grundeigentümer langfristig von den Wertsteigerungen an ihren Grundstücken.
In verschiedenen Lebensphasen der Menschen werden – bei im Allgemeinen mit dem Lebensalter steigenden Einkommen – unterschiedliche Vermögensarten eine Rolle spielen. Junge Menschen sparen etwa kurzfristig für die Wohnungseinrichtung und das Auto. Später gewinnen der Bausparvertrag und das Ansparen für eine Eigentumswohnung oder ein Einfamilienhaus an Bedeutung. Nochmals später dient ein Lebensversicherungsvertrag der Aufstockung der Altersversorgung. Die Altersstruktur der Bevölkerung ist also auch von erheblichem Einfluss auf die Vermögensverteilung.
Die Bundesregierungen haben seit Gründung der Bundesrepublik Deutschland mit verschiedenen Instrumenten versucht die Vermögen breiter zu streuen und insbesondere die Vermögensbildung in den unteren Einkommensschichten zu fördern. Dies wurde zunächst über Steuerbegünstigung des Sparens, später durch Sparprämien und Wohnungsbauprämien versucht. Die ***Vermögensbildungsgesetze*** begünstigten die Arbeitnehmer innerhalb bestimmter Einkommensgrenzen, wobei die Einbeziehung vermögenswirksamer Leistungen in Tarifverträge besonders bedeutsam wurde.
Ab 1959 wurde mehrfach Bundesvermögen mittels Ausgabe von „Volksaktien" privatisiert (1959 Preussag, 1961 VW, 1965 VEBA, 1996 Deutsche Telekom).
Besondere Bedeutung erlangte die Ausgabe von ***Belegschaftsaktien***. Inzwischen haben viele große Aktiengesellschaften solche Anteilscheine zu Vorzugskursen oder gratis an ihre Arbeitnehmer ausgegeben. In mittelständischen Unternehmungen wurden die Arbeitnehmer ebenfalls in vielen Fällen über Gewinnbeteiligung am Eigenkapital beteiligt. Insgesamt sind inzwischen rund 2 Millionen Arbeitnehmer in über 2000 Unternehmungen Miteigentümer geworden.
Im Zentrum der politischen Bemühungen um eine breitere Vermögensstreuung wird in den nächsten Jahren weiterhin das besonders stark konzentrierte Produktivvermögen stehen.
Bei den anderen Vermögensarten hat die Streuung, d. h die gleichmäßigere

Verteilung in den letzten Jahren zugenommen. Insbesondere was die Ausstattung der Haushalte mit langlebigen Konsumgütern angeht, hat sich in den 70er- und 80er-Jahren eine große Veränderung vollzogen.
Was gestern noch Luxus war, gehört heute zur Normalausstattung vieler Haushalte. In vielen Bereichen ist inzwischen eine ***Marktsättigung*** erreicht, bei der nur noch der Ersatzbedarf befriedigt wird.

3 Die Unternehmung – Rechtsformen und Zusammenschlüsse

3.1 Betrieb – Unternehmung

Den privaten ***Haushalten*** als den Stätten des Konsums stehen in unserer arbeitsteiligen Wirtschaft die ***Betriebe*** als die Stätten der Produktion gegenüber. Haushalte und Betriebe werden als ***Wirtschaftseinheiten*** bezeichnet. Unter Produktion wird nicht nur die ***Herstellung von Waren*** verstanden, sondern allgemein die ***Bereitstellung von Gütern*** zum Konsum. Folglich sind alle Wirtschaftseinheiten, in denen Dienstleistungen erstellt oder Waren verteilt werden (Handel), Betriebe.
„Betrieb" und „Unternehmung" (oder Unternehmen) können als gleichbedeutende Begriffe angesehen werden.

Andere Begriffsabgrenzungen:

- Unternehmung = rechtlich-finanzielle Einheit;
  Betrieb = technisch-organisatorische Einheit.
  Danach können zu ***einer*** Unternehmung ***mehrere*** Betriebe gehören.
- Betrieb = Oberbegriff;
  Unternehmung = Betrieb, der seinen Wirtschaftsplan selbst bestimmen kann (Voraussetzung: Marktwirtschaft) und nach einem möglichst großen Gewinn strebt.

Die Unternehmungen unterscheiden sich u. a. hinsichtlich ihrer Größe, ihrer Rechtsform und ihrer Ziele voneinander. Die größte deutsche Unternehmung ist – gemessen am Umsatz – der Daimler-Chrysler-Konzern, dicht gefolgt von VW und Siemens (vgl. Schaubild S. 41).

3.2 Das Streben nach einem möglichst hohen Gewinn

Es wird allgemein angenommen, die Unternehmungen in einer Marktwirtschaft seien darauf aus, möglichst hohe Gewinne zu erzielen. Inzwischen hat man erkannt, dass das Ziel der ***Gewinnmaximierung*** nur mit Einschränkungen gilt.
Es geht nicht um die Erhöhung des absoluten Gewinns ohne Rücksicht auf den Kapitaleinsatz, sondern um ein möglichst günstiges Verhältnis des Gewinns zum eingesetzten Kapital (= Rentabilität). Zum Beispiel wäre eine Verdoppelung des Gewinns bei zehnfachem Kapitaleinsatz kein wirtschaftlicher Erfolg.

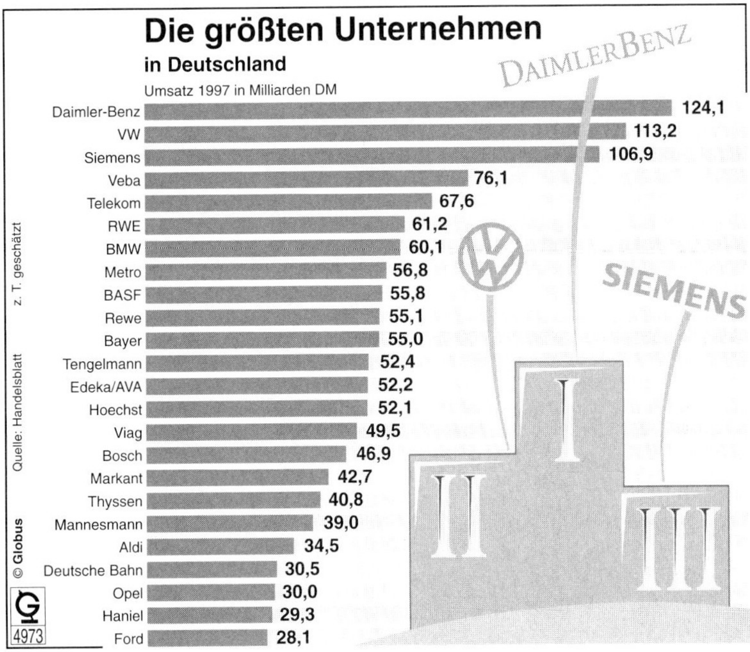

- Es gibt eine große Anzahl von Unternehmungen, die nach ihrer Satzung und auch tatsächlich andere Ziele haben. Dazu zählen Genossenschaften, z. B. Einkaufs- oder Absatzgenossenschaften, die darauf ausgerichtet sind, den Erwerb oder die Wirtschaft ihrer ***Mitglieder*** zu ***fördern***, oder auch Betriebe des öffentlichen Rechts, die vom Staat oder von Gemeinden errichtet wurden und ***gemeinnützige*** Ziele verfolgen (z. B. Sparkassen).

- Bisweilen schränken auch ***soziale*** oder ***kulturelle Überlegungen*** das Gewinnstreben ein. So trennt sich z. B. eine Unternehmung nicht von einem (infolge Unfalls) behinderten Arbeiter oder Angestellten um soziale Härten zu vermeiden. Ein Verlag richtet sein Programm nicht nur nach dem Massengeschmack aus (große Auflagen), sondern veröffentlicht auch kulturell oder wissenschaftlich wertvolle Bücher, deren Auflage so niedrig ist, dass sich das Geschäft kaum rentiert.

- Bei den großen Unternehmungen sind die Kapitaleigner und die leitenden Verantwortlichen („Management") unterschiedliche Personen. Das scheint zu bewirken, dass neben das Ziel Gewinne zu machen, auch andere Ziele treten: zum Beispiel das Streben nach Sicherung des eigenen Arbeitsplatzes der „Manager", der bei allzu risikoreichen Geschäften gefährdet wäre (Entlassung).
- Auch die betriebliche ***Mitbestimmung*** (Betriebsrat) und die Mitbestimmung auf Unternehmensebene (im Aufsichtsrat) haben dazu geführt, dass das Gewinnstreben begrenzt und in ein breiteres Zielsystem eingebracht wird.

Diese Ausführungen besagen nicht, dass kein Gewinnstreben mehr vorhanden sei. Es ist und bleibt das Hauptziel der erwerbswirtschaftlichen Unternehmungen und wird durch die übrigen Ziele lediglich eingeschränkt.

3.3 Unternehmen des öffentlichen Rechts

Nach den Rechtsformen unterscheidet man Unternehmen des ***öffentlichen Rechts*** und des ***privaten Rechts***.
Zu den ***öffentlich-rechtlichen*** Unternehmen gehören rechtlich unselbstständige Betriebe, d. h. Betriebe, die keine eigene Rechtsform besitzen, sondern Teil der allgemeinen Verwaltung sind („Eigenbetriebe", z. B. manche Städtischen Verkehrsbetriebe) und rechtlich selbstständige ***Körperschaften, Anstalten und Stiftungen*** des öffentlichen Rechts. Träger dieser Unternehmen können die Gemeinden (Städte) oder Gemeindeverbände (Landkreise, Zweckverbände), die Länder und der Bund sein. In diesem Buch werden die öffentlichen Unternehmen vernachlässigt, obwohl sie in manchem Wirtschaftsbereich (z. B. im Kredit- und Versicherungswesen sowie im Versorgungsbereich) von großer Bedeutung sind.
Bund, Länder und Gemeinden sind oft auch an Unternehmungen mit privater Rechtsform beteiligt.
Beispiele: Die Aktien von Verkehrs- und Versorgungsunternehmen (z. B. Wasserwerken) in der Rechtsform der Aktiengesellschaft gehören oft zu 100 % Städten oder Gemeindezusammenschlüssen.

3.4 Unternehmen des privaten Rechts

Bei den Betrieben des privaten Rechts handelt es sich entweder um ***Einzelunternehmungen***, um ***Gesellschaften*** oder um ***Genossenschaften***. Die Gesellschaften werden noch einmal in ***Personengesellschaften*** – offene Handelsgesellschaft (OHG), Kommanditgesellschaft (KG) – und in ***Kapital-***

Unternehmungsformen

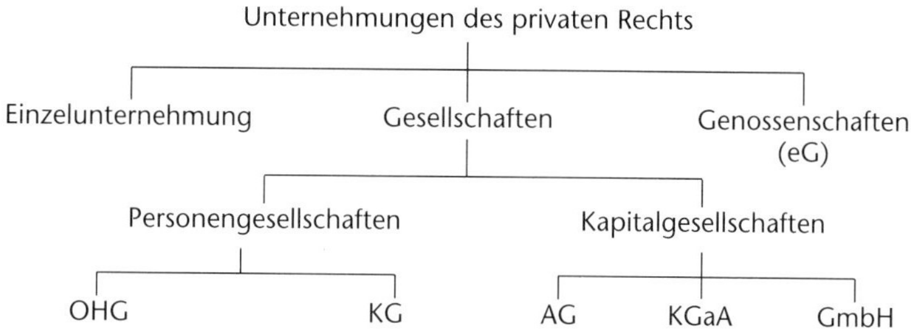

gesellschaften – Aktiengesellschaft (AG), Kommanditgesellschaft auf Aktien (KGaA) und Gesellschaft mit beschränkter Haftung (GmbH) – eingeteilt.
Die Einzelunternehmung und die Personengesellschaften sind im Handelsgesetzbuch (HGB) gesetzlich geregelt; für die AG und die KGaA, die GmbH sowie die Genossenschaften gibt es jeweils eigene Gesetze: das Aktiengesetz, das GmbH-Gesetz und das Genossenschaftsgesetz.
Diese gesetzlichen Vorschriften werden für die Gesellschaften und Genossenschaften ergänzt durch Gesellschaftsverträge oder Satzungen. Im ***Handelsregister*** und im ***Genossenschaftsregister*** kann man nähere Einzelheiten z. B. über die Höhe des Eigenkapitals und die Zusammensetzung der Organe nachlesen. Beide Register werden, wie das ***Vereinsregister*** und das ***Grundbuch***, bei den ***Amtsgerichten*** geführt.

Einzelunternehmung
Die Einzelunternehmung ist die mit großem Abstand am weitesten verbreitete Rechtsform, in der viele, insbesondere kleinere Unternehmungen betrieben werden. Der Unternehmer bringt das erforderliche Kapital auf, legt die Unternehmungsziele fest und leitet die Unternehmung, die seinen Namen trägt, in der Regel auch selbst. Den Namen, unter dem er seine Unternehmung betreibt, nennt man in der Sprache des Handelsrechts ***Firma***.

Der Unternehmer haftet bei dieser Rechtsform für die Schulden der Unternehmung auch mit seinem gesamten Privatvermögen; umgekehrt lebt er von den Gewinnen seiner Unternehmung, und er kann seinen Betrieb nur vergrößern, wenn er nicht den gesamten Gewinn entnimmt, sondern einen Teil in der Unternehmung belässt und dem Kapital zuschlägt um damit z. B. neue Maschinen anzuschaffen (Selbstfinanzierung, s. S. 69).

Offene Handelsgesellschaft (OHG)
Eine ungenügende Eigenkapitaldecke oder der Wunsch nach Arbeitsteilung in der Unternehmungsführung (z. B. Kaufmann und Techniker) können dazu führen, eine Einzelunternehmung in eine ***offene Handelsgesellschaft*** umzuwandeln. Mindestens zwei Gesellschafter, denen auch die Geschäftsführung und die Vertretung der Firma obliegt, schließen sich zusammen. Im Firmennamen kommt das meist dadurch zum Ausdruck, dass entweder die Namen beider Gesellschafter – z. B. Maier & Schulze – oder ***ein*** Name und ein das Gesellschaftsverhältnis andeutender Zusatz – z. B. Maier & Co., Schulze & Söhne oder Müller OHG – aufgeführt werden. Nach oben ist die Zahl der Gesellschafter nicht begrenzt. Jedoch führt schon die Tatsache, dass alle Gesellschafter auch mit ihrem Privatvermögen für die Schulden der Unternehmung einstehen müssen, dazu, dass die Zahl der Gesellschafter beschränkt bleibt. Eine Mindesthöhe für die Kapitaleinlage ist nicht vorgesehen, sodass es vorkommen kann, dass z. B. ein Gesellschafter fast das gesamte Kapital, der andere hingegen vor allem technische oder kaufmännische Fähigkeiten in die gemeinsame Unternehmung einbringt.

Kommanditgesellschaft (KG)
Hinsichtlich der Kommanditgesellschaft gilt das über die offene Handelsgesellschaft Gesagte mit den folgenden allerdings wichtigen Unterschieden: Mindestens ein Gesellschafter (Vollhafter, ***Komplementär***) haftet mit seinem gesamten Vermögen, auch dem privaten; wenigstens ein weiterer (Teilhafter, ***Kommanditist***) hingegen nur mit seiner Kapitaleinlage. Die Kommanditisten sind von der Vertretung und der Geschäftsführung ausgeschlossen.

Aktiengesellschaft (AG)
Beispiele:
Bayer AG, Leverkusen
Deutsche Bank AG, Frankfurt
Siemens AG, München
Die Aktiengesellschaft ist die wirtschaftlich bedeutsamste Form der Kapitalgesellschaft. Hier ist es möglich, viele Gesellschafter (Aktionäre) zu gewinnen, die das Gesellschaftskapital – verbrieft in Aktien – zur Verfügung stellen. In Deutschland erlangte die AG erstmals in den „Gründerjahren" große Bedeutung, d. h. in den 70er-Jahren des 19. Jahrhunderts.
Die Aktionäre bleiben gegenüber der Gesellschaft oft unbekannt. Die Gesellschaftsanteile (***Aktien***) der großen Aktiengesellschaften sind an min-

destens einer Wertpapierbörse eingeführt, wo an fünf Tagen je Woche Preise (Kurse) amtlich festgesetzt werden. Jeder Kauf- oder Verkaufswillige kann zum Tageskurs Aktien seiner Wahl kaufen oder verkaufen. Die ***Aktionäre*** haften – wie die Teilhafter bei der KG – nur in Höhe ihrer Einlage. Die Aktiengesellschaften sind (wie alle übrigen Kapitalgesellschaften) ***juristische Personen***. Sie können, wie die ***natürlichen Personen*** (Menschen), als Rechtspersönlichkeiten handeln, also Willenserklärungen abgeben und Verträge schließen. Dabei müssen sie – wie die Minderjährigen durch ihre Erziehungsberechtigten – vertreten werden. Gesetzlicher Vertreter der AG ist der ***Vorstand,*** der meist aus mehreren Personen besteht. Neben dem Vorstand besitzt die AG zwei weitere Organe, nämlich den ***Aufsichtsrat*** und die ***Hauptversammlung***. Der Aufsichtsrat bestellt den Vorstand und überwacht seine Geschäftsführung.

Die Hauptversammlung ist das beschlussfassende Organ, das in der Regel einmal jährlich tagt, den Geschäftsbericht entgegennimmt, den Vorstand und den Aufsichtsrat entlastet, den Wirtschaftsprüfer wählt, der den Jahresabschluss der AG zu prüfen hat, und über die Verwendung des Bilanzgewinns (s. S. 70) beschließt. Auch Satzungsänderungen müssen von der Hauptversammlung (mit $^3/_4$-Mehrheit) beschlossen werden. Dazu zählt z. B. die Erhöhung des Grundkapitals durch Ausgabe „junger Aktien". Die alten Aktionäre haben das Vorrecht auf den Bezug der jungen Aktien; sie können dieses ***Bezugsrecht*** ausüben oder an der Börse verkaufen. Wenn eine AG an ihre Arbeitnehmer ***Belegschaftsaktien*** ausgibt, wird das Bezugsrecht der alten Aktionäre ausgeschlossen.

Da bei den großen Aktiengesellschaften nicht alle Aktionäre zur Hauptversammlung zusammenkommen können, ist im Aktiengesetz vorgesehen, dass die Aktionäre sich vertreten lassen können. Das besorgen in der Regel Kreditinstitute, die die Aktien ihrer Kunden im ***Depot*** verwalten (Ausübung des ***Vollmachtsstimmrechts***). Die Sparkassen und Banken fordern vor jeder Hauptversammlung ihre Depotkunden auf, Weisungen darüber zu erteilen, wie sie abstimmen sollen. In den meisten Fällen verzichten die Kunden aber auf ihr Recht Weisungen zu erteilen, und sind damit einverstanden, dass die Kreditinstitute so abstimmen, wie sie es für richtig halten und ihnen vorgeschlagen haben. Deshalb besitzen die Kreditinstitute in den Hauptversammlungen vieler Aktiengesellschaften eine große Bedeutung: Sie vertreten oft die Mehrheit des Aktienkapitals.
Die Hauptversammlung wählt auch alle oder einen Teil der ***Aufsichtsratsmitglieder***. Die übrigen Aufsichtsratsmitglieder werden ggf. von den Ar-

beitnehmern gewählt[1]. Das Mindest-***Grundkapital*** einer AG beträgt 50 000 EUR.
Der ***Kurswert*** der Aktien bildet sich an der Börse nach Angebot und Nachfrage. Der Jahresüberschuss (s. S. 70) der Aktiengesellschaften wird zum Teil als ***Dividende*** an die Aktionäre ausgeschüttet, zum Teil einbehalten und wieder investiert (Selbstfinanzierung; s. S. 69). Darüber befinden arbeitsteilig Vorstand und Aufsichtsrat sowie die Hauptversammlung.
Manche Aktiengesellschaften haben viele tausend Aktionäre. Man bezeichnet diese Gesellschaften als ***Publikums-Aktiengesellschaften***.
In den meisten Fällen verfügen jedoch natürliche Personen (Menschen) oder juristische Personen (z. B. andere Aktiengesellschaften) über große Aktienpakete, die mehr als 25 %, mehr als 50 % oder sogar 100 % des Grundkapitals ausmachen. Diese Aktionäre üben dann einen starken oder beherrschenden Einfluss auf die AG aus: Sie haben in den Hauptversammlungen viele (oder alle) Stimmen[2] und bestimmen damit wesentlich über die Zusammensetzung des Aufsichtsrats und des Vorstandes, der vom Aufsichtsrat bestellt wird. Viele Aktiengesellschaften sind durch solche ***Beteiligungen*** miteinander – oft wechselseitig und über die nationalen Grenzen hinweg – kapitalmäßig und zusätzlich personell verflochten (Konzerne; s. S. 52).

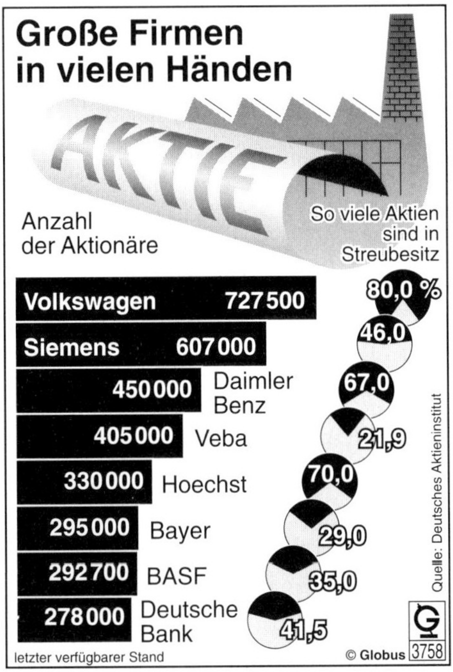

[1] Vgl. hierzu die Ausführungen zur Mitbestimmung auf S. 85 ff.

[2] Die Zahl der Stimmen, die der einzelne Aktionär hat, hängt von der Zahl der Aktien ab, die er vertritt. Jede Aktie gewährt eine Stimme.

In dieser Beschränkung des Wettbewerbs ist für unsere Wirtschaftsordnung eine große Gefahr zu sehen.

Die Aktiengesellschaft hat in Deutschland an Beliebtheit gewonnen, nachdem an den Wertpapierbörsen neue Märkte mit erleichterten Zugangsmöglichkeiten geschaffen wurden und nachdem der Gesetzgeber 1994 für so genannte „kleine Aktiengesellschaften“, deren Aktien nicht an einer Wertpapierbörse eingeführt sind, Erleichterungen beschlossen hat. Dazu zählen u. a.:

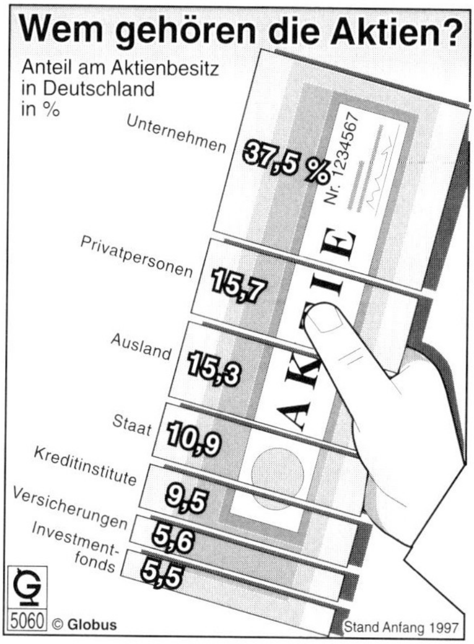

- die Gewinnverwendungsbeschlüsse (nur noch die Hauptversammlung beschließt über die Verwendung des Jahresüberschusses),
- der Verzicht auf die Einzelverbriefung von Aktien,
- die Vereinfachung der Hauptversammlung (erleichterte Einberufung; nur noch grundsätzliche Beschlüsse werden notariell beurkundet),
- der Verzicht auf die unternehmerische Mitbestimmung (s. S. 85 ff.) bei weniger als 500 Arbeitnehmern.

Kommanditgesellschaft auf Aktien (KGaA)

Beispiele:
Henkel KGaA, Düsseldorf
Kupferberg KGaA, Mainz

Die KGaA ist sozusagen eine Mischung zwischen KG und AG; allerdings ist die Verwandtschaft zur AG enger; die KGaA ist gleich der AG juristische Person. Bei der KGaA treten persönlich haftende Gesellschafter (***Komplementäre***) neben ***Kommanditaktionäre***, die wie die Kommanditisten der KG und die Aktionäre der AG nur mit ihrer Einlage haften. Den ***persönlich haftenden Gesellschaftern*** obliegen – wie bei der AG dem Vorstand – die Geschäftsführung und die Vertretung der Gesellschaft. In der Wirklichkeit kommt die KGaA nur selten vor.

Gesellschaft mit beschränkter Haftung (GmbH)
Beispiel: Robert Bosch GmbH, Stuttgart

Die GmbH ist der „kleine Bruder" der AG. Sie ist gleich der AG und der KGaA juristische Person, und ihre Gesellschafter haften gleich den Aktionären nur mit ihrer Einlage (allerdings kann hier noch eine begrenzte „Nachschusspflicht" vorgesehen sein). Unterschiede zur AG:
Das ***Stammkapital*** beträgt 25 000 Euro[1]. GmbH-Anteile werden nicht an der Börse gehandelt; sie sind deshalb auch nicht ohne weiteres verkäuflich. Das führt dazu, dass die Zahl der Gesellschafter meist klein ist. Oft steht hinter einer GmbH nur ***ein*** Gesellschafter.
Die GmbH wird von einem ***Geschäftsführer*** oder mehreren Geschäftsführern vertreten; die Geschäftsführer werden von der Gesellschafterversammlung gewählt. Bei Gesellschaften mit mehr als 500 Beschäftigten muss ein ***Aufsichtsrat*** gebildet werden.
Die GmbH ist eine Gesellschaftsform, die häufig gewählt wird. Das hängt vor allem damit zusammen, dass die Bilanzen und die Gewinn- und Verlustrechnungen im Gegensatz zur Aktiengesellschaft meist nicht veröffentlicht zu werden brauchen; es besteht im Allgemeinen keine ***Publizitätspflicht***. Im Interesse einer verstärkten Kontrolle durch die Öffentlichkeit ist allerdings vorgeschrieben, dass GmbHs ab einer bestimmten Größenordnung[2] publizitätspflichtig sind.

GmbH & Co. KG
Viele Unternehmungen besitzen die Rechtsform der ***GmbH & Co. KG***. Die Gründer wollen mit der Wahl dieser Rechtsform eine Beschränkung ihrer Haftung mit steuerlichen Vorteilen verbinden. Es ist möglich, dass nur eine einzige Person – und diese nur mit beschränkter Haftung – hinter einer solchen Firma steht.
Beispiel: Horst Maier gründet eine GmbH. Mindestkapital: 25 000 Euro; Mindesteinzahlung 12 500 Euro.[2] Die Gesellschafterversammlung (Maier) bestellt Maier zum Geschäftsführer. Maier ist damit alleiniger Gesellschafter und Geschäftsführer der GmbH. Nun gründet er (als „natürliche Person") mit der GmbH, vertreten durch ihn, eine KG. Die GmbH als juristische Person wird Vollhafter, und Maier wird Teilhafter (Kommanditist) der KG.

[1] Jede Stammeinlage muss mit mindestens zu 25 %, insgesamt müssen mindestens 12 500 Euro eingezahlt sein.
[2] Eine GmbH muss ihren Jahresabschluss veröffentlichen, wenn sie wenigstens zwei der folgenden drei Grenzen überschreitet: 5000 Beschäftigte. 250 Mio. DM Jahresumsatz.125 Mio. DM Bilanzsumme (Publizitätsgesetz).

Unternehmungsformen im Vergleich

	Einzelunternehmung	OHG	KG	AG	KGaA	GmbH	eG
Gesetzliche Regelung	HGB	HGB	HGB	Aktiengesetz	Aktiengesetz	GmbH-Gesetz	Genossenschaftsgesetz
Zahl der Gründer	1	mindestens 2	mindestens 2	mindestens 1	mindestens 2	mindestens 1	mindestens 7
Mindestzahl der Gesellschafter	–	2	1 Vollhafter, 1 Teilhafter	1 Aktionär	1 Vollhafter, 1 Kommanditaktionär	1 Gesellschafter	7 Genossen
Mindestkapital	–	–	–	Grundkapital 50 000 Euro	Grundkapital 50 000 Euro	Stammkapital 25 000 Euro[1]	–
Organe	–	–	–	Hauptversammlung, Aufsichtsrat, Vorstand	Hauptversammlung, Aufsichtsrat, Persönlich haftende Gesellschafter	Gesellschafterversammlung, Geschäftsführer (evtl. Aufsichtsrat)	Generalversammlung oder Vertreterversammlung, Aufsichtsrat, Vorstand
Haftung	unbeschränkt	unbeschränkt	Vollhafter: unbeschränkt, Teilhafter: beschränkt	beschränkt (auf Kaufpreis der Aktie)	Vollhafter: unbeschränkt, Kommanditaktionär: beschränkt (wie Aktionäre)	beschränkt (mit Einlage)	i. A. beschränkt (Einlage plus Nachschusspflicht)

[1] Davon mindestens 12 500 Euro eingezahlt.

Genossenschaft
Beispiele:
Winzergenossenschaften
Kreditgenossenschaften (Volksbanken, Raiffeisenbanken)

Die Genossenschaften sind gleich den Kapitalgesellschaften juristische Personen. Nach dem Genossenschaftsgesetz können mindestens sieben Personen eine Genossenschaft gründen. Ziel jeder Genossenschaft ist es, ihre Mitglieder zu fördern, z. B. indem günstige Einkaufs- oder Absatzmöglichkeiten eröffnet werden. Während früher – seit der Mitte des vorigen Jahrhunderts – Genossenschaften als Selbsthilfeeinrichtungen z. B. der Handwerker oder der Landwirte errichtet wurden, betreiben heute die Genossenschaften auch Geschäfte mit Nichtmitgliedern. Organe der Genossenschaften sind die ***Generalversammlung***[1], der ***Aufsichtsrat*** und der ***Vorstand***. Die Mitglieder haften für die Schulden ihrer Genossenschaft mit ihrem Geschäftsanteil. Darüber hinaus können beschränkte oder – sehr selten – unbeschränkte Nachschüsse vorgesehen sein.

3.5 Unternehmungszusammenschlüsse und Kartelle

Wenn zwei Unternehmungen sich vereinigen und dabei ihre rechtliche und wirtschaftliche Selbstständigkeit aufgeben, nennt man dies Verschmelzung oder ***Fusion***. Von Fusion spricht man auch, wenn eine (größere) Unternehmung eine andere (kleinere) aufkauft. In vielen Wirtschaftszweigen sind solche Fusionen in den letzten Jahren häufig vorgekommen, insbesondere im Handel. Es hat ein „Konzentrationsprozess“ stattgefunden.
Neben der Fusion gibt es zwei weitere Arten der Zusammenarbeit, die von besonderer Bedeutung sind: ***Kartelle*** und ***Konzerne***.

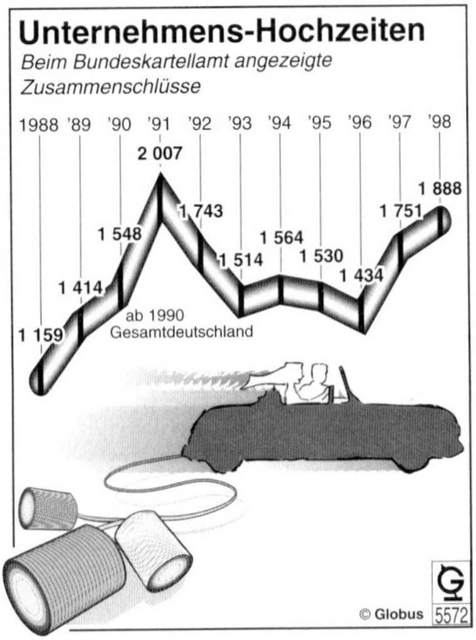

[1] Große Genossenschaften haben stattdessen eine Vertreterversammlung, die von den Mitgliedern gewählt wird (Kann-Vorschrift ab 1500 Mitgliedern, Muss-Vorschrift ab 3000 Mitgliedern).

Kartelle
Unternehmungen der gleichen Produktions- oder Handelsstufe (z. B. mehrere Schuhfabriken, mehrere Molkereien) schließen Verträge, die eine ***Beschränkung des Wettbewerbs*** zum Ziel oder zur Folge haben. Die ***wirtschaftliche Selbstständigkeit*** der Unternehmungen auf den vertraglich nicht geregelten Gebieten und die ***rechtliche Selbstständigkeit*** (z. B. als AG oder als GmbH) bleiben erhalten. Gegenstand von Kartellabsprachen können sein:

- ***Rabatte*** und ***Konditionen*** (Lieferungs- und Zahlungsbedingungen, Skonti);
- ***Normen, Typen*** (z. B. Abmessungen, Formen);
- ***Spezialisierung*** (drei Waschmaschinenhersteller A, B und C, die bisher jeweils große, mittlere und kleinere Maschinen produzierten, vereinbaren, dass A nur noch große, B nur noch mittlere und C nur noch kleine Maschinen fertigt);
- ***Gebiete*** (A und B, die bisher beide in alle Teile der Bundesrepublik lieferten, teilen sich die Märkte auf: A liefert nur noch nach Süddeutschland, B nur noch nach Norddeutschland); und – vor allem –
- ***Preise***.

Die straffste Form der Kartelle ist das ***Syndikat***: Hier wird ein gemeinsames Verkaufsbüro eingerichtet, über das alle Kartellmitglieder ihre Güter absetzen.

Vertragliche Einschränkungen des Wettbewerbs widersprechen einem wichtigen Grundsatz der marktwirtschaftlichen Wirtschaftsordnung (s. S. 163). Ohne Wettbewerb kann eine Marktwirtschaft nicht funktionieren, denn das Gewinnstreben der einzelnen Unternehmungen muss durch die Konkurrenz begrenzt werden. Deshalb sind Kartelle in der Bundesrepublik Deutschland durch das „Gesetz gegen Wettbewerbsbeschränkungen" (Kartellgesetz) grundsätzlich verboten. Eine eigene Behörde, das ***Bundeskartellamt*** in Berlin, überwacht die Einhaltung des Kartellgesetzes. Nur Kartelle, die nach Meinung des Gesetzgebers keine unmittelbare Wettbewerbsbeschränkung zur Folge haben, sind erlaubt, müssen jedoch, je nach dem Gegenstand der Absprache, beim Bundeskartellamt angemeldet oder von ihm genehmigt werden. Große Schwierigkeiten bereitet dem Bundeskartellamt jedoch das Erkennen der so genannten „Sekt-" oder „Frühstücks-Kartelle", bei denen zwar Absprachen zwischen Unternehmungen getroffen werden, das „abgestimmte Verhalten" jedoch nur in Form interner Aktenvermerke oder überhaupt nicht schriftlich festgelegt wird.

Das Bundeskartellamt muss auch die Bildung von Konzernen (s. u.) und Fusionen (s. S. 50) überwachen. Immer dann, wenn der Unternehmenszusammenschluss zur Marktbeherrschung führen würde, muss das Kartellamt die Genehmigung versagen.
Der Bundesminister für Wirtschaft kann allerdings als dem Kartellamt übergeordnete Instanz Konzern- und Fusionsverbote des Amtes dann aufheben, wenn nach seiner Auffassung die Nachteile der Wettbewerbsbeschränkung durch gesamtwirtschaftliche Vorteile des Zusammenschlusses aufgehoben werden oder wenn der Zusammenschluss durch ein überragendes Interesse der Allgemeinheit gerechtfertigt ist. Dieses „überragende Interesse" kann z. B. in der Erhaltung von Arbeitsplätzen bestehen.

Konzerne
Konzerne sind weiter gehend als Kartelle. Dabei handelt es sich um den ***wirtschaftlichen Zusammenschluss*** von Unternehmungen, die lediglich rechtlich selbstständig bleiben. Die Konzernbildung erfolgt meist über kapitalmäßige Beteiligungen. Dabei ist oft nicht die 100%ige Übernahme des Grund- oder Stammkapitals nötig; es genügt schon ein Anteil über 50 %. Sogar eine Aktie mehr als 25 % des Grundkapitals einer AG ermöglicht bereits satzungsändernde Beschlüsse der Hauptversammlung, zu denen die 3/4-Mehrheit erforderlich ist, zu verhindern und damit großen Einfluss auf die Gesellschaft zu gewinnen (Sperrminorität).
Die kapitalmäßige Verflechtung wird oft durch personelle Verflechtungen ergänzt. Zum Beispiel wird der Vorstandsvorsitzende der beherrschenden Unternehmung (***Muttergesellschaft***) zugleich Aufsichtsratsvorsitzender der beherrschten Unternehmung (***Tochtergesellschaft***). Der Vorstand der Tochtergesellschaft wird vertraglich verpflichtet, vor allen wichtigen Entscheidungen das Einvernehmen des Aufsichtsratsvorsitzenden herzustellen.
Horizontaler Konzern: Die Binding Brauerei AG beteiligt sich an der Dortmunder Actien-Brauerei AG (gleiche Produktionsstufe). Die Dortmunder Actien-Brauerei AG bleibt weiterhin als rechtlich selbstständiges Unternehmen unter bisheriger Firma erhalten; wirtschaftlich ist sie als Tochtergesellschaft von Binding abhängig.
Vertikaler Konzern: Das Hüttenwerk Thyssen AG beteiligt sich am Grundkapital der Edelstahlwerk Witten AG (hintereinander gelagerte Produktionsstufen).
Holding: Eine Bank gründet die „AGIV-Aktiengesellschaft für Industrie und Verkehrswesen" (Holding = ***Dachgesellschaft***). Diese Unternehmung produziert selbst nicht; ihre einzige Aufgabe ist es, Aktienkapital von Industrie- und Verkehrsunternehmungen zu verwalten.

Konglomerat: Viele in der Wirklichkeit vorkommende Konzerne sind weder horizontal noch vertikal aufgebaut, sondern umfassen Unternehmungen der unterschiedlichsten Branchen und Produktionsstufen. So gehören zum Oetker-Konzern zum Beispiel Puddingpulver- und Eiskremfabriken, Konservenfabriken, eine Hochseeflotte, Brauereien und Banken.
Multinationaler Konzern: Eine besondere Bedeutung haben in den letzten Jahrzehnten Konzernverflechtungen über nationale Grenzen hinweg erlangt. So sind z. B. im Mineralölbereich, in der Autoproduktion, im Maschinenbau, in der Elektronik und in anderen Wirtschaftszweigen multinationale Konzerne sehr häufig. Bei diesen „Multis" stößt die nationale und auch die europäische Kartellüberwachung schnell an ihre Grenzen.

Gründe für Unternehmungszusammenschlüsse
Unternehmungszusammenschlüsse können die unterschiedlichsten Gründe haben. Zu nennen sind u. a.:
- Streben nach Massen- oder Großserienfertigung (Stückkosten sinken);
- hoher Kapitalbedarf;
- Verbesserung der Produktionsverhältnisse durch Normung und Typung;
- Erfahrungsaustausch, gemeinsame Entwicklung von Patenten;
- Sicherung des Bezugs von Rohstoffen;
- Sicherung des Absatzes;
- Risikostreuung;
- Ausnutzung von (Lohn-)Kostenunterschieden;
- Ausnutzung steuerlicher Vorteile;
- Streben nach Marktbeherrschung;
- letztlich Streben nach Monopolstellung.

Oft sind zugleich mehrere Gründe vorhanden.

3.6 Unternehmenskonzentration aus der Sicht der Konsumenten

In allen entwickelten Volkswirtschaften ist ein ***Konzentrationsprozess*** zu beobachten, der dazu führt, dass durch Fusionen und Konzernbildung die Zahl der Entscheidungseinheiten ständig ab- und die Größe der am Markt verbleibenden Unternehmungen und Konzerne zunimmt.
Wenn die erzielten Kostenvorteile in niedrigeren Preisen an den Verbraucher weitergegeben würden, müsste der Konzentrationsprozess, wie man annehmen sollte, im allgemeinen Interesse liegen. Das ist jedoch oft nicht so, und zwar vor allem aus zwei Gründen:
- Eine abnehmende Zahl von Produzenten und damit Anbietern auf den

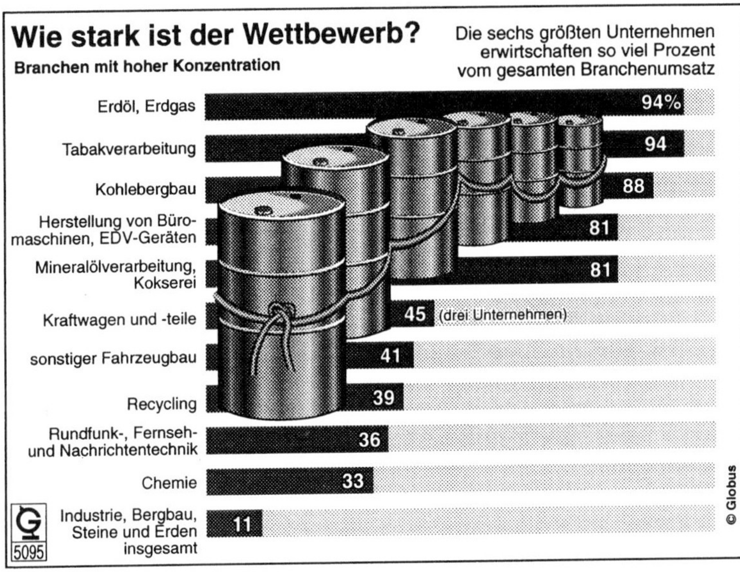

einzelnen Märkten schwächt häufig den Wettbewerb. Die ***Marktmacht*** der verbleibenden Großunternehmungen nimmt zu. Sie sind dann eines Tages unter Umständen in der Lage, die Preise einseitig festzusetzen und die Verbraucher (Nachfrager) durch gezielte Maßnahmen (Marketing, s. S. 62) zu bewegen zum geforderten Preis zu kaufen. Dieser Preis liegt dann vermutlich über dem Marktpreis, der sich bei größerem Wettbewerb ergäbe.

- Wirtschaftliche Macht ist oft mit ***politischem*** Einfluss verbunden. Das kann dazu führen, dass es nur noch schwer möglich ist – etwa auf dem Wege über neue Gesetze –, die Macht zu begrenzen.

3.7 Die Auflösung einer Unternehmung

Unternehmungen werden im Allgemeinen nicht auf Zeit, sondern auf Dauer gegründet. Dennoch werden immer wieder Unternehmungen aufgelöst, teils freiwillig, teils unfreiwillig.

Freiwillige Auflösungen stehen oft im Zusammenhang mit dem persönlichen Lebensschicksal der Unternehmer, z. B. Alter, Krankheit oder Umzug. Da nach dem Grundrecht der Gewerbefreiheit grundsätzlich jedermann

Unternehmen gründen und auch wieder auflösen kann, spielen oft auch Gewinnmotive in diesem Zusammenhang eine Rolle: Wer sich in einer Branche keine Zukunft mehr ausrechnet, schließt seine Unternehmung und eröffnet evtl. in einem anderen Wirtschaftszweig eine neue.
Oft wurden in den letzten Jahrzehnten freilich auch Unternehmungen aufgelöst und die Unternehmer traten in ein abhängiges Beschäftigungsverhältnis ein. Die freiwillige Auflösung einer Unternehmung, genauer: die Abwicklung ihrer Geschäfte, wird als ***Liquidation*** bezeichnet.
In den letzten Jahren kam es neben freiwilligen Auflösungen von Unternehmungen in steigendem Ausmaß zu ***unfreiwilligen Auflösungen, Insolvenzen,*** die im Volksmund „Pleiten“ genannt werden. Solche Auflösungen erfolgen entweder, weil die Unternehmungen ihren finanziellen Verpflichtungen nicht mehr nachkommen können (***Zahlungsunfähigkeit***) oder weil sie mehr Schulden als Vermögen haben (***Überschuldung***).
Die Auflösung einer Unternehmung aus diesen beiden Gründen kann von jedem betrieben werden, der von der Unternehmung Geld zu bekommen hat (Gläubiger) oder auch von der Unternehmung selbst.

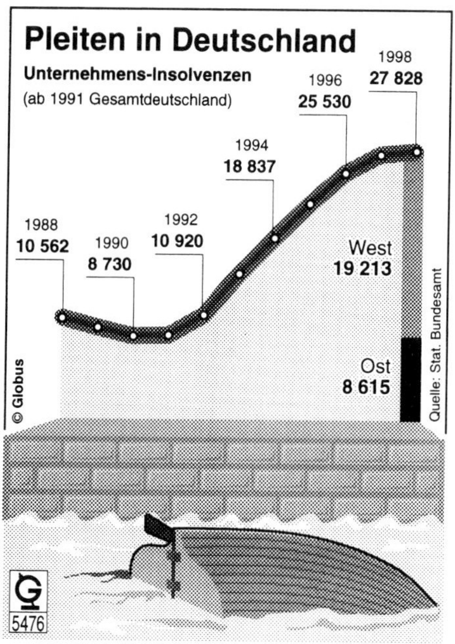

Das gerichtliche Verfahren, in dem über das Vermögen des Schuldners zugunsten der Gläubiger zwangsweise verfügt wird, nennt man ***Insolvenzverfahren***. In einem solchen Verfahren gehen die „normalen“ Gläubiger oft leer aus, weil zunächst die bevorrechtigten Gläubiger (z. B. Lohn- und Gehaltsforderungen der Arbeitnehmer, Steuerforderungen des Finanzamts) befriedigt werden.
In der Regel wird zunächst versucht ein Insolvenzverfahren zu vermeiden und einen gerichtlichen oder außergerichtlichen ***Vergleich*** herbeizuführen. Dabei soll es im Interesse der Belegschaft und der Gesamtwirtschaft

ermöglicht werden, das Unternehmen weiterzuführen, was bei einer Insolvenz nicht mehr möglich ist. Das Vergleichsverfahren soll also zur ***Sanierung*** (d. h. zur Wiedergesundung) der Unternehmung führen. Allerdings ist zum Vergleich erforderlich, dass noch so viel Vermögen vorhanden ist, dass den Gläubigern mindestens 35 % ihrer Forderungen erstattet werden können. Auf die darüber hinausgehenden Forderungen müssen sie dann verzichten.
Von betrügerischem ***Bankrott*** spricht man, wenn Unternehmer sich im Zusammenhang mit einem Insolvenzverfahren betrügerischer Handlungen schuldig machen, indem sie z. B. Vermögen verheimlichen oder zur Seite schaffen. Solche Betrügereien werden mit hohen Freiheitsstrafen geahndet.

Unternehmensgründungen und -liquidationen (in 1000)[1]

Jahr	Gründungen	Liquidationen	Saldo
1975	137,3	138,9	−1,7
1980	177,7	135,1	42,6
1985	309,8	266,7	43,1
1990	371,6	279,9	91,7
1995[1]	528,0	407,0	121,0
1997[1]	531,0	441,0	90,0

[1] Alte und neue Bundesländer.
Quelle: Institut für Mittelstandsforschung.

Glücklicherweise gibt es in Deutschland seit Jahren mehr Unternehmensgründungen als -auflösungen. Die Zahl der am Markt tätigen Unternehmen nimmt also per Saldo zu. Für eine funktionsfähige Marktwirtschaft ist es notwendig, dass immer wieder Menschen das Risiko (und die Chancen) der Selbstständigkeit auf sich nehmen, weil nur so wirtschaftliche Dynamik aufrechterhalten werden kann. Es hat sich nämlich gezeigt, dass oft neue, junge Unternehmer mit Sachkompetenz, Ideenreichtum, Kreativität und einem gewissen Wagemut Pioniere des technologischen Fortschritts und damit treibende Kräfte der Wirtschaft, z. B. in den Bereichen der Informationstechnologien und der Genforschung, sind. Kammern und Unternehmensverbände unterstützen den Weg in die Selbstständigkeit mit Rat und Tat. Banken und Sparkassen stellen (über eigene Tochtergesellschaften) „Venture Capital" (Wagniskapital) als Eigenkapital auf Zeit zur Verfügung, weil es bei Existenzgründungen oft gerade daran fehlt.

4 Die Grundfunktionen einer Unternehmung

4.1 Der betriebliche Leistungsprozess

Die Unternehmungen ***beziehen*** produktive Güter auf den Beschaffungsmärkten, ***fertigen*** aus ihnen oder mit ihrer Hilfe neue Güter und ***veräußern*** diese auf den Absatzmärkten[1]. Die Unternehmungen treten also sowohl als Nachfrager (auf den Beschaffungsmärkten) als auch als Anbieter (auf den Absatzmärkten) auf. Zu den Beschaffungsmärkten der Unternehmungen gehören auch der Arbeitsmarkt und der Kapitalmarkt.

Grundaufgaben der Unternehmungen

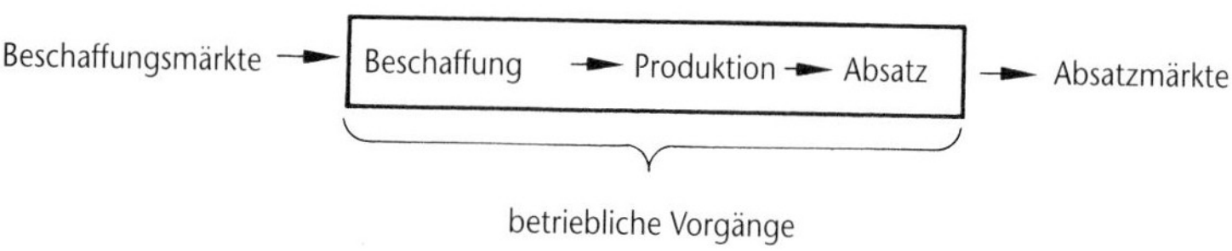

Die betrieblichen Vorgänge laufen nicht von allein ab. Schon beim Bau eines Segelflugzeuges, den drei Freunde beschließen, wird das angestrebte Ziel nur dann erreicht werden, wenn ein genauer Plan vorliegt. Dieser legt fest, wer den Rumpf, wer das Leitwerk und wer die Flügel fertigt. Schließlich muss laufend kontrolliert werden, ob die entstehenden Teile auch dem Plan entsprechen.
Wie viel mehr sind solche Aufgaben des Planens und Abstimmens in einer großen Unternehmung notwendig, wo Tausende Arbeitskräfte in arbeitsteiliger Produktion z. B. Passagierflugzeuge herstellen. Ohne Planung (was ist wo, wann und wie zu tun?), ohne Organisation (Umsetzung der Planung; wer soll was tun, wie viel Entscheidungsbefugnis hat er bei der Durchführung?), ohne Kontrolle (überprüfen, ob die geplante Arbeit richtig ausgeführt wird und, wenn nicht, die erforderlichen Korrekturen vornehmen) würde die Unternehmung weder ein Flugzeug herstellen können, geschweige denn je Gewinn erzielen.
Durch ***Planen, Organisieren, Kontrollieren*** und ***Führen*** (die Mitarbeiter dazu bringen, die vorgeschriebenen Arbeiten gern und gut auszuführen) versucht die ***Unternehmungsleitung*** (das Top-Management), die Unternehmungsziele zu erreichen. Diese Tätigkeiten bezeichnet man als

[1] Bei Handels-Untersuchungen entfällt die Grundfunktion der Produktion.

Managementaufgaben. Sie sind bei ***allen*** betrieblichen Vorgängen von Bedeutung, also bei der Beschaffung, der Produktion und dem Absatz. Hinzu kommt die Notwendigkeit der Beschaffung von Arbeitskräften und Kapital (***Finanzierung***: s. S. 66).

4.2 Die Beschaffung

Jeder Betrieb steht mit anderen Wirtschaftseinheiten in wechselseitiger Verbindung. Das zeigt sich in einem ständigen Austausch von Gütern aller Art auf den verschiedenen Märkten. Der Betrieb beschafft sich auf diesen Märkten die für seinen Leistungsprozess notwendigen Güter.[1] Die von anderen Wirtschaftseinheiten zu beschaffenden Leistungen können in ***Sachgüter, Dienstleistungen*** und ***Rechte*** eingeteilt werden.
Sachgüter werden unterschieden in ***Betriebsmittel*** und ***Werkstoffe***.
Zu den ***Betriebsmitteln*** gehören Grundstücke, Gebäude und die gesamte technologische Ausrüstung, die ein Betrieb benötigt.
Werkstoffe sind:
- ***Rohstoffe***; sie gehen als Hauptbestandteil in die Fertigfabrikate ein, z. B. Aluminium im Flugzeugbau;
- ***Hilfsstoffe***; sie sind auch Bestandteil des Fertigfabrikats, wertmäßig aber von geringer Bedeutung, z. B. Spezialkleber für Kunststoff;
- ***Betriebsstoffe***; sie werden nicht Bestandteil des Fertigprodukts, sondern werden bei der Fertigung verbraucht, z. B. Strom, Dieselöl usw.

Die von anderen Wirtschaftseinheiten zu beschaffenden ***Dienstleistungen*** können sehr unterschiedlich sein. Dazu gehören z. B. die Tätigkeiten einer betriebsfremden Anstreicherkolonne im Werk ebenso wie die Leistungen von Kreditinstituten, Versicherungen und Steuerberatern.
Zu den ***Rechten,*** die für den Betrieb wichtig sein können und beschafft werden müssen, zählen z. B. ***Patente*** und ***Lizenzen*** (das Recht, etwas herstellen zu können, wofür ein Dritter Patente besitzt).

Beschaffungsplanung
Um das Unternehmungsziel zu erreichen muss auch im Beschaffungsbereich geplant werden. Dabei sollen die zur Durchführung des Leistungsprozesses notwendigen Güter in der erforderlichen Menge und Güte termingerecht zur Verfügung stehen. Es muss geklärt werden:

[1] Die Sondergebiete „Beschaffung von Arbeitskräften" und „Beschaffung von Kapital" werden den betrieblichen Bereichen Personalwesen und Finanzierung zugeordnet, weil sie jeweils besondere Schwierigkeiten aufweisen.

- Was soll beschafft werden?
- In welcher Qualität?
- In welcher Menge?
- Zu welcher Zeit?
- Wo soll eingekauft werden?

Um die ersten vier Fragen beantworten zu können müssen der ***Absatzplan*** und der von diesem abhängige ***Produktionsplan*** vorliegen. Es soll nur so viel beschafft werden, dass Produktion und Absatz nicht behindert werden. Jedes Zuviel (an Menge und auch an Qualität) und jede zu frühe Beschaffung verursachen Kosten, die den Gewinn verringern.

Rechtsformen der Beschaffung
Damit ein Sachgut oder ein Recht im Leistungsprozess einer Unternehmung eingesetzt werden kann, muss die Unternehmung über dieses Gut verfügen können. Für den Übergang vom Lieferanten zur empfangenden Unternehmung hat der Gesetzgeber eine Reihe von Vertragstypen bereitgestellt. Die gebräuchlichsten sind Kauf und Miete.
Kauf (§ 433 ff. BGB, §§ 373 ff. HGB). Ein ***Kaufvertrag*** kommt dadurch zustande, dass sich Käufer und Verkäufer über den Kaufgegenstand (Sachgut oder Recht) und den Kaufpreis einig werden. Der Verkäufer verpflichtet sich dem Käufer den Kaufgegenstand zu übergeben und ihm das Eigentum daran zu übertragen. Der Käufer ist verpflichtet den Kaufgegenstand abzunehmen und dem Verkäufer den vereinbarten Kaufpreis zu zahlen.
Miete (§§ 525 ff. BGB). Im ***Mietvertrag*** verpflichtet sich der Vermieter, dem Mieter den Gebrauch der vermieteten Sache für eine im Vertrag festgelegte Zeit zu gewähren, während der Mieter sich verpflichtet, den vereinbarten Mietzins zu zahlen. Der Vertragstyp „Miete“ ist besonders häufig bei der Beschaffung von Räumen; in zunehmendem Maße wird diese Vertragsform aber auch auf die Beschaffung von Maschinen (z. B. Computer), Autos und anderer Gegenstände des Anlagevermögens (s. S. 66 f.) angewandt. Für die mietweise Überlassung langlebiger Wirtschaftsgüter wird oft auch der englische Ausdruck ***Leasing*** gebraucht.

4.3 Die Produktion

In Handwerks- und Industriebetrieben werden die im Zuge der Beschaffung bereitgestellten Sachgüter durch den Vorgang der Produktion in ein für den Betrieb typisches Erzeugnis umgewandelt. Im Rahmen der Gesamtwirtschaft kann dies bereits ein Endprodukt sein (z. B. Küchenmaschinen). Es kann aber auch ein Zwischenprodukt sein (z. B. Aluminiumblech), das von anderen Betrieben weiterverarbeitet wird.

Produktionsplanung
Die erste Tätigkeit im Produktionsprozess ist die Überlegung, ***was*** hergestellt werden soll. Dieses Überlegen und Entscheiden wird auch als Planung des Produktionsprogrammes bezeichnet. Grundlage für dieses Programm ist der ***Absatzplan***, in dem festgestellt ist, wie viel von jedem Produkt verkauft werden soll. Der Absatzplan wiederum kann nur in Verbindung mit der Produktionsplanung erstellt werden, da die Herstellungsmöglichkeiten des Betriebes berücksichtigt werden müssen.
Steht fest, was hergestellt werden soll, muss die Art und Weise der Produktion festgelegt werden, bevor das eigentliche Herstellen der Erzeugnisse beginnt. Dazu gehört die ***Planung der Bereitstellung*** der zur Produktion notwendigen Faktoren (Arbeitskräfte, Betriebsmittel, Werkstoffe) wie auch die Planung des Ablaufes des Fertigungsprozesses. In dieser ***Planung des Ablaufes*** wird der Fertigungsvorgang in einzelne Arbeitsgänge (z. B. Transportieren des Werkstückes, Einspannen, Bohren usw.) zergliedert und den einzelnen Arbeits- oder Maschinenplätzen zugewiesen. Bei Massenfertigung von Produkten (z. B. einem bestimmten Fernsehgerätetyp) wird diese Planung zwar nur einmal vorgenommen; hierzu sind jedoch besonders gründliche und langwierige Untersuchungen Voraussetzung. Durch veränderte Arbeitsverfahren (z. B. Kleben statt Schrauben), welche die Kosten des einzelnen Endproduktes nur um wenige Cent senken, kann bei gleich bleibendem Verkaufspreis der Gewinn der Unternehmung dennoch stark ansteigen.

Fertigungsverfahren
In der Backstube eines Bäckermeisters läuft die Herstellung von Brot anders ab als in einer großen Brotfabrik. Beim Bäckermeister (handwerkliche Fertigung) werden sämtliche zur Produktion notwendigen Tätigkeiten (einschließlich der Planung) von ihm oder seinen Gesellen durchgeführt. Die ***Arbeitsteilung*** ist gering.
In der Brotfabrik (industrielle Fertigung) arbeiten in der Regel mehrere Personen mit mehr spezialisierten Maschinen. Die Arbeitsteilung ist sehr ausgeprägt. Die Kosten je Stück liegen bei arbeitsteiliger Herstellung zwar meist niedriger als bei handwerklicher Fertigung; es besteht jedoch die Gefahr, dass durch die geringe Abwechslung bei arbeitsteiliger Herstellung (Monotonie) die Motivation der Arbeitenden erlahmt, was dazu führen kann, dass die Produktqualität schlechter wird.

Die industrielle oder arbeitsteilige Fertigung kann unterteilt werden in:
- ***Baustellenfertigung***. Beispiele: Brückenbau, Straßenbau oder Schiffsbau. Da das herzustellende Produkt nicht oder nur schwer bewegt werden kann, müssen alle notwendigen Produktionsfaktoren zum Standort des Produktes gebracht werden.
- ***Werkstattfertigung***. In besonderen Abteilungen (Werkstätten) werden verwandte Produktionsmaschinen zusammengefasst, z. B. alle Fräsmaschinen in der Fräserei, alle Schleifmaschinen in der Schleiferei usw. Dieses Fertigungsverfahren ist besonders flexibel, wenn es gilt, veränderte oder neue Produkte herzustellen. Nachteilig ist, dass das herzustellende Produkt (z. B. eine Spezialkurbelwelle) von Abteilung zu Abteilung wandert, oft sogar mehrmals in eine Abteilung kommen kann. Durch die langen Transportwege und möglichen Wartezeiten (wenn Maschinen durch andere Produkte belegt sind) erhöhen sich die Kosten.
- ***Reihenfertigung***. Dabei entspricht die Reihenfolge der Arbeitsplätze und Arbeitsmittel der Folge der Fertigungsvorgänge, die am Produkt durchzuführen sind. Arbeitsplätze und Maschinen sind so angeordnet, dass sie eine Reihe oder Straße bilden. Sind die Bearbeitungszeiten festgelegt, so spricht man von ***Fließ- oder Bandfertigung***. Bei der „traditionellen" Fließfertigung werden noch Arbeitskräfte benötigt. Lediglich der Transport wird vom Fließband übernommen. Montage und Kontrolle werden von Arbeitern durchgeführt.
- ***Automatische Fertigung***. Hier werden, z. B. bei der Autoproduktion, die einzelnen Arbeitsvorgänge selbstständig von Maschinen (Robotern) durchgeführt. An der Herstellung sind (vom Wach- und Wartungspersonal abgesehen) keine Arbeiter mehr beteiligt. Zu einer vollautomatischen Fertigung gehören in der Regel:
  Transferstraßen, welche die Werkstücke (z. B. Motorblöcke) automatisch von Bearbeitungsstation zu Bearbeitungsstation transportieren;
  automatisch arbeitende Maschinen (Roboter);
  automatische Steuerung des Fertigungsablaufes (durch Computer) und Überwachungsgeräte, die das Werkstück nach jeder Bearbeitung (z. B. Bohren) auf die planmäßige Ausführung dieser Operation kontrollieren.

Wirtschaftliche und soziale Folgen

Die Fließfertigung und noch stärker die automatische Fertigung erfordern einen hohen Planungsaufwand und einen hohen Investitionsbedarf. Kleinere Unternehmungen sind dazu oft nicht in der Lage. Folge: Die ***Neigung zu Unternehmungszusammenschlüssen*** wächst.

Weil das in Fertigungsanlagen investierte Kapital gebunden und bei unerwarteten Nachfragerückgängen gefährdet ist, versuchen die Unternehmungen den erzielten Gewinn auf das eingesetzte Kapital ebenfalls langfristig zu sichern. Der geplante Absatz darf nicht unterschritten und die geplanten Preise dürfen nicht gesenkt werden, damit die geplanten Einnahmen erzielt werden. Dazu dient sowohl das Marketing (s. u.) als auch der Versuch, Preissenkungen als Mittel des Wettbewerbs weitgehend auszuschalten.
Durch die Umstellung auf automatische Fertigung verlieren Arbeiter ihre Arbeitsplätze. (Ähnlich ergeht es Büroangestellten durch das Vordringen der Personalcomputer.) In der Vergangenheit konnten diese Arbeitskräfte meist in der gleichen Unternehmung an anderen Arbeitsplätzen weiterbeschäftigt werden, weil durch das starke Anwachsen der Produktion die eingesparten Arbeitsplätze mehr als ausgeglichen wurden. Das muss aber nicht immer so bleiben. Gelingt es nicht, durch Umschulungs- und Weiterbildungsmaßnahmen und das Schaffen neuer Arbeitsplätze diese „freigesetzten" Arbeitskräfte wieder zu beschäftigen, entsteht ***technologische oder strukturelle Arbeitslosigkeit*** (s. S. 195 ff.).

4.4 Der Absatz

Unter Absatz versteht man alle Tätigkeiten, die mit dem Verkauf der erzeugten Produkte zusammenhängen. Nach der Währungsreform (1948) bis zum Ende der 50er-Jahre hatten die Unternehmungen in der Bundesrepublik Deutschland mit dem Absatz ihrer Produkte keine Probleme. Der Warenhunger war so groß, dass es keine Mühe bereitete, alles zu verkaufen, was produziert werden konnte. Engpässe gab es nur im Beschaffungs- und Fertigungssektor. Mit steigender ***Marktsättigung*** (vgl. z. B. den Elektrogerätesektor) verlagerte sich aber der Schwerpunkt der unternehmerischen Bemühungen von der Produktion zum Absatz. Anstrengungen auf diesem Gebiet wurden für die Erreichung der Unternehmungsziele immer bedeutungsvoller. Diese Schwerpunktverlagerung zum Absatz zeigt sich auch im Aufkommen des Wortes ***Marketing,*** womit ausgedrückt werden soll, dass sämtliche betrieblichen Entscheidungen darauf ausgerichtet werden den Absatz zu fördern.

Absatzplanung und Marktforschung
Durch die Absatzplanung soll das zukünftige Handeln der Unternehmungen im Verkaufsbereich festgelegt werden. Von der Absatzplanung hängen die Produktionsplanung und (indirekt) die Beschaffungsplanung ab.

Um den Absatzplan überhaupt aufstellen zu können muss eine Unternehmung viele Informationen besitzen, beispielsweise darüber, wie groß die voraussichtliche Nachfrage nach ihren Gütern sein wird. Bei neu angebotenen Produkten will die Unternehmung schon im Stadium der Entwicklung wissen, wie ein erfolgreiches Erzeugnis aussehen und welche Eigenschaften es haben soll. Ferner müssen Informationen über die Erzeugnisse konkurrierender Unternehmungen sowie deren Marktstellung eingeholt werden. Alle diese und noch mehr Fragen sollen durch ***Marktforschung*** beantwortet werden. Die Marktforschung bedient sich besonders zweier Methoden: einmal der persönlichen Befragung (Meinungsumfragen); zum anderen werden bereits vorliegende statistische Erhebungen ausgewertet. Durch das Vorhandensein der Marktforschung ist die Unternehmungsleitung weniger auf Vermutungen angewiesen, welche Produkte voraussichtlich am Markt Erfolg haben werden.

Möglichkeiten der Sicherung und Ausweitung des Absatzes
In einer wachsenden Wirtschaft kann sich eine Unternehmung nur behaupten, wenn sie mitwächst. Auf welche Weise gelingt es einer Unternehmung, trotz vieler Marktwiderstände (Marktsättigung, Nachfrageänderungen, konkurrierende Produkte usw.) ihren eigenen Absatz zu sichern und auszuweiten? Voraussetzung ist eine funktionierende Marktforschung, die der Unternehmung die für ihre Absatzentscheidungen notwendigen Informationen liefert. Die Unternehmungsleitung muss dann Entscheidungen treffen über den Einsatz der verschiedenen Marketinginstrumente. Das sind:

- Werbung und Verkaufsförderung,
- Qualität und Aussehen der Produkte,
- Höhe der Preise und die
- Verkaufsorganisation.

Werbung und Verkaufsförderung
Ziel der Werbung ist es, einzelne Personen oder ganze Konsumentengruppen zum Kauf der Produkte der werbenden Unternehmung zu veranlassen. Die in der Werbung über das zu verkaufende Produkt gebotene ***Information*** ist deshalb dem Verkaufszweck untergeordnet, d. h. die Informationen sollen in erster Linie zum Kauf anregen und nicht dem Käufer Gelegenheit geben einen systematischen Vergleich mit anderen Produkten durchzuführen. Dies wird deutlich, wenn man die Anzeige eines Waschmittelproduzenten dem Bericht eines neutralen Testinstituts (z. B.

Staatliche Stiftung „Warentest“) über Waschmittel gegenüberstellt. Über die angebotenen Informationen hinaus wird mithilfe der Werbung versucht dem möglichen Käufer zugleich ***Begründungen zum Kauf*** zu liefern („Mit X geht alles besser!“). Erkenntnisse der Werbepsychologie sind dabei sehr hilfreich.
Die Unternehmung kann aus einer Vielzahl von ***Werbemitteln*** wählen. Sollen Handzettel, Werbeplakate, Zeitungsanzeigen oder Werbespots in Rundfunk und Fernsehen eingesetzt werden? Welche Werbemittel eingesetzt werden, ist unter anderem abhängig von der Art des Produktes (Papiermaschinenhersteller werden nicht im Rundfunk werben) und der Zusammensetzung der Käuferschicht (Likörhersteller werben nicht in Kinderzeitschriften).
Durch Maßnahmen der ***Verkaufsförderung*** soll die Werbung in ihrer Wirkung verstärkt werden. Zur Verkaufsförderung zählen z. B. absatzsteigernde Maßnahmen wie Gutscheinaktionen, Preisausschreiben, Mitarbeiterwettbewerbe und die intensive Schulung des Verkaufspersonals. Die Verkäufer lernen beispielsweise auf mögliche Einwände der Kunden mit Gegenargumenten zu antworten, sodass unentschlossene Kunden zum Kauf angeregt werden.

Qualität und Aussehen der Produkte

Auf Qualität und Aussehen der Produkte haben in zunehmendem Maße (vor allem bei Konsumgütern) nicht allein die Techniker, sondern auch die Verkäufer maßgebenden Einfluss. In der Automobilindustrie kommt es beispielsweise vor, dass mit großem Werbeaufwand ein „neues Modell“ vorgestellt wird. Neu sind dann hauptsächlich Äußerlichkeiten (veränderte Karosserie, viereckige statt runde Frontscheinwerfer), während sich das neue Modell in technischer Hinsicht wenig vom vorhergehenden unterscheidet. Durch häufige „Modelländerungen“, die den technischen Gebrauchswert eines Produktes kaum verbessern, wird eine ***künstliche Veralterung*** erreicht, d. h. die Lebensdauer der Produkte wird verringert. So werden Autos heute schneller verschrottet als früher; eine Tatsache, die trotz zunehmender Marktsättigung die Absatzmöglichkeiten (und Gewinne) der Automobilindustrie sichert.

Entscheidungen über die Höhe der Preise

Der geforderte Preis soll nicht nur die entstandenen Kosten abdecken, sondern darüber hinaus der Unternehmung auch Gewinn bringen. Die Unternehmung muss deshalb genaue Informationen über die eigenen angefallenen Kosten besitzen (durch eine ausgebaute Kostenrechnung). Sie muss aber auch wissen, was für ein Preis am Markt überhaupt zu erzielen ist. Auf die Absicht den Absatz der eigenen Produkte zu steigern, hat der geforderte Preis einen nicht unerheblichen Einfluss. Welcher Preis schließlich gefordert und durchgesetzt werden kann, hängt nicht zuletzt von den ***Marktverhältnissen*** ab. Wird ein ähnliches Erzeugnis von mehreren Unternehmungen angeboten, ist es schwieriger, den Preis heraufzusetzen, als wenn nur ***eine*** Unternehmung Anbieter ist. Die Unternehmungen versuchen daher, den für sie schmerzlichen (für den Käufer erfreulichen) Preiswettbewerb einzuschränken, u. a. durch (verbotene) Absprachen mit den Konkurrenten (Kartelle, s. S. 51 f.)

Verkaufsorganisation

Bei der Entscheidung über die Verkaufsorganisation geht es einmal darum, ob die Unternehmung ihre Produkte selbst an die Verbraucher oder Weiterverarbeiter verkauft (***direkter Vertrieb***) oder ob dafür Handelsbetriebe eingeschaltet werden (***indirekter Vertrieb***). Wird der Verkauf selbst übernommen, so fallen Kosten für die Lagerung der Produkte und auch für den Verkauf (z. B. Verkaufspersonal) an; bei indirektem Vertrieb muss den Handelsunternehmen Rabatt eingeräumt werden.

Weiterhin ist z. B. zu entscheiden, ob der Absatz über fest angestellte Reisende oder über selbstständige Handelsvertreter erfolgen soll. Reisende erhalten ein festes Grundgehalt – das Fixum – und verkaufsabhängige Provisionen (nach einem relativ niedrigen Satz). Handelsvertreter beziehen ausschließlich Provisionen (nach einem relativ höheren Satz). Gemäß dem nebenstehenden Schaubild hängt die zu treffende Entscheidung (neben anderen Überlegungen) wesentlich von der Höhe des Absatzes ab. Unterhalb der kritischen Menge ($0M_1$) bereitet der Absatz über Handelsvertreter, ab der kritischen Menge ($0M_1$) über Reisende die niedrigeren Kosten.

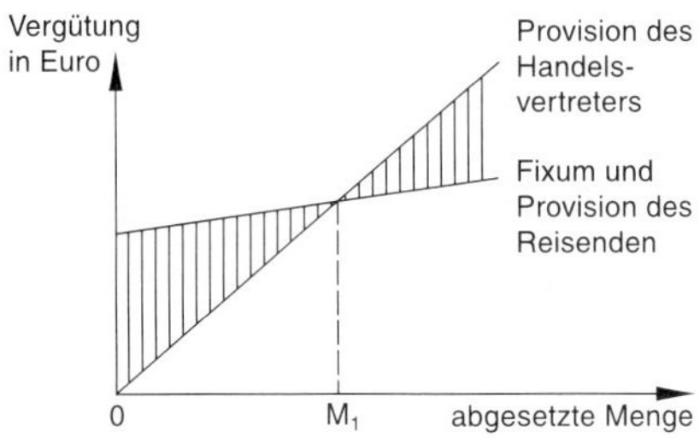

5 Finanzierung und Rechnungswesen der Unternehmung

5.1 Finanzierung

Dem ***Güterstrom***, der die Unternehmungen durchfließt, entspricht ein ***Geldstrom***, der sich in entgegengesetzter Richtung bewegt. Deshalb ergibt sich die Notwendigkeit das für die ***Beschaffung***, die ***Produktion*** und den ***Absatz*** jeweils benötigte Kapital bereitzustellen, d. h. dafür zu sorgen, dass immer hinreichend flüssige ***(liquide)*** Mittel vorhanden sind. Diese Versorgung der Unternehmung mit Kapital nennt man ***Finanzierung.***
Kapital ist die Geldsumme, die in ihrer Höhe dem Wert aller im Betrieb eingesetzten Vermögensteile entspricht. Es verändert sich von Tag zu Tag.

Aufstellung zum 31. Dezember ...

Vermögen		
Grundstück mit Fabrikhalle	800 000 EUR	
Maschinen	100 000 EUR	
Vorräte an Roh-, Hilfs- und Betriebsstoffen, Halb- und Fertigerzeugnissen	200 000 EUR	**Kapital** 1 200 000 EUR
Forderungen aus Warenlieferungen und Leistungen	80 000 EUR	
Bankguthaben	14 000 EUR	
Kassenbestand	6 000 EUR	

5.2 Die Bilanz

Die geordnete Gegenüberstellung von Vermögen und Kapital bezeichnet man als *Bilanz* (von ital. bilancia = Waage mit zwei Schalen).
Die Vermögensseite nennt man *Aktivseite* (Aktiva) und die Kapitalseite *Passivseite* (Passiva).

Vermögensgegenstände, die dazu bestimmt sind, dauernd dem Geschäftsbetrieb zu dienen, heißen ***Anlagevermögen***. Dazu zählen:
Grundstücke mit und ohne Bauten, Maschinen, sonstige Betriebs- und Geschäftsausstattung, Beteiligungen an anderen Unternehmungen, Wertpapiere, die nicht nur vorübergehend gehalten werden.
Alle anderen Vermögenswerte bilden das ***Umlaufvermögen***. Dazu zählen: Kassenbestand, Bankguthaben, Wertpapiere, die nicht auf Dauer gehalten werden, Forderungen an Kunden, Vorräte.

Wie diese Vermögensgegenstände finanziert werden, kann man der Passivseite der Bilanz entnehmen. Ein mehr oder weniger großer Teil des dort ausgewiesenen Kapitals sind die ***Schulden*** (Verbindlichkeiten) der Unternehmung, die man auch als ***Fremdkapital*** bezeichnet. Die Differenz zwischen dem Vermögen und dem Fremdkapital ist das ***Eigenkapital.*** Weil dieses Eigenkapital im Wege der Subtraktion (als ***Saldo***) ermittelt und in die Bilanz eingesetzt wird, müssen die Summe der Aktiva und die Summe der Passiva stets übereinstimmen. Bei Kapitalgesellschaften besteht das Eigenkapital aus dem eingezahlten Grund- oder Stammkapital, den Rücklagen und ggf. dem Gewinnvortrag.
Eine der wichtigsten Finanzierungsregeln lautet: ***Langfristige Vermögensteile sollen mit langfristigem Kapital*** finanziert werden.
Wenn gegen diese Regel verstoßen wird, kann eine Unternehmung leicht in Liquiditätsschwierigkeiten geraten, d. h. es fällt ihr schwer, ihren Zahlungsverpflichtungen nachzukommen.

Bilanz der Badischen Möbelwerke AG zum 31. Dezember ...

Aktiva		Passiva	
Anlagevermögen		**Eigenkapital**[1]	940 000 EUR
Bebaute Grundstücke	800 000 EUR		
Betriebs- und Geschäftsausstattung	100 000 EUR	**Fremdkapital**	
		Darlehen von Sparkasse	100 000 EUR
Umlaufvermögen		Verbindlichkeiten gegenüber Lieferanten	160 000 EUR
Vorräte	200 000 EUR		
Forderungen	80 000 EUR		
Kasse, Bank	20 000 EUR		
	1 200 000 EUR		1 200 000 EUR

[1] Ermittelt als Saldo:
Vermögen minus Fremdkapital gleich Eigenkapital (Grundkapital + Rücklagen)
1 200 000 EUR – 260 000 EUR = 940 000 EUR

5.3 Fremdfinanzierung

Die Beschaffung von Fremdkapital nennt man ***Fremdfinanzierung***. Zur Fremdfinanzierung stehen den Unternehmungen mehrere Möglichkeiten offen:

Lieferantenkredit
Es ist in vielen Wirtschaftszweigen üblich, Rechnungsbeträge zu stunden. Eine oft gebrauchte Zahlungsbedingung lautet etwa:
„Der Rechnungsbetrag in Höhe von 10 000 EUR ist zahlbar
- innerhalb von 7 Tagen abzüglich 2 % Skonto (= Nachlass für Barzahlung) oder
- innerhalb von 30 Tagen rein netto Kasse."

Es lohnt sich für den Belieferten fast immer das angebotene Skonto auszunutzen: Ein Zahlungsaufschub (Kredit) von 23 Tagen wäre im obigen Beispiel durch einen „Zins" von 200 EUR erkauft.

Umrechnung auf den Jahreszinssatz

9800 EUR kosten für 23 Tage 200 EUR
100 EUR kosten für 360 Tage (1 Jahr) x EUR

$$x = \frac{200 \cdot 100 \cdot 360}{23 \cdot 9800} = 31{,}94\ \%$$

Der für diesen Zahlungsaufschub zu zahlende Jahreszins beträgt also fast 32 %.

Bankkredit
In vielen Fällen ist es sinnvoll, dass die belieferte Unternehmung einen Bankkredit aufnimmt um innerhalb der Barzahlungsfrist mit Skonto zahlen zu können. Solche Bankkredite sind meist ***Kontokorrentkredite***. Darunter versteht man die (vertraglich vereinbarte) Überziehung des laufenden Kontos bis zu einer bestimmten Höchstgrenze. Beim Privatgirokonto heißt der vergleichbare Kredit ***Dispositionskredit***.

5.4 Beschaffung von Eigenkapital

Zur Beschaffung von Eigenkapital haben die Unternehmungen grundsätzlich zwei Möglichkeiten:
- Eigenkapitalzuführung von außen = ***Eigenfinanzierung***
- Einbehaltung von erzielten Gewinnen = ***Selbstfinanzierung***

Eigenfinanzierung
Der Unternehmer oder ein Gesellschafter erhöht seinen Kapitalanteil aus privaten Mitteln oder es treten neue Gesellschafter mit einer Kapitaleinlage ein. Auch wenn eine AG „junge Aktien" ausgibt (Kapitalerhöhung), liegt Eigenfinanzierung vor.

Selbstfinanzierung
Für kleinere Unternehmungen ist die Einbehaltung von Gewinnen oft die einzige Möglichkeit das Eigenkapital aufzustocken. Aber auch Großunternehmungen schütten die erwirtschafteten Gewinne nicht in voller Höhe an die Gesellschafter (Aktionäre) aus, sondern behalten einen Teil ein um daraus Gegenstände des Anlagevermögens finanzieren zu können. Bei Kapitalgesellschaften werden diese nicht ausgeschütteten Gewinne als Rücklagen auf der Passivseite der Bilanz ausgewiesen.
Volkswirtschaftlich gesehen, ist die Innenfinanzierung durch Einbehaltung von Gewinnen umstritten. Dieser Teil des Eigenkapitals wird nicht von außen in die Unternehmung eingebracht, und niemand erwartet deshalb hierfür einen Zins oder Gewinnanteil (Dividende). Nun ist aber der Zins ein wichtiges Lenkungsinstrument. Es sorgt dafür, dass das Kapital zum Ort der höchsten Rentabilität strömt (s. S. 71); dort kann vom Kapitalnehmer der zu zahlende Zins am ehesten erwirtschaftet und darüber hinaus noch ein Gewinn erzielt werden. Bei der Innenfinanzierung durch Einbehaltung von Gewinnen ist deshalb die Gefahr der Kapitalfehlleitung größer, weil dieser Mechanismus außer Kraft gesetzt ist.

Eigenkapitalquote
Das Eigenkapital ist in vielen deutschen Unternehmungen nicht mit dem steigenden Geschäftsvolumen mitgewachsen, sodass sich das Verhältnis Eigenkapital : Fremdkapital immer mehr zugunsten des Fremdkapitals verschob.
Im Durchschnitt ist die Eigenkapitalquote in Prozent der Bilanzsumme bei deutschen Unternehmen von 26,7 % (1970) über 19,7 % (1980), 18,2 % (1990) auf 18,0 % (1997) gesunken. Dies ist eine gefährliche Entwicklung, weil einerseits die Gläubiger damit immer mehr Eigentümerrisiken übernehmen und weil andererseits die Unternehmungen in eine immer größere Abhängigkeit von den Nicht-Eigentümern (in der Regel Kreditinstitute) geraten.

5.5 Die Gewinn- und Verlustrechnung

Neben der Bilanz erstellen die Unternehmungen als Teil des Jahresabschlusses zum Ende eines jeden Geschäftsjahres eine ***Gewinn- und Verlustrechnung***, in der durch Gegenüberstellung aller Erträge und Aufwendungen des abgelaufenen Jahres der Gewinn oder Verlust ermittelt wird:
Gewinn (Jahresüberschuss) = Erträge > Aufwendungen
Verlust (Jahresfehlbetrag) = Aufwendungen > Erträge

Gewinn- und Verlustrechnung der Badischen Möbelwerke AG für das Jahr . . . .

Umsatzerlöse	1 660 000 EUR
– Aufwendungen für Roh-, Hilfs- und Betriebsstoffe	772 000 EUR
= **Rohertrag**	888 000 EUR
+ sonstige Erträge	46 000 EUR
– Löhne und Gehälter	660 000 EUR
– Abschreibungen[1]	20 000 EUR
– Zinsen	38 000 EUR
– sonstige Aufwendungen	22 000 EUR
– Steuern	100 000 EUR
= **Gewinn (Jahresüberschuss)**	94 000 EUR
– Einstellung in die Rücklagen	40 000 EUR
= **Bilanzgewinn**	54 000 EUR

[1] Abschreibungen: Absetzung für Abnutzung. Beispiel: Der Preis eines neu angeschafften Autos betrug 40 000 EUR. Während der Nutzungsdauer von 5 Jahren werden jährlich 8 000 EUR abgeschrieben und als Aufwand in die Gewinn- und Verlustrechnung eingestellt. – Neben der *Abnutzung* von Gegenständen des Anlagevermögens führen z. B. auch der *ruhende Verschleiß* und die *Veralterung* infolge technischen Fortschritts zu Abschreibungen.

Durch einen Vergleich der Bilanz und der Gewinn- und Verlustrechnung über mehrere Jahre hin (Zeitvergleich) und durch den Vergleich des Jahresabschlusses mit dem Jahresabschluss anderer Unternehmungen des gleichen Wirtschaftszweiges (Betriebsvergleich) kann man als Kunde, als Gesellschafter oder als Arbeitnehmer wichtige Aufschlüsse über die Entwicklung und die Situation einer Unternehmung gewinnen.

5.6 Liquidität, Rentabilität und Produktivität

Besonderes Augenmerk widmen die Leser der Jahresabschlüsse (= Bilanzen und Gewinn- und Verlustrechnungen) der Liquidität und der Rentabilität der Unternehmungen.
Unter ***Liquidität*** versteht man die finanzielle Flüssigkeit einer Unternehmung, also deren Fähigkeit, jederzeit alle Zahlungsverpflichtungen fristgemäß zu erfüllen. Man wendet den Begriff Liquidität auch auf die einzelnen Vermögensteile an und sagt etwa: Der Kassenbestand ist liquider als die Wertpapiere, diese sind liquider als Buchforderungen usw. Durch Gegenüberstellung von Vermögens- und Kapitalteilen ermittelt man ***Liquiditätskennzahlen***, aus denen man ablesen kann, ob ein Unternehmen liquide ist oder nicht.

Beispiel für eine Liquiditätskennzahl der Badischen Möbelwerke AG (vgl. Bilanz S. 67):

$$\frac{\text{(Kasse + Bankguthaben)} \cdot 100^{1}}{\text{kurzfristige Verbindlichkeiten}} = \frac{20\,000 \cdot 100}{16\,000} = 125\ \%$$

Alle kurzfristigen Verbindlichkeiten und darüber hinaus 25 % der langfristigen Verbindlichkeiten könnten also kurzfristig getilgt werden.

Unter ***Kapitalrentabilität*** versteht man die Verzinsung des eingesetzten Kapitals. Beispiel: Die Badischen Möbelwerke AG hatte im Jahr .... einen Gewinn (Jahresüberschuss) von 94 000 Euro.

Rentabilität des eingesetzten Eigenkapitals:

$$\frac{\text{Gewinn} \cdot 100}{\text{Eigenkapital}} = \frac{94\,000 \cdot 100}{940\,000} = 10\ \%$$

Das Eigenkapital hat sich also mit 10 % verzinst.

Auf analoge Art und Weise ermittelt man auch die ***Umsatzrentabilität***.

$$\frac{\text{Gewinn} \cdot 100}{\text{Umsatz}} = \frac{94\,000 \cdot 100}{1\,660\,000} = 5{,}66\%$$

Die Umsatzrentabilität der Badischen Möbelwerke AG betrug mithin im betreffenden Geschäftsjahr 5,66 %.
Die Umsatzrentabilität ist von Branche zu Branche und von Betrieb zu Betrieb sehr unterschiedlich. Oft ist es jedoch so, dass dort, wo die Umsatzrentabilität groß ist, zugleich auch ein recht hoher Kapitaleinsatz erforderlich ist, sodass die Kapitalrentabilität entsprechend niedrig ist. Zum Beispiel bindet das Warenlager in Uhren- und Schmuckgeschäften (mit einer Umsatzrentabilität von über 8 %) sehr viel Kapital.
Die Umsatzrentabilität des Einzelhandels insgesamt betrug 1996 gemäß dem Schaubild auf der folgenden Seite 3,2 % (vor Steuern). 1985 hatte sie bei 3,1 %, 1971 bei 7 % (Spitzenwert!) gelegen.
Die Rentabilität darf nicht verwechselt werden mit der ***Produktivität***. Dabei handelt es sich um eine Verhältniszahl, bei der der Ausstoß (in kg, t,

[1] Man multipliziert mit 100 um das Ergebnis in Prozent zu erhalten.

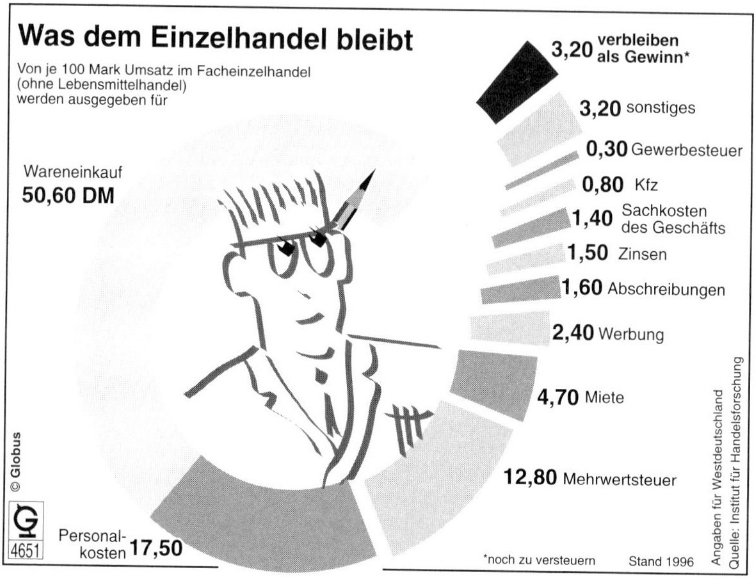

m³, Stück, kWh usw.) ins Verhältnis gesetzt wird zum Faktoreinsatz (Arbeitsstunden, Maschinenstunden usw.). Beispiel: In einem Zementwerk ermittelt man, wie viel Zentner Zement je Arbeitsstunde je Arbeitskraft produziert werden. Durch den Vergleich dieser Kennzahl zur „Arbeitsproduktivität" über mehrere Jahre hin oder mit den entsprechenden Kennziffern anderer Zementwerke erhält man einen Maßstab zur Beurteilung der Unternehmungsleistung.

5.7 Kostenrechnung und Kalkulation

Kostenarten

In der Kostenrechnung werden zunächst die verschiedenen ***Kostenarten*** erfasst und fortgeschrieben. Dazu gehören die

- ***Personalkosten*** (Löhne, Gehälter, Provisionen, soziale Abgaben),
- ***Sachkosten*** (Roh-, Hilfs- und Betriebsstoffe, Abschreibungen),
- ***Kapitalkosten*** (Zinsen),
- ***Kosten für Dienstleistungen Dritter*** (Strom, Gas, Telefon, Versicherung, Wasser) und
- ***Steuern***.

Diese Kosten sind teils ***feste Kosten*** (fixe Kosten), die sich mit steigendem Ausstoß nicht verändern, teils ***veränderliche Kosten*** (variable Kosten), die mit dem Ausstoß fallen oder steigen.
Beispiel: Die Telefonkosten bestehen aus festen und veränderlichen Kostenbestandteilen. Feste Kosten: Grundgebühr von z. B. 20 EUR je Monat. Veränderliche Kosten: Kosten für die Gesprächseinheiten (z. B. 0,06 EUR je Minute).

Andere feste Kosten: Versicherungsprämien, Gehälter.
Andere veränderliche Kosten: Rohstoffe, Akkordlöhne, Mehrwertsteuer.
Wenn mit einem Telefon monatlich nur ein einminütiges Ortsgespräch geführt wird, kostet dieses: (20 + 0,06) : 1 = 20,06 EUR.
Bei 10 einminütigen Ortsgesprächen im Monat kostet das einzelne Gespräch: (20 + 0,60) : 10 = 2,06 EUR.
Bei 100 einminütigen Gesprächen im Monat: (20 + 6) : 100 = 0,26 EUR.

Feste Kosten

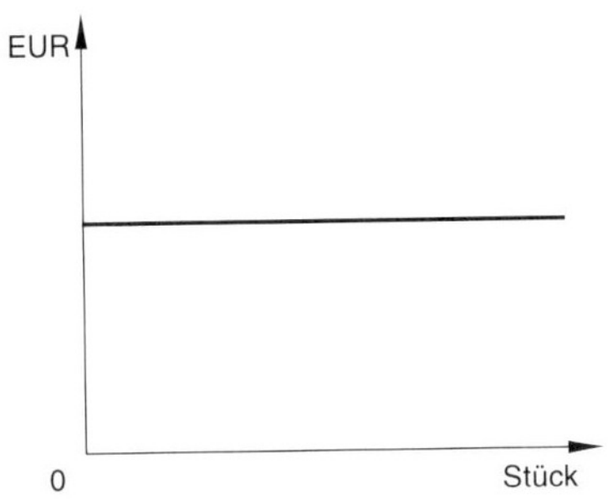

Veränderliche Kosten

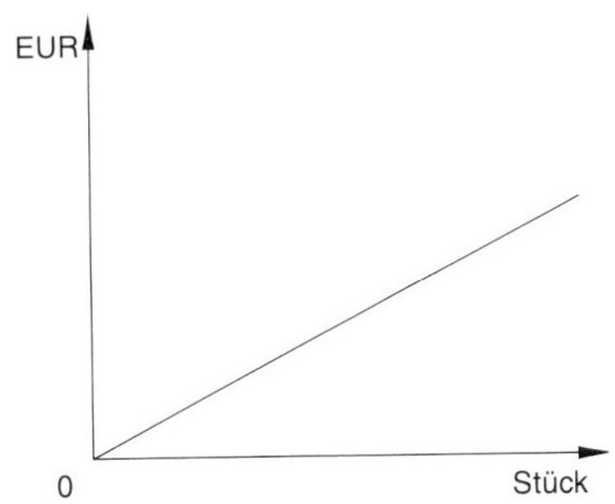

Gesamtkosten

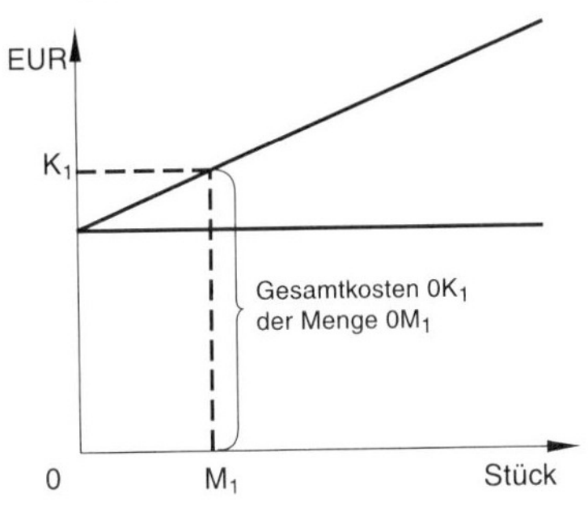

Stückkosten

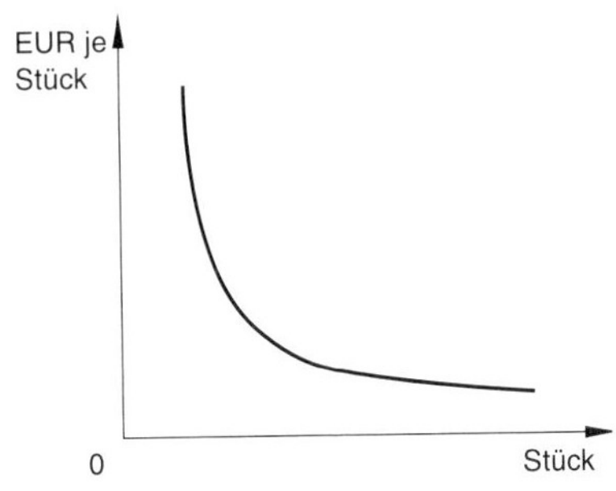

(Feste Kosten + veränderliche Kosten) : Menge = Stückkosten

Wenn feste Kosten vorhanden sind, sinken also die Stückkosten bei zunehmendem Ausstoß, und zwar umso stärker, je höher der Anteil der festen Kosten an den Gesamtkosten ist. Dies ist der Inhalt des ***Gesetzes der industriellen Massenfabrikation*** (Karl ***Bücher***; 1847–1930).

Aufwand – Kosten

Kosten sind betriebsbedingter Werteverzehr. Die so definierten Kosten stimmen im Allgemeinen mit dem Aufwand (in der Gewinn- und Verlustrechnung) überein. Es gibt jedoch ***neutralen Aufwand***, z. B. Spenden an das Rote Kreuz, die nichts mit dem Betriebszweck zu tun haben und deshalb keine Kosten sind. Andererseits gibt es Kosten, die nicht zu Ausgaben (= Geldleistungen) führen und deshalb nicht „Aufwand" sind, die aber dennoch bei der Preiskalkulation berücksichtigt werden. Man nennt diese Kosten ***kalkulatorische Kosten*** oder Zusatzkosten (z. B. Eigenmiete, Verzinsung des Eigenkapitals).

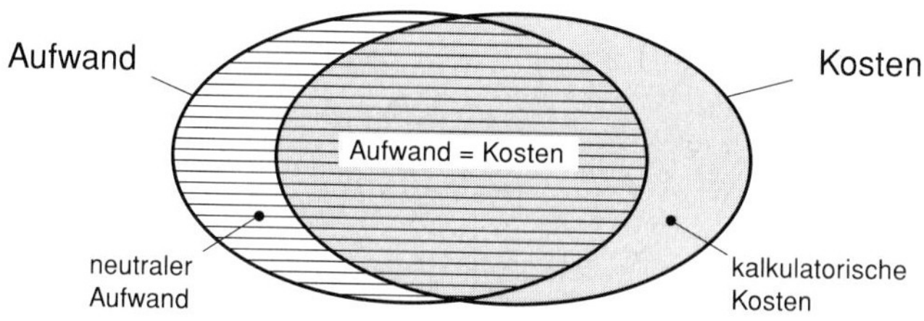

Würde eine Unternehmung, die in eigenen Räumen arbeitet, keine „Eigenmiete" in ihre Kostenrechnung einsetzen, dann würde sie im Vergleich mit einem ansonsten gleichartigen Betrieb, der in gemieteten Räumen arbeitet, zu gut abschneiden. Würde ein Unternehmer keine Verzinsung des von ihm eingesetzten Eigenkapitals in die Preise seiner Erzeugnisse einkalkulieren und vom Markt hereinholen, dann täte er besser daran, sein Kapital anderswo anzulegen, wo er damit Zinsen verdienen kann.

Kostenstellen

Mithilfe eines ***Betriebsabrechnungsbogens*** (***BAB***) oder auf andere Art werden die einzelnen Kostenarten auf die verschiedenen ***Kostenstellen*** (z. B. Abteilungen oder Niederlassungen) eines Betriebes umgelegt. Dadurch erhält die Unternehmungsleitung einen weit gehenden Einblick in die Kostenentwicklung bei den einzelnen Stellen und kann sehen, wo besonders hohe Kosten anfallen.

Betriebsabrechnungsbogen (BAB)

Kostenart	Kostenstelle			
	I Fertigung	II Verwaltung	III Vertrieb	insgesamt
Personalkosten Sachkosten Kapitalkosten . .	80 000 EUR 100 000 EUR 40 000 EUR . .	60 000 EUR 100 000 EUR 20 000 EUR . .	60 000 EUR 40 000 EUR 40 000 EUR . .	200 000 EUR 240 000 EUR 100 000 EUR . .
insgesamt	300 000 EUR	200 000 EUR	160 000 EUR	660 000 EUR

5.8 Preiskalkulation

Außer zur Kontrolle der Wirtschaftlichkeit (z. B. durch Zeitvergleich) dient die Kostenrechnung auch zur Kalkulation der Verkaufspreise.
Die ***Kostenträgerrechnung*** ist die Grundlage der Preiskalkulation. Hierbei geht es um die Frage: „Wofür sind die einzelnen Kosten entstanden?“ Es wird ermittelt, was das einzelne Fertigerzeugnis kostet und welchen Preis man mithin am Markt mindestens erlösen muss um die Selbstkosten und den Gewinnzuschlag abzudecken. Im einfachsten Fall, bei einer Einproduktunternehmung, lassen sich die Stückkosten durch einfache Division ermitteln.

Beispiel für eine Divisions-Kalkulation
In einer Mineralwasserfabrik werden monatlich 200 000 Flaschen abgefüllt und verkauft. Die Gesamtkosten gemäß der Kostenartenrechnung betragen 55 000 EUR je Monat. Die einzelnen Kostenstellen sind daran wie folgt beteiligt:

Fertigung	25 000 EUR
Verwaltung	10 000 EUR
Vertrieb	20 000 EUR

Die Stückkosten betragen folglich:

Gesamtkosten	: Stück	= Kosten je Stück
55 000	: 200 000	= 0,275 EUR

Mit einem Gewinnzuschlag von 0,05 EUR je Flasche wird der Kasten (12 Flaschen) folglich für 0,325 · 12 = 3,90 EUR angeboten.
In den meisten Unternehmungen ist die Kostenrechnung komplizierter. Das hängt u. a. damit zusammen, dass es nur wenige Einproduktunternehmungen gibt. Bei Mehrproduktunternehmungen gilt, dass viele Kosten keine ***Einzelkosten*** sind, die sich den einzelnen Erzeugnissen unmittelbar zurechnen lassen, sondern ***Gemeinkosten***. Welchen Kostenstellen und Fertigerzeugnissen sind etwa das Gehalt der Raumpflegerinnen oder die Zinsen für den aufgenommenen Bankkredit zuzurechnen? Die Unternehmungen behelfen sich damit, dass sie die Einzelkosten erfassen und sie durch Zuschläge für die nicht erfassten Gemeinkosten (und den Gewinn) erhöhen, um zu den Selbstkosten (bzw. dem Verkaufspreis) zu gelangen (***Zuschlagskalkulation***).

Beispiel einer Zuschlagskalkulation

Anfertigung eines Bücherregals in einer Möbelwerkstatt:

Material-Einzelkosten	150 EUR
+ Lohn-Einzelkosten (ermittelt durch Aufschreiben der Arbeitszeit)	200 EUR
Erfasste Einzelkosten insgesamt	350 EUR
+ Zuschlag für nicht erfasste Gemeinkosten und Gewinn (100 % der Einzelkosten)	350 EUR
Preis des fertigen Bücherregals	700 EUR

Die Höhe des Zuschlags richtet sich einerseits nach branchenüblichen Erfahrungssätzen. Andererseits spielt jedoch auch die Marktsituation eine Rolle: Wenn starker Wettbewerb herrscht, wird ein Anbieter evtl. bereit sein, seine Zuschlagsätze (vorübergehend) zu senken.

6 Arbeitgeber und Arbeitnehmer im Betrieb

6.1 Die Beschäftigten der Unternehmung

Unternehmungen haben oft viele tausend Beschäftigte, die in Arbeitsteilung die unterschiedlichsten Tätigkeiten ausführen. Zur Belegschaft einer Produktionsunternehmung gehören z. B.:

- der Arbeiter, der im Akkord Drehschalter montiert und nur einige Tage angelernt wurde,
- der Industriekaufmann in der Einkaufsabteilung und der Wartungsspezialist für automatische Drehmaschinen, die beide eine dreijährige Ausbildungszeit und verschiedene Weiterbildungsmaßnahmen hinter sich haben, und
- der Leiter der Rechtsabteilung, der die Unternehmungsleitung in Rechtsfragen berät und ein fünfjähriges juristisches Universitätsstudium sowie eine $2^1/_2$-jährige praktische Ausbildung (Referendariat) absolviert hat.

Die Tätigkeiten, die die Beschäftigten ausüben, können also nach der dafür geforderten ***Ausbildung*** eingeteilt werden.
Die Beschäftigten können weiter danach eingeteilt werden, ob sie viel, wenig oder gar keine Anweisungen erteilen können, d. h. wie viel anderen Mitarbeitern sie direkt oder indirekt vorgesetzt sind. Die Angehörigen der Unternehmungsleitung haben demnach den größten Einfluss. Da die Unternehmungsleitung, z. B. der Vorstand einer AG, aber nicht in der Lage ist alle Leitungsaufgaben (planen, kontrollieren, organisieren usw., s. S. 57) selbst zu bewältigen, überträgt sie Leitungsaufgaben (auch die damit verbundene Macht und Verantwortung) an die so genannten ***leitenden Angestellten***. Diese wiederum übertragen (delegieren) einen Teil ihrer Aufgaben

Führungspyramide

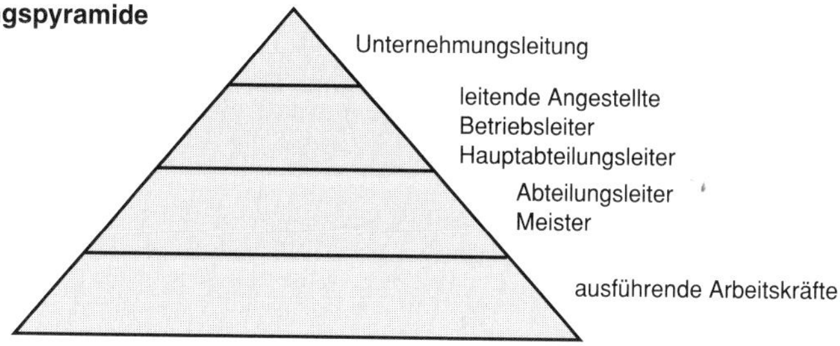

an Abteilungsleiter und Meister. Am unteren Ende der Pyramide befinden sich die Mitarbeiter, die keine Leitungsaufgaben haben und lediglich ausführende Arbeiten verrichten (der Arbeiter an der Stanzmaschine, der Kraftfahrer, der Lohnsachbearbeiter).
Von zunehmend geringerer Bedeutung ist die Unterscheidung der Arbeitnehmer in ***Angestellte*** und ***Arbeiter***. Die früheren Merkmale des Angestellten, „geistige Aufgaben, büromäßige Arbeit, überwiegend kaufmännische Tätigkeit", werden zur Unterscheidung immer unzureichender, da in vielen Betrieben, z. B. auf dem Computersektor, ***alle*** Tätigkeiten damit beschrieben werden können. Die Unterscheidung wird fast nur noch aus Gewohnheit aufrechterhalten. Die Besserstellung der Angestellten gegenüber den Arbeitern (z. B. im Krankheitsfall) ist weit gehend aufgehoben. Unterschiede bestehen unter anderem noch darin, dass die Angestellten bei der Bundesversicherungsanstalt für Angestellte, die Arbeiter bei den Landesversicherungsanstalten gegen Erwerbsunfähigkeit versichert sind und von diesen Anstalten Altersruhegeld beziehen. Auch in der Form der Entlohnung gibt es noch gewisse Unterschiede (vgl. den folgenden Abschnitt).

6.2 Lohnformen

Während die Angestellten meistens monatlich ein vereinbartes Gehalt beziehen, kann der Lohn der Arbeiter grundsätzlich nach zwei Formen berechnet werden: einmal nach der tatsächlichen im Betrieb zugebrachten Zeit. Man spricht dann vom ***Zeitlohn***.

Berechnung des wöchentlichen Bruttolohnes beim Zeitlohn:
Anzahl der Zeiteinheiten mal Lohnsatz pro Zeiteinheit = Bruttolohn
z. B. 38 Std. × 15 EUR = 570 EUR

Beim ***Akkordlohn***, der anderen Lohnform, verdient der Arbeiter umso mehr, je mehr Leistungseinheiten (z. B. Stück, Kilo) er bewältigt. Entweder wird ihm pro Einheit (z. B. pro gelöteter Lampenfassung) ein bestimmter Lohnsatz gezahlt (***Stückgeldakkord***) oder eine bestimmte Zeit gutgeschrieben (***Stückzeitakkord***).

Errechnung des täglichen Bruttolohnes beim Stückgeldakkord:
Stückzahl mal Lohnsatz = Bruttolohn
z. B.: 300 Lampenfassungen × 0,50 EUR = 150 EUR.

Errechnung des täglichen Bruttolohnes beim Stückzeitakkord:
Stückzahl mal Stückzeit mal Minutenfaktor = Bruttolohn
z. B.: 300 Lampenfassungen × 5 Min. × 0,1 = 150 EUR

Stückgeldakkord ist die hauptsächliche Lohnform in Teilen des Baugewerbes, z. B. bei Fliesenlegern und Putzern. Stückzeitakkord ist dagegen in der Metall- und Elektroindustrie weit verbreitet.

Vergleich: Zeitlohn – Akkordlohn
Die Entlohnung der Arbeitnehmer nach der im Betrieb zugebrachten Zeit (Zeitlohn) wird hauptsächlich dann angewandt, wenn besondere Sorgfalt und Genauigkeit verlangt wird (z. B. bei Prüfarbeiten) oder dann, wenn eine Festsetzung des Lohnes nach Leistung (Akkordlohn) nicht möglich ist (z. B. bei Reparaturarbeiten oder bei Arbeiten, wo der Arbeiter das Tempo nicht selbst bestimmen kann, sondern es ihm von einer Maschine vorgegeben wird). Akkordlohn wird meist dann bezahlt, wenn das Ergebnis der Arbeit leicht gemessen werden kann.
Für den Arbeiter bedeutet Akkordlohn, dass er durch mehr arbeiten mehr Geld verdienen kann. Das kann aber zu Überanstrengung und Gesundheitsschäden führen.

Für die Eigentümer eines Betriebes führen die im Akkord gebrachten größeren Leistungen der Arbeitnehmer zu einer besseren Auslastung der Maschinen und zu einer höheren Fertigung, was zu höheren Gewinnen führt. Da aber im Akkord die Qualität der Erzeugnisse manchmal leidet, muss diese besonders gründlich kontrolliert werden, was zu zusätzlichen Kosten führt. Aus der Sicht der Eigentümer ist es ungünstig, dass Arbeiter, die im Akkord arbeiten, evtl. Verbesserungsvorschläge zurückhalten. Die Arbeiter befürchten nämlich, dass durch die Vorschläge, die zu einer Beschleunigung des Arbeitsablaufes führen, die Stückzeit von der Betriebsführung heruntergesetzt wird und für das gleiche Geld mehr gearbeitet werden muss.

Beim Zeitlohn besteht keine direkte Beziehung zwischen Lohn und Leistung. Der Ansporn durch schnelleres Arbeiten mehr Geld zu verdienen fällt damit weg. Andererseits begünstigt das Arbeiten ohne die Hektik des Akkords eine Steigerung der Qualität.
Was im Einzelfall vorzuziehen ist, bedarf einer genauen Prüfung. Die Interessen der Arbeitgeber (Eigentümer) und der Arbeiter sind dabei oft gegenläufig.

6.3 Sicherungen für die Arbeitnehmer im Betrieb

Konflikten zwischen Unternehmern und Arbeitern war der einzelne Arbeitnehmer im 19. Jahrhundert nahezu schutzlos ausgesetzt. Er hatte zwar das Recht den Arbeitsvertrag zu kündigen, dann stand er aber ohne Einkommen da. Entweder auf die Bedingungen des Unternehmers eingehen oder verhungern – das waren seine Möglichkeiten. Die Arbeitsbedingungen waren entsprechend schlecht: Lange Arbeitszeiten (bis zu 16 Stunden am Tag), Hungerlöhne, keine Arbeitsschutzbestimmungen und noch dazu die Furcht, den Arbeitsplatz zu verlieren.

Seitdem hat sich die Stellung des Arbeitnehmers – oft gegen den Widerstand der Unternehmer – schrittweise verbessert. Die Verbesserung erfolgte auf zwei Wegen:

1. Durch ***staatliche Gesetzgebung***, wodurch die übelsten Missstände abgebaut (so z. B. die Kinderarbeit durch das Kinderschutzgesetz, 1903) und dem Arbeitnehmer ein gewisses Mindestmaß an sozialer Sicherung gewährt wurden (auf Initiative von Reichskanzler Otto von Bismarck: Krankenversicherungsgesetz, 1883; Unfallversicherungsgesetz, 1884; Gesetz über Invaliditäts- und Altersversicherung, 1889; Arbeiterschutzgesetz, 1891).

2. Durch die ***kollektive Selbsthilfe*** der Beteiligten. Die Arbeitnehmer setzten durch, dass ihre Zusammenschlüsse (Gewerkschaften) anerkannt wurden (um 1870, allgemein 1918) und für die Verbesserung der Arbeitsbedingungen eintreten konnten. Die ***Gewerkschaften*** bemühten und bemühen sich um
- die Sicherung eines gerechten Anteils am Volkseinkommen,
- die Verkürzung der Arbeitszeit bei gleicher Entlohnung,
- die soziale Sicherung (ständige Beschäftigung, Sicherung des Existenzminimums in Krisenzeiten) sowie
- ganz allgemein um die Verbesserung der Lebensbedingungen der Arbeitnehmer.

Dem einzelnen Arbeitnehmer wäre es nicht möglich gewesen, die aufgezählten Ziele allein zu erreichen, beispielsweise dadurch, dass er mit dem Arbeitgeber einen Arbeitsvertrag abgeschlossen hätte, worin die Ziele berücksichtigt worden wären. Dazu war und ist sein Einfluss zu gering und die Macht des Unternehmers zu groß. Nur durch Zusammenschluss der Arbeitnehmer in Gewerkschaften konnte es gelingen, eine ***Gegenmacht*** aufzubauen, die als gleichberechtigter und mächtiger Tarifpartner mit den Arbeitgebern und den Arbeitgeberverbänden verhandelt und höhere Löhne, bessere Arbeitsbedingungen usw. erreicht.

Mitgliederzahlen der Gewerkschaften (Bundesrepublik Deutschland)		Mitglieder insgesamt am 31. 12. 1996
IG Metall		2 752 226
Gew. Öffentl. Dienste, Transport und Verkehr (ÖTV)		1 712 149
IG Chemie – Papier – Keramik		694 897
IG Bau – Agrar – Umwelt		692 466
Deutsche Postgewerkschaft		513 322
Gew. Handel, Banken und Versicherungen (HBV)		505 405
Gewerkschaft der Eisenbahner Deutschlands (GdED)		382 113
IG Bergbau und Energie		335 317
Gewerkschaft Nahrung – Genuss – Gaststätten		310 891
Gewerkschaft Erziehung und Wissenschaft (GEW)		296 232
Gewerkschaft Textil – Bekleidung		199 166
Gewerkschaft der Polizei (GdP)		199 421
IG Medien		197 309
Gewerkschaft Holz und Kunststoff		159 829
Gewerkschaft Leder		21 929
DGB (insgesamt)		8 972 672
Deutscher Beamtenbund (DBB)		1 101 598
Deutsche Angestellten-Gewerkschaft (DAG)		501 009
Christl. Gewerkschaftsbund Deutschlands (CGB)		303 106
insgesamt	gewerkschaftliche Mitgliedschaft	10 878 385
	Organisationsgrad	rd. 42 %

Quelle: Angaben der Gewerkschaften; Statistisches Bundesamt; IW-Berechnungen.

Während in Tarifverhandlungen meist für ganze Industriezweige (z. B. für die Metallindustrie) Löhne, Arbeitszeit usw. zwischen den Gewerkschaften und den Arbeitgeberverbänden geregelt werden, treten auf Unternehmensebene die Arbeitnehmer durch den gewählten ***Betriebsrat*** der Unternehmensleitung gegenüber.

Gesetzliche Sicherungen für den Arbeitnehmer

Neben den allgemeinen Rechtsnormen, wie Bürgerliches Gesetzbuch (BGB), Handelsgesetzbuch (HGB), Gewerbeordnung und Handwerksordnung, wurde in der Bundesrepublik Deutschland eine große Zahl von Spezialgesetzen zum Schutz der Arbeitnehmer erlassen, deren Bereiche im Folgenden – jeweils mit einigen Beispielen aus dem Inhalt – genannt werden:

Kündigungsschutz: Ordentliche Kündigungen sind nur möglich, wenn sie sozial gerechtfertigt sind. Gründe dafür können personenbedingt (z. B. fehlende Eignung), verhaltensbedingt (z. B. wiederholte Unpünktlichkeit) oder betriebsbedingt (z. B. Betriebsverlagerung) sein.

Schutz besonderer Personengruppen:

- ***Wehrpflichtige:*** Während des Grundwehrdienstes oder des Zivildienstes und während Wehrübungen wird das Arbeitsverhältnis nicht aufgelöst. Es ruht nur.
- ***Schwerbehinderte***: Jeder Arbeitgeber, der über mindestens 16 Arbeitsplätze verfügt, muss auf wenigstens 6 % der Arbeitsplätze Behinderte beschäftigen. Für jeden nicht entsprechend besetzten Platz ist eine Ausgleichsabgabe von monatlich 200 DM zu zahlen. Die ordentliche Kündigung bedarf der vorherigen Zustimmung der Hauptfürsorgestelle.
- ***Frauen*** (***Mutterschutz***): Schwangere Frauen dürfen sechs Wochen vor der Entbindung, Mütter acht Wochen nach der Entbindung nicht beschäftigt werden. Während der Schwangerschaft und bis zum Ablauf von vier Monaten nach der Entbindung besteht für den Arbeitgeber ein Kündigungsverbot.
- ***Jugendliche***: Kinderarbeit ist grundsätzlich verboten. Jugendliche (ab 15 Jahren) unterliegen besonderen Arbeitszeit- und Urlaubsregelungen. Sie sind zum Besuch der Berufsschule und zur Teilnahme an Prüfungen freizustellen.

Arbeitszeitschutz: Die regelmäßige werktägliche Arbeitszeit darf die Dauer von acht Stunden nicht übersteigen. Länger als sechs Stunden darf nicht ohne Pausen gearbeitet werden. An Sonn- und Feiertagen besteht grundsätzlich Arbeitsverbot (mit zahlreichen Ausnahmen).

Technischer Arbeitsschutz: Folgende Bereiche werden detailliert geregelt: Technische Anforderungen an Arbeitsgeräte und Anlagen, Gestaltung der Arbeitsstätten, der Räume (z. B. zuträgliche Raumtemperatur) und der Arbeitsplätze (z. B. der Bildschirmarbeitsplätze); Organisation der Arbeitssicherheit und der Unfallverhütung (Unfallverhütungsvorschriften – UVV – der Berufsgenossenschaften).

Arbeitsgerichtsbarkeit: Eigenständige Säule der Gerichtsbarkeit mit drei Instanzen (Arbeitsgerichte, Landesarbeitsgerichte, Bundesarbeitsgericht in Kassel). Die Beschlussgremien bestehen jeweils aus Berufsrichtern und ehrenamtlichen Richtern aus dem Kreis der Arbeitgeber und der Arbeitnehmer.

6.4 Der Tarifvertrag

Ein ***Tarifvertrag***, der zwischen einem Arbeitgeber(verband) und einer Gewerkschaft abgeschlossen wird, enthält u. a. Vereinbarungen über Arbeitslohn, Arbeitszeit und Urlaub. Festgelegt wird auch, wie lange der Vertrag gelten soll. Zunächst gilt der Tarifvertrag nur für die Mitglieder der Tarifvertragsparteien (d. h. die Mitgliedsunternehmungen der Arbeitgeberverbände und die Mitglieder der betroffenen Gewerkschaften). Dadurch, dass beim Abschluss eines individuellen Arbeitsvertrages die beiden vertragschließenden Parteien (Arbeitgeber und Arbeitnehmer) regelmäßig auf den Tarifvertrag Bezug nehmen, erhalten die Tarifverträge allgemeine Geltung. Teilweise werden Tarifverträge auch vom Bundesminister für Arbeit und Sozialordnung für allgemein verbindlich erklärt. Die im Vertrag getroffenen Regelungen (z. B. Arbeitslohn) sind nur ***Mindestregelungen***, d. h. alle Arbeitgeber im Geltungsbereich des Vertrages müssen mindestens den vereinbarten Lohn bezahlen, jeder einzelne Arbeitnehmer kann jedoch versuchen günstigere Bedingungen auszuhandeln.
Der Tarifvertrag ist das Ergebnis freier Verhandlungen. Scheitern diese, kommt also eine Einigung nicht zustande, haben die Tarifvertragsparteien nach Ablauf der so genannten ***Friedenspflicht*** die Befugnis, die jeweils andere Seite durch Arbeitskampfmaßnahmen unter entsprechenden wirtschaftlichen Druck zu setzen. Die Gewerkschaften können (meist nach einer so genannten Urabstimmung) ihre Mitglieder zur (dann rechtmäßigen) Arbeitsniederlegung aufrufen (***Streik***), während die Arbeitgeber zumindest als Reaktion darauf in gewissem Umfang ***aussperren*** können. Die Nichtorganisierten können sich dem Streik anschließen. Nach der (sehr umstrittenen) Rechtsprechung des Bundesarbeitsgerichtes sind schon während der Tarifvertragsverhandlungen so genannte ***Warnstreiks*** in gewissem Umfang zulässig.

6.5 Die betriebliche Mitbestimmung

Entscheidungen, die im Betrieb fallen, z. B. ob eine neue Produktionsstätte gebaut werden soll, ob Arbeitnehmer entlassen werden sollen, ob eine

Niederlassung geschlossen werden soll, haben Folgen nicht nur für die Eigentümer des Betriebes (z. B. Vergrößerung oder Verkleinerung des Gewinns), sondern auch für die Arbeitnehmer. Es ist deshalb verständlich, dass die Arbeitnehmer, vertreten durch ihre Gewerkschaften, lange danach drängten, solche Entscheidungen beeinflussen zu können. Diese Einflussnahme auf betriebliche Entscheidungen wird ***Mitbestimmung*** genannt.
Es sind zwei Ebenen der Mitbestimmung voneinander zu unterscheiden:
- die betriebliche Mitbestimmung und
- die unternehmerische Mitbestimmung.

Die Beziehungen zwischen Arbeitnehmern und Arbeitgebern im Betrieb werden im Betriebsverfassungsgesetz von 1952, geändert im Jahre 1972, geregelt. Interessenvertreter der Arbeiter und Angestellten ist nach dem Gesetz der ***Betriebsrat,*** dessen Mitglieder in freier und geheimer Wahl von den über 18-jährigen Arbeitnehmern des Betriebes für die Dauer von vier Jahren gewählt werden. Arbeitnehmer unter 18 Jahren und Auszubildende unter 25 Jahren wählen die betriebliche Jugend- und Auszubildendenvertretung.
Betriebsratsfähig ist jeder Betrieb, der mindestens fünf wahlberechtigte Arbeitnehmer beschäftigt, von denen drei (ständig im Betrieb beschäftigte) wählbar sind. Allerdings ist in Kleinbetrieben der Betriebsrat die Ausnahme. Umgekehrt besitzen praktisch alle Betriebe mit über 300 Arbeitnehmern einen Betriebsrat.
Der Betriebsrat hat zwei Aufgaben:
- Er wacht als Vertretungsorgan der Arbeitnehmer darüber, dass alle zugunsten der Arbeitnehmer erlassenen Gesetze und Verordnungen sowie die Tarifverträge und Betriebsvereinbarungen (s. S. 85) eingehalten werden.
- Er nimmt die im Betriebsverfassungsgesetz festgelegten Mitwirkungs- und Mitbestimmungsrechte wahr, bei denen es um soziale, personelle und wirtschaftliche Angelegenheiten geht. Das Betriebsverfassungsgesetz erkennt dem Betriebsrat abgestufte Rechte zu, für die im Folgenden Beispiele genannt werden. Zum Teil gehen die Rechte des Betriebsrats gegenüber dem Arbeitgeber recht weit.

Beispiele: Der Betriebsrat kann verlangen, dass alle freien Stellen innerbetrieblich ausgeschrieben werden. Der Betriebsrat vereinbart mit dem Arbeitgeber Auswahlrichtlinien. Der Betriebsrat bestimmt mit über den Anfang und das Ende der täglichen Arbeitszeit und über die Verteilung der Arbeitszeit auf die einzelnen Wochentage.
Wenn sich bei mitbestimmungspflichtigen Angelegenheiten der Arbeitgeber und der Betriebsrat nicht einigen, wird eine Einigungsstelle geschaffen,

die dann endgültig entscheidet. Die Einigungsstelle wird aus einem unparteiischen Vorsitzenden (ggf. mit Stichentscheid) und Beisitzern gebildet, die vom Arbeitgeber und vom Betriebsrat in der gleichen Anzahl berufen werden. Wenn sich die beiden Parteien nicht auf den Vorsitzenden einigen können, wird dieser vom Arbeitsgericht bestellt. Die Betriebsratsmitglieder werden für ihre Betriebsratstätigkeit ohne Minderung des Arbeitsentgeltes freigestellt, zum Teil – in Großbetrieben – vollständig. Sie haben zudem Anspruch auf drei Wochen bezahlten Bildungsurlaub je Amtsperiode und unterliegen dem Kündigungsschutz.
Im Betriebsverfassungsgesetz sind auch Betriebsversammlungen geregelt, zu denen Gewerkschaftsvertreter Zugang haben, wenn auch nur ein Mitarbeiter des Betriebs Gewerkschaftsmitglied ist. Nach einer Erhebung des Instituts der deutschen Wirtschaft belaufen sich die von den Betrieben zu tragenden Kosten der betrieblichen Mitbestimmung im Durchschnitt auf jährlich 500 DM je Arbeitnehmer.

Schließlich sei noch ein wichtiger Punkt genannt: Zwischen Arbeitgeber und Betriebsrat können ***Betriebsvereinbarungen*** abgeschlossen werden. Diese vertraglichen Vereinbarungen gelten für alle Arbeitnehmer (mit Ausnahme der so genannten leitenden Angestellten), und zwar – im Gegensatz zu Tarifverträgen – ohne Rücksicht auf die Mitgliedschaft in der Gewerkschaft, also auch für so genannte Nichtorganisierte.

6.6 Die Mitbestimmung auf Unternehmensebene

Die ***unternehmerische Mitbestimmung*** betrifft die Zusammensetzung der Aufsichtsräte von Aktiengesellschaften, Kommanditgesellschaften auf Aktien und Gesellschaften mit beschränkter Haftung.
In den Montan-Unternehmungen (Bergbau, Hüttenwerke) ist die ***paritätische Mitbestimmung*** verwirklicht: Je die Hälfte der Aufsichtsratsmitglieder wird von den Anteilseignern (Hauptversammlung) und von den Arbeitnehmern gewählt. Diese gewählten Aufsichtsratsmitglieder wählen dann ein „neutrales" Mitglied hinzu (Montan-Mitbestimmungsgesetz 1951).
In großen Kapitalgesellschaften außerhalb des Montanbereiches mit mehr als 2000 Beschäftigten wird ebenfalls je die Hälfte der Aufsichtsratsmitglieder von den Anteilseignern und von den Arbeitnehmern gewählt, wobei die ***leitenden Angestellten*** als Sondergruppe (auf der Arbeitnehmerseite) vertreten sind und der Aufsichtsratsvorsitzende, der aus der Gruppe der Anteilseigner stammt, bei ***Stimmengleichheit*** („Patt") doppeltes Stimmrecht hat (Mitbestimmungsgesetz 1976).

In den übrigen Aktiengesellschaften und in den Gesellschaften mit beschränkter Haftung mit mehr als 500 Beschäftigten werden zwei Drittel der Aufsichtsratsmitglieder von den Anteilseignern, ein Drittel von der Belegschaft gewählt (Betriebsverfassungsgesetz 1952, 1972).
In kleineren Kapitalgesellschaften werden die Aufsichtsräte ausschließlich von der Gesellschafterseite besetzt.

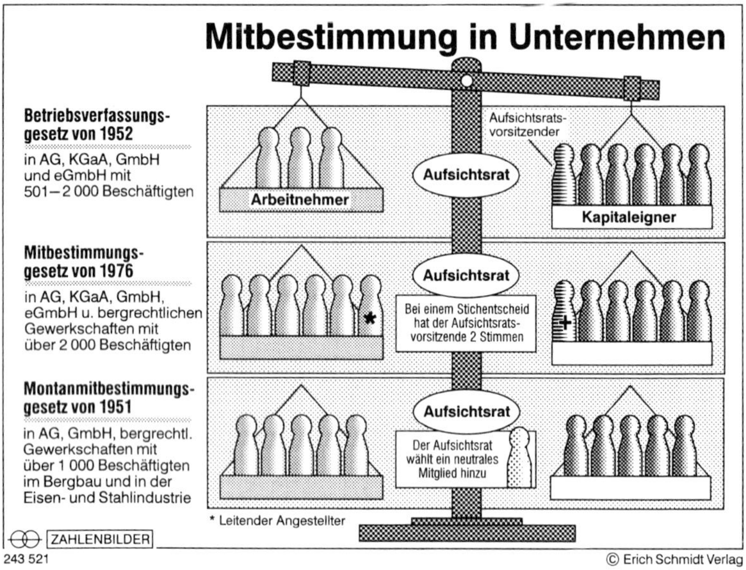

Über die Mitbestimmung im Aufsichtsrat hinaus sieht das Montan-Mitbestimmungsrecht vor, dass dem Vorstand (s. S. 45) als gleichberechtigtes Mitglied ein ***Arbeitsdirektor*** angehört, der nicht gegen die Stimmen der Arbeitnehmervertreter im Aufsichtsrat bestellt werden kann. Auch in den Kapitalgesellschaften, die dem Mitbestimmungsgesetz unterliegen, ist ein Mitglied des Vorstandes (der Geschäftsführung) Arbeitsdirektor. Hinsichtlich dessen Bestellung durch den Aufsichtsrat bestehen jedoch keine gesetzlichen Vorschriften zugunsten der Arbeitnehmervertreter.
Die Gewerkschaften fordern die allgemeine Verwirklichung der vollen paritätischen Mitbestimmung mit folgenden Argumenten:
- Demokratisierung der Wirtschaft,
- Gleichberechtigung von Arbeit und Kapital,

- Humanisierung der Arbeitswelt,
- Kontrolle wirtschaftlicher Macht.

Die Unternehmer haben folgende Gegenargumente:
- Verletzung von Grundrechten (Eigentum, Vereinigungs- und Koalitionsfreiheit, freie Berufswahl und „Unternehmerfreiheit“; vgl. Art. 2 Abs. 1, 9 Abs. 1 und 3, 12 Abs. 1 und 14 Abs. 1 Grundgesetz);
- negative Folgen für den Wettbewerb (vor allem im Ausland);
- negative Folgen für die Kapitalbeschaffung;
- negative Folgen für eine leistungsfähige Unternehmungsführung.

Wegen der vermuteten Grundrechtsverletzungen hatten die Arbeitgeberverbände nach dem Erlass des Mitbestimmungsgesetzes 1976 Verfassungsbeschwerde beim Bundesverfassungsgericht eingelegt. 1979 wurde daraufhin von diesem Gericht entschieden, dass das Mitbestimmungsgesetz mit dem Grundgesetz vereinbar ist. Es wurde jedoch offen gelassen, ob dies auch für eine volle paritätische Mitbestimmung gelten würde. Das Bundesverfassungsgericht räumte ein, dass mit jeder Form der unternehmerischen Mitbestimmung unvermeidliche Interessenkollisionen und Überschneidungen verbunden sind, die den Funktionen des Tarifsystems abträglich sein können. Der Gesetzgeber müsse für Abhilfe sorgen, wenn sich herausstellen sollte, dass die Koalitionen (gemeint sind die Arbeitgeberverbände) nicht mehr gegnerunabhängig (d. h. von den Gewerkschaften unabhängig) seien und deshalb die Interessen ihrer Mitglieder (der Arbeitgeber) nicht mehr nachhaltig vertreten können.

Mit den gesetzlichen Regelungen der Mitbestimmung auf Unternehmungsebene im Aufsichtsrat bestehen in der Bundesrepublik Deutschland erheblich weiter gehende Bestimmungen zugunsten der Arbeitnehmer als in anderen vergleichbaren marktwirtschaftlich organisierten Ländern. Dies gilt insbesondere auch für die übrigen Mitgliedsländer der EU (s. S. 184 ff.). Die Gewerkschaften in diesen Ländern legen z. T. deshalb auf eine Mitwirkung in den Organen der Unternehmungen keinen Wert, weil sie darin einen Schritt weg vom Klassenkampf hin zur – von ihnen abgelehnten – Sozialpartnerschaft sehen. In der Bundesrepublik Deutschland hat die Mitbestimmung in der bisher praktizierten Form zweifellos einen positiven Beitrag zum sozialen Frieden geleistet, was sich z. B. an der – im internationalen Vergleich relativ geringen – Zahl der Streiktage ablesen lässt.

In Wirtschaftskreisen wird diskutiert, ob die in Deutschland auf Betriebs- und Unternehmensebene stark ausgebaute Mitbestimmung sich als Stand-

Arbeitskämpfe 1990–1997 im Durchschnitt je Jahr

Land	Ausfalltage je 1000 abhängig Beschäftigte
Spanien	371
Griechenland	329
Kanada	224
Finnland	200
Italien	184
Irland	124
Frankreich	87
Norwegen	83
Schweden	59
Belgien	45
USA	43
Dänemark	43
Portugal	41
Großbritannien	34
Niederlande	25
Deutschland (bis 1992 alte Bundesländer)	15
Österreich	5
Japan	2
Schweiz	1

Quelle: IdW, Köln

ortnachteil erweist. Potenzielle ausländische Investoren könnten evtl. dadurch abgehalten werden, in Deutschland Niederlassungen oder Tochterunternehmungen zu gründen. Deutsche Unternehmen könnten dazu verleitet werden, verstärkt im Ausland zu investieren, wo die Arbeitnehmerrechte nicht so ausgeprägt oder gar nicht gesetzlich geregelt sind. Doch ist bei Standortentscheidungen die Frage der Mitbestimmung nur ***eine*** zu bedenkende Größe neben anderen und wichtigeren, insbesondere der Höhe der Löhne und der Lohnzusatzkosten einerseits und den vorhandenen Mitarbeiterqualifikationen andererseits.

7 Der Markt – Treffpunkt von Angebot und Nachfrage

7.1 Einteilung der Märkte

„Markt" ist einer der wichtigsten Begriffe der Wirtschaftslehre und zugleich einer der schwierigsten. Das Wort „Markt" dient sogar zur Abgrenzung der beiden möglichen Grundformen der Lenkung einer Volkswirtschaft voneinander: ***Marktwirtschaft*** und Zentralverwaltungswirtschaft (s. S. 7 und S. 163 ff.). Der Laie denkt, wenn er das Wort „Markt" hört, vermutlich zunächst an den Wochenmarkt, auf dem vor allem landwirtschaftliche Erzeugnisse angeboten (und nachgefragt) werden. „Markt" im wirtschaftlichen Sinn ist aber nicht nur der Wochenmarkt, der regelmäßig in vielen Städten als Zentrum der Nachfrage abgehalten wird. Jeder Tausch ist „Markt"; immer wenn ***Anbieter*** eines Gutes und ***Nachfrager*** nach diesem Gut zusammentreffen – das kann auch am Telefon oder im Internet sein –, entsteht ein ***Markt***. Die sehr große Zahl von Märkten, die es nach dieser Begriffsbestimmung gibt, kann man nach verschiedenen Gesichtspunkten unterscheiden und zusammenfassen.

Gütermärkte – Faktormärkte

Es liegt nahe, die Märkte zunächst nach dem Gut einzuteilen, das jeweils gehandelt wird. So kann man den Getreidemarkt, den Kaffeemarkt, den Kapitalmarkt, den Automarkt usw. unterscheiden. Üblicherweise fasst man die so unterschiedenen Marktarten zusammen in ***Gütermärkte*** und stellt ihnen die Märkte für Produktionsfaktoren, die ***Faktormärkte,*** gegenüber.

Polypol – Oligopol – Monopol

Eine weitere wichtige Einteilung der Märkte ist nach der Zahl der Marktteilnehmer möglich, die als Anbieter und/oder Nachfrager einander gegenüberstehen.

Wenn auf wenigstens ***einer*** Seite (Anbieter- und/oder Nachfragerseite) nur ***eine*** Marktpartei vorhanden ist, nennt man diese Marktform ***Monopol*** vom griech. monos = einer; polein = verkaufen.

Beim ***Oligopol*** (griech. oligoi = wenige) stehen wenige Anbieter vielen Nachfragern gegenüber oder umgekehrt. Es können auch auf beiden Seiten wenige Marktparteien sein.

Die Marktform, bei der auf der Anbieter- und Nachfragerseite viele Marktteilnehmer vorhanden sind, von denen keiner über einen besonders großen Marktanteil verfügt, nennt man ***Polypol*** (griech. poloi = viele) oder ***vollständige Konkurrenz***.

Die in den entwickelten Volkswirtschaften besonders häufige Marktform

Marktformen

Nachfrager / Anbieter	einer	wenige	viele
einer	zweiseitiges Monopol	beschränktes Angebots-monopol	Angebotsmonopol
wenige	beschränktes Nachfrage-monopol	zweiseitiges Oligopol	Angebotsoligopol
viele	Nachfrage-monopol	Nachfrage-oligopol	Polypol

ist das ***Angebotsoligopol***: Wenige Anbieter stehen vielen Nachfragern gegenüber. Beispiele: Auto-, Zigaretten-, Benzin- und Waschmittelindustrie. Daneben gibt es auch zahlreiche Beispiele für monopolistische Marktformen. Auf den Arbeitsmärkten besteht oft ein ***zweiseitiges Monopol***, weil sich hier bei den Tarifverhandlungen ***eine*** Gewerkschaft und ***ein*** Arbeitgeberverband gegenüberstehen. Die Deutsche Telekom war bis 1997 im Telefondienst ***Angebotsmonopolist***. Die Deutsche Bahn AG besitzt als Nachfrager nach Lokomotiven, nach Eisenbahnwagen und nach Gleisreparaturen weit gehend die seltene Stellung eines ***Nachfragemonopolisten***. Der Wegfall ökonomischer Grenzen in der Europäischen Union und darüber hinaus die Globalisierung der Wirtschaft haben dazu geführt, dass monopolistische Marktstellungen seltener geworden sind und Angebotsoligopole aus mehr Anbietern bestehen.

Vollkommener Markt – unvollkommener Markt

Beim ***vollkommenen Markt*** müssen zwei Bedingungen erfüllt sein:

1. Es muss vollständige ***Marktübersicht*** (Markttransparenz) herrschen, d. h. alle Marktteilnehmer müssen über das Marktgeschehen und insbesondere auch über den Marktpreis informiert sein.
2. Die auf diesem Markt gehandelten Güter müssen ***gleichartig*** (homogen) sein, d. h.:

- ***sachlich***: Es darf keine Unterschiede in der Qualität, Verpackung, Aufmachung geben;
- ***persönlich***: Die Käufer dürfen nicht – z. B. wegen einer besonders beliebten Verkäuferin – einen bestimmten Anbieter bevorzugen;

- ***räumlich***: Anbieter und Nachfrager müssen gleich weit voneinander entfernt oder unmittelbar beieinander sein. Im letzten Fall spricht man von einem Punktmarkt (z. B. Börse);
- ***zeitlich***: Es darf keine unterschiedlichen Lieferfristen oder Wartezeiten geben.

Wenn eine dieser Bedingungen nicht erfüllt ist – und das ist meist der Fall –, ist der Markt unvollkommen. Dann ist es möglich, dass für ein und dasselbe Gut unterschiedliche Preise gefordert und gezahlt werden. Beim vollkommenen Markt ist das nicht denkbar; in diesem Modell gilt das ***Gesetz der Unterschiedslosigkeit der Preise***.

Geschlossener Markt – offener Markt

Schließlich ist es noch bedeutsam, ob jedem, der ein bestimmtes Gut nachfragen oder anbieten soll, der Zugang zum Markt offen steht oder nicht. Vom ***geschlossenen*** Markt spricht man, wenn durch staatliches Monopol (Post), durch gesetzliche Niederlassungsverbote, infolge von Patenten und Lizenzen oder durch Ausnutzen von Marktmacht der Zutritt zum Markt versperrt ist. Wenn solche Sperren nicht vorhanden sind, nennt man den Markt ***offen***. Dazwischen liegt der ***beschränkte Markt***, zu dem der Zutritt unter bestimmten Voraussetzungen (z. B. Mindestkapital, Befähigungsnachweis) möglich ist.

7.2 Die Preisbildung

In jedem Frühjahr kann man beobachten, dass die Erdbeerpreise zunächst hoch sind, dann in der Haupterntezeit sinken und schließlich wieder steigen. Diese Preisänderungen hängen offensichtlich mit den Schwankungen der angebotenen Menge zusammen.
Nach einem schneearmen Winter werden Skier und Schlitten zu erheblich zurückgesetzten Preisen angeboten. Diese Preissenkungen hängen offensichtlich mit der nachgefragten Menge zusammen, die von den Anbietern zu hoch eingeschätzt wurde.

Daraus folgt:
Die Marktpreise richten sich nach der angebotenen und nachgefragten Menge.

Als in den 50er-Jahren erstmals Literatur in Form von billigen Taschenbüchern auf den Markt kam, wurden wesentlich mehr Bücher verkauft als vorher. Offensichtlich wurden durch die niedrigen Preise neue Käufer-(Nachfrager-)Schichten erschlossen.

Erfahrungsgemäß züchten die Bauern weniger Schweine, sobald der Preis für Schweinefleisch sinkt (s. auch S. 96). Offensichtlich wirken Preisänderungen also auch auf die Höhe der angebotenen Mengen.

Daraus folgt:
Die angebotene und die nachgefragte Menge richten sich nach den Marktpreisen.

Beispiel: An der Wertpapierbörse vermitteln die Börsenmakler den Kauf und den Verkauf von Wertpapieren. Die Kreditinstitute geben an sie die Aufträge weiter, die sie von ihren Kunden erhalten haben oder die sie für eigene Rechnung ausführen wollen. Bei solchen Aufträgen wird oft ein Limit angegeben, das ist der Kurs (Preis), den die Käufer höchstens zahlen und den die Verkäufer mindestens erzielen wollen. Im Allgemeinen gilt: Je niedriger der (erwartete) Kurs z. B. der Karstadt-Aktie ist, umso mehr Kunden werden die (billigen) Papiere kaufen, umso weniger Karstadt-Aktionäre wollen sie jedoch verkaufen.

Umgekehrt: Wenn die Kurse hoch sind, werden viele Kunden die (teuren) Papiere nicht mehr kaufen, die Aktionäre wollen sie aber eher verkaufen, um – wie man sagt – Kursgewinne mitzunehmen. Im Auftragsbuch des Maklers mag das wie folgt aussehen:

Angebot, Nachfrage und mengenmäßiger Umsatz von Karstadt-Aktien

(1) Kurs in EUR/Stück	(2) Angebot Stück	(3) Nachfrage Stück	(4) möglicher Umsatz Stück
293	60	120	60
294	65	115	65
295	70	110	70
296	75	105	75
297	80	100	80
298	85	95	85
299	**90**	**90**	**90**
300	95	85	85
301	100	80	80
302	105	75	75
303	110	70	70

Die ersten drei Spalten füllt der Makler nach den (zusammengefassten) Aufträgen der Banken und Sparkassen aus. In der 4. Spalte errechnet er, nachdem er alle Aufträge erhalten hat, den möglichen Umsatz. Wenn beim Kurs von 295 EUR/Stück zwar 110 Stück nachgefragt werden, aber nur 70 Stück angeboten werden, können nur 70 Stück umgesetzt, d. h. ge- und verkauft werden. Nachfrage in Höhe von 40 Stück bleibt unbefriedigt. Beim Kurs von 301 ist das Angebot um 20 Stück höher als die Nachfrage. Der Umsatz wird wiederum von der kleineren Seite bestimmt, beträgt also 80 Stück. Als amtlichen Kurs wird der Makler ***den*** Kurs festsetzen, zu dem er am meisten Anbieter und Nachfrager befriedigen kann, mit anderen Worten, zu dem der Umsatz am größten ist. In unserem Beispiel ist das der Kurs von 299 EUR/Stück.

Wenn man in einem Koordinatensystem auf der Senkrechten die Preise (Kurse) und auf der Waagerechten die Mengen (in Stück) abträgt, kann man nach den genannten Zahlen des Auftragsbuches die Angebots- und die Nachfragekurve zeichnen:

Angebot-Nachfrage-Schema (Karstadt-Aktie)

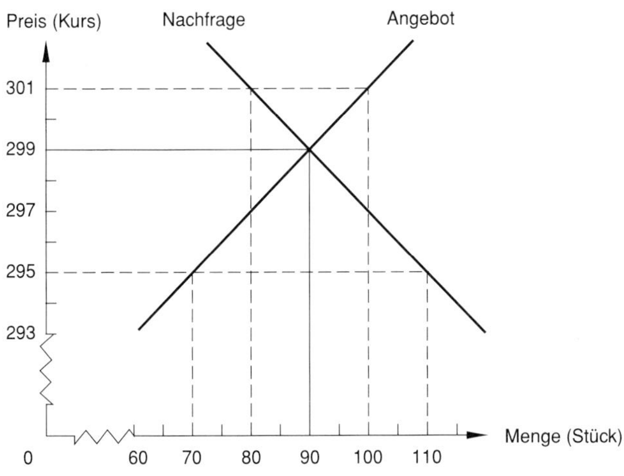

Wir erkennen aus dem Schaubild Folgendes:

- Die Nachfragekurve verläuft von links oben nach rechts unten (falls man die beiden Achsen so und nicht umgekehrt benennt), d. h. mit sinkenden Preisen steigt die nachgefragte Menge und – umgekehrt – mit steigenden Preisen sinkt sie. Preis und nachgefragte Menge sind also einander ***entgegengerichtet***.

- Die Angebotskurve verläuft von links unten nach rechts oben, d. h. mit sinkenden Preisen sinkt die angebotene Menge und – umgekehrt – mit steigenden Preisen steigt sie. Preis und angebotene Menge sind also ***gleichgerichtet***.
- Beim Schnittpunkt der Angebots- mit der Nachfragekurve, und nur hier, ***stimmen*** die angebotene und nachgefragte Menge ***überein***. Es bleiben weder Anbieter noch Nachfrager in ihren Markterwartungen unbefriedigt.

Vom Angebotsüberhang zum Marktgleichgewicht

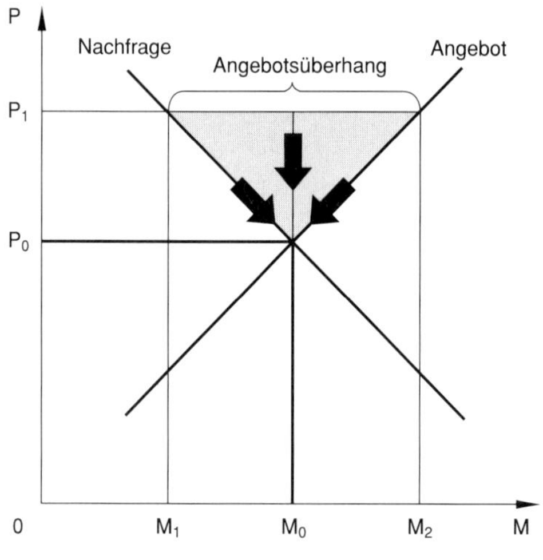

Es herrsche der Marktpreis OP_1, der über dem Gleichgewichtspreis OP_0 liegt. Zum Preis OP_1 wird die Menge OM_1 nachgefragt und die größere Menge OM_2 angeboten. Es besteht ein Angebotsüberhang in Höhe von M_1M_2. Die Anbieter werden gegenseitig ihre Preise unterbieten um ihre Güter absetzen zu können. Diese Preissenkungen bewirken zugleich, dass die nachgefragte Menge zunimmt neue Käufer treten zu den bisherigen hinzu – und dass die angebotene Menge abnimmt – die Unternehmergewinne sinken, die „Grenzbetriebe", d. h. die Betriebe mit den jeweils höchsten Kosten stellen die Produktion ein. Diese Entwicklung setzt sich bis zum Marktgleichgewicht fort. Dann wird zum Preis von OP_0 die Menge OM_0 zugleich angeboten und nachgefragt.

- Bei diesem Schnittpunkt wird die größtmögliche Menge umgesetzt (vgl. Spalte 4, S. 92).
- Der Schnittpunkt der Angebots- und der Nachfragekurve wird als ***Gleichgewichtspunkt*** bezeichnet, der zugehörige Preis als ***Gleichgewichtspreis,*** die zugehörige Menge als ***Gleichgewichtsmenge.*** Bei jedem Preis oberhalb oder unterhalb des Gleichgewichtspreises befindet sich der Markt im Ungleichgewicht, d. h., Anbieter und Nachfrager werden ihre Pläne überprüfen, es wird zu Plankorrekturen kommen, sodass sich der Markt wie durch eine ***unsichtbare Hand*** (Adam ***Smith***; 1723–1790) auf die Gleichgewichtssituation hinbewegt.

Vom Nachfrageüberhang zum Marktgleichgewicht

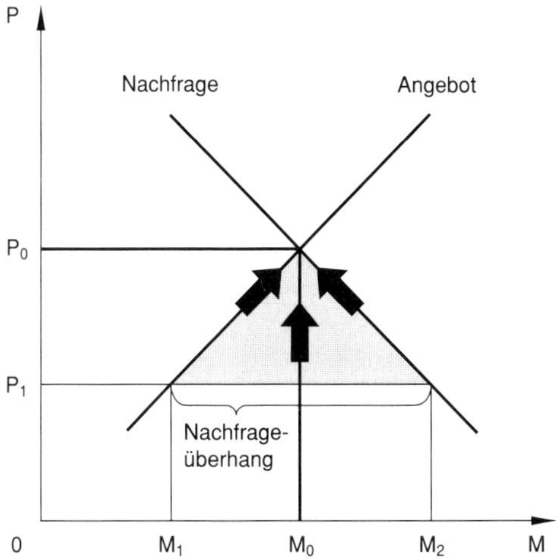

Es herrsche der Marktpreis $0P_1$, der unter dem Gleichgewichtspreis $0P_0$ liegt. Zu diesem Preis wird die Menge $0M_1$ angeboten und die Menge $0M_2$ nachgefragt. Es besteht Nachfrageüberhang in Höhe von = M_1M_2. Die Nachfrager werden sich gegenseitig überbieten, um die gewünschten Güter am Markt zu erhalten. Preissteigerungen bewirken aber zugleich, dass die angebotene Menge zunimmt die Gewinnchancen der Unternehmer werden besser; sie bieten eine größere Menge an; neue Anbieter kommen hinzu – und dass die nachgefragte Menge abnimmt – Nachfrager schränken ihren Verbrauch ein oder weichen auf Ersatzgüter aus. Diese Entwicklung setzt sich fort bis zum Gleichgewichtspreis $0P_0$ zu dem die Menge $0M_2$ zugleich angeboten und nachgefragt wird.

Diese Zusammenhänge zwischen angebotener Menge, nachgefragter Menge und Preis lassen sich wie folgt darstellen:

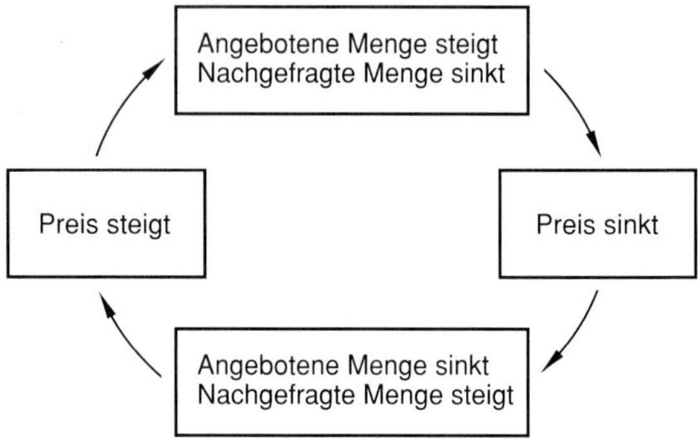

In der wirtschaftlichen Wirklichkeit kommt es oft vor, dass ein Markt nicht zum Gleichgewicht gelangt, sondern dass abwechselnd Angebots- und Nachfrageüberhänge bestehen. Der deutsche Statistiker Arthur ***Hanau*** (geb. 1902) hat dies bereits vor Jahrzehnten für den Schweinemarkt nachgewiesen. Hier herrschte in verblüffend regelmäßigen Zeitabständen abwechselnd Angebotsüberhang und Nachfrageüberhang an Schweinefleisch bei entsprechend niedrigen oder hohen Preisen. Die Erklärung liegt darin, dass – bei etwa gleich bleibender Nachfrage – die Bauern bei hohen Preisen mit einer gesteigerten Ferkelaufzucht beginnen. Bei Schlachtreife ist dann jedoch das Angebot am Schweinemarkt so hoch, dass die Preise stark sinken. Daraufhin stellen viele Bauern die Schweinezucht wieder ein, und es ergibt sich nach einiger Zeit das umgekehrte Bild:

Der „Schweinezyklus" als Beispiel eines ungleichgewichtigen Marktes

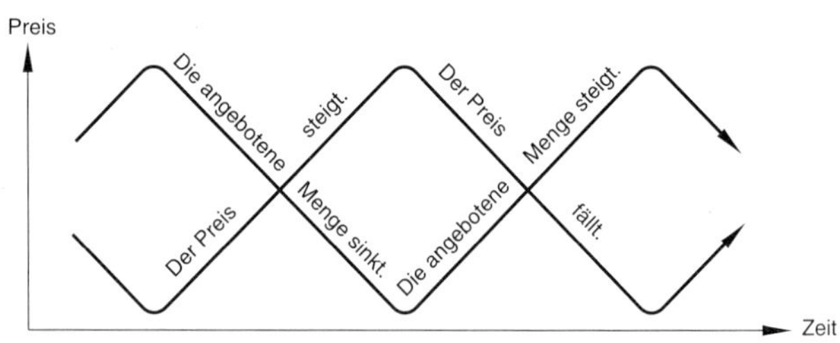

7.3 Die Wirkungen eines staatlichen Preisstopps

Aus den Abbildungen auf S. 94 und S. 95 lässt sich erkennen, welche Wirkungen in einer Marktwirtschaft die Festlegung der Preise durch den Staat haben würde. Wenn in der Abbildung auf S. 94 der Staat den Preis für das betreffende Gut bei $0P_1$ festlegen würde, dann wohl um den Anbietern diesen Preis als Mindestpreis zu garantieren (Beispiel: Preise für landwirtschaftliche Produkte). Ohne staatlichen Eingriff würde der Preis bis zum Gleichgewichtspreis $0P_0$ sinken. Bei einem Preis von $0P_1$ werden aber mehr Güter produziert und angeboten als nachgefragt. Entweder muss der Staat den Anbietern die nicht am Markt absetzbaren Güter abnehmen und einlagern, oder es entstehen bei den Anbietern „Halden", die die Versuchung mit sich bringen die Güter auch unterhalb des staatlich vorgeschriebenen Preises loszuschlagen (***grauer Markt***).

Wenn der Staat in der Abbildung S. 95 den Preis $0P_1$ als ***Höchstpreis*** festlegt um Preissteigerungen zu verhindern, dann werden die Nachfrager, die nicht zum Zuge kommen, versuchen sich unter Umgehung der staatlichen Preisvorschriften (***schwarzer Markt***, Bestechung) die gewünschten Güter zu beschaffen. Der Staat wird sich im Interesse einer gleichmäßigen Verteilung der knappen Güter zur Rationierung (Lebensmittelkarten) und/ oder zu Produktionsauflagen entschließen müssen. Damit wären große Schritte auf dem Weg zu einer Zentralverwaltungswirtschaft getan.

7.4 Der Zusammenhang von nachgefragter Menge und Preis

Es wurde bereits ausgeführt: Mit steigendem Preis sinkt die nachgefragte Menge und (umgekehrt) mit sinkendem Preis steigt sie. Nun lässt sich aber feststellen, dass das Ausmaß, in dem die nachgefragte Menge auf Preisänderungen reagiert, sehr unterschiedlich ist. Bei lebensnotwendigen Medikamenten, bei wissenschaftlichen Büchern (Nachfrager: Bibliotheken) und bei Karten für Konzerte unter der Leitung eines berühmten Dirigenten (Snob-Effekt) geht die nachgefragte Menge bei Preiserhöhungen kaum zurück, bei Preissenkungen würde sie kaum steigen. Man sagt: Die ***Nachfrage*** ist in Bezug auf den Preis ***unelastisch*** (s. Abb. S. 98 oben).

Bei nicht lebensnotwendigen Gütern, z. B. bei Camping-Ausrüstungen, nimmt die nachgefragte Menge bei Preissteigerungen spürbar ab (und umgekehrt). Man sagt: Die ***Nachfrage*** ist in Bezug auf den Preis ***elastisch*** (s. Abb. S. 98 unten).

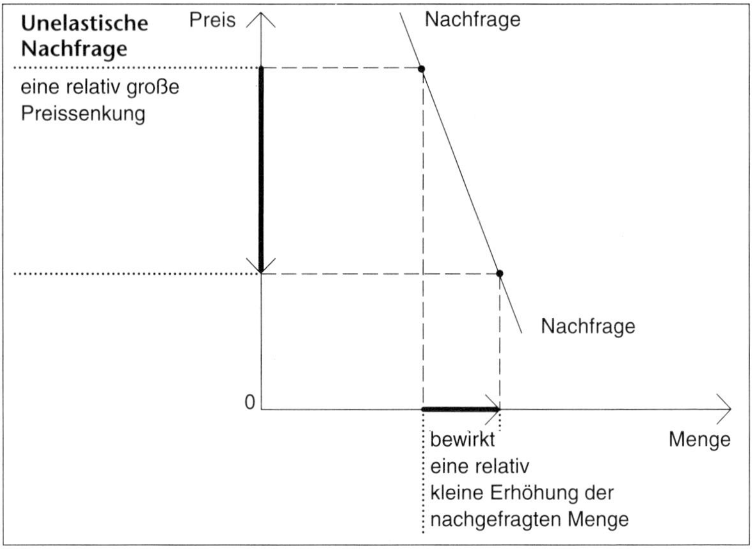

Unelastische Nachfrage
Preis
Nachfrage
eine relativ große Preissenkung
Nachfrage
0
bewirkt eine relativ kleine Erhöhung der nachgefragten Menge
Menge

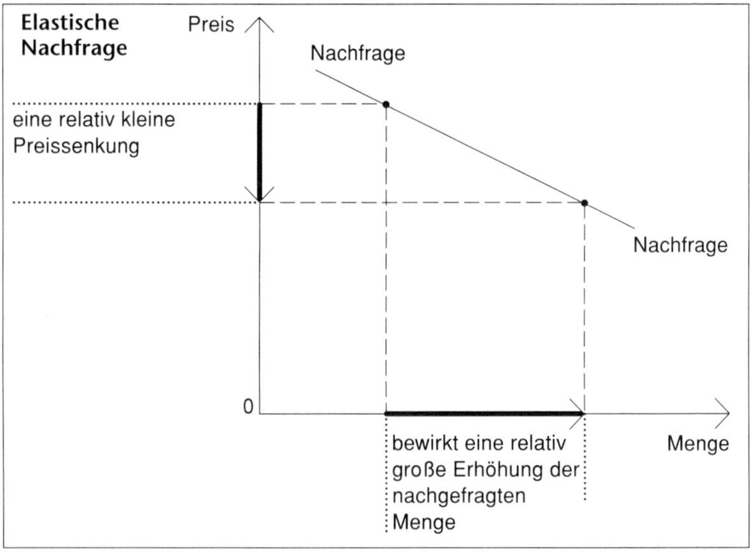

Elastische Nachfrage
Preis
Nachfrage
eine relativ kleine Preissenkung
Nachfrage
0
bewirkt eine relativ große Erhöhung der nachgefragten Menge
Menge

7.5 Faktoren, die die Nachfrage beeinflussen

Die Nachfrage nach einem Gut wird von verschiedenen Einflussfaktoren bestimmt, u. a.:

- vom ***Preis*** dieses Gutes; dieser Zusammenhang wurde oben dargestellt;
- vom ***Einkommen*** der Nachfrager;
- von der ***Dringlichkeit des Bedarfes*** und insbesondere auch von der Wertschätzung für das Gut bei den jeweiligen Nachfragern;
- von den ***Preisen anderer Güter***.

Wenn die Preise irgendwelcher Güter steigen (fallen), wird das auch Einfluss haben auf die Nachfrage nach anderen Gütern, deren Preise gleich geblieben sind. Besonders deutlich wird dieser Zusammenhang, wenn es sich bei zwei Gütern um ***Ersatzgüter*** (Substitute) oder um ***Ergänzungsgüter*** (komplementäre Güter) handelt. Butter und Margarine, Heizöl und Gas sind Ersatzgüter. Kaffee und Dosenmilch, Autos und Autoversicherungen sind Ergänzungsgüter, d. h. Güter, die miteinander kombiniert und nachgefragt werden. Wenn die Butterpreise steigen, wird voraussichtlich zugleich die Nachfrage nach Butter ab- und die Nachfrage nach Margarine zunehmen. Wenn die Autopreise steigen, wird voraussichtlich zugleich die Nachfrage nach Autos und damit auch nach Autoversicherungen abnehmen.

7.6 Faktoren, die das Angebot beeinflussen

Ähnliche Überlegungen wie zur Güternachfrage und zum Verlauf der Nachfragekurve kann man auch zum Güterangebot und zum Verlauf der Angebotskurve anstellen. Das Angebot eines bestimmten Gutes hängt u. a. ab:

- vom ***Preis dieses Gutes***; dieser Zusammenhang wurde oben dargestellt;
- von den ***Preisen anderer Güter***. Wenn die Eierpreise gleich bleiben, aber die Blumenpreise steigen, wird der Landwirt überlegen, ob er die Geflügelwirtschaft aufgibt (Angebot an Eiern sinkt) und mit der Blumenzucht beginnt (Angebot an Blumen steigt);
- von den ***Kosten der Produktionsfaktoren***. Wenn z. B. die Personalkosten besonders stark steigen, könnte ein Unternehmer an der Spitze einer lohnintensiven Unternehmung veranlasst werden, die Produktion umzustellen und Güter zu produzieren, die stärker mittels Maschineneinsatz gefertigt werden;
- vom ***Stand des technologischen Wissens***. So hat z. B. erst die Erfindung des Fließbandes ein steigendes Massenangebot an Autos ermöglicht.

7.7 Die Preisbildung im Monopol und im Oligopol

Die einseitige Darstellung des Zusammenhangs zwischen Preisen und angebotenen oder nachgefragten Mengen gilt nur unter der Annahme, dass alle übrigen Größen gleich bleiben (sog. „ceteris paribus"-Bedingung). Außerdem wird der ***Preismechanismus*** dadurch beeinträchtigt, dass die Anbieter sich nicht nur (passiv) durch entsprechende Ausdehnung oder Einengung ihrer Angebotsmengen an die gegebenen Marktpreise anpassen, sondern (aktive) Marktpolitik betreiben, indem sie versuchen den Markt in ihrem Sinn zu beeinflussen. Das können sie, weil die Märkte im Allgemeinen unvollkommen sind (s. S. 90), insbesondere weil

- häufig monopolistische oder oligopolistische Marktformen vorliegen,
- die Marktübersicht der Nachfrager beschränkt ist,
- es den Anbietern gelingt, ihr Produkt durch andere Aufmachung von gleichartigen Konkurrenzprodukten abzuheben usw.

Monopolistisches Marktverhalten
Besitzt ein Anbieter eine Monopolstellung, so kann er (muss aber nicht) höhere Preise verlangen, als sie sich bei einer Vielzahl von Anbietern am Markt bilden würden. Er muss ja nicht damit rechnen, von einem Mitbewerber unterboten zu werden, da er allein anbietet. Freilich darf er die Preise nicht allzu sehr erhöhen, weil er sonst befürchten muss, dass er selbst Konkurrenz anlockt, die seine Preise unterbietet. Außerdem muss er berücksichtigen, wie stark die Nachfrager auf Preisänderungen reagieren, d. h. wie elastisch die Nachfrage ist (s. S. 97 f.).

Oligopolistisches Marktverhalten
Beim Angebotsoligopol werden die Absatzchancen der einzelnen Anbieter nicht nur vom Verhalten der Nachfrager, sondern auch von den Aktionen und Reaktionen der anderen Oligopolisten bestimmt. So wird es für die Absatzchancen von Pepsi-Cola von großer Bedeutung sein, ob Coca-Cola

- einen Werbefeldzug plant,
- den Vertriebsweg ändert (z. B. Direktlieferung an den Einzelhandel) oder
- im Falle einer Preiserhöhung mitzieht oder nicht.

Es lassen sich vier verschiedene Arten von Verhaltensweisen bei oligopolistischem Wettbewerb unterscheiden:

Scharfer Wettbewerb: Die Konkurrenten versuchen sich gegenseitig Marktanteile abzujagen und letztlich einander vom Markt zu verdrängen. Dabei tritt an die Stelle des ***Leistungswettbewerbs*** bisweilen ***Schädigungswettbewerb*** (ruinöse Konkurrenz). Wer den längeren Atem, d. h. die größeren finanziellen Reserven zu haben glaubt, bietet zu Kampfpreisen unterhalb der Selbstkosten an um die Konkurrenten zur Aufgabe zu zwingen und deren Marktanteile mit zu übernehmen. Dann werden die Preise wieder erhöht.

Verzicht auf aktive Preispolitik (Preisstarrheit): Es ist denkbar, dass Konkurrenten bei Preiserhöhungen nicht mitziehen, sodass die Käufer zur Konkurrenz abzuwandern drohen. Preissenkungen werden sie aber mitmachen, sodass keine zusätzlichen Nachfrager abgeworben werden können. Deshalb verzichten die Oligopolisten häufig ganz auf Preisveränderungen.

Preisabsprachen: Dadurch wird der Wettbewerb abgeschwächt oder ganz ausgeschaltet. Da der Leistungswettbewerb für ein marktwirtschaftliches System aber lebensnotwendig ist, sind solche Preisabsprachen in der Bundesrepublik Deutschland grundsätzlich verboten (Kartellgesetz, s. S. 51 f.).

Preisführerschaft: Wenn z. B. in einer Stadt mit drei Groß-Molkereien A zwei Drittel des Marktes beliefert und B und C zusammen nur einen Marktanteil von einem Drittel haben, so liegt es nahe, dass A die Preise bestimmt und die beiden anderen ihm folgen. Würden B und C versuchen das Verhalten des A zu durchkreuzen, so müssten sie mit existenzbedrohenden Maßnahmen des A rechnen; deshalb verzichten sie darauf.

8 Der Wirtschaftskreislauf

8.1 Güter- und Geldströme zwischen Haushalten und Unternehmungen

Unser Wirtschaftssystem ist unter anderem dadurch gekennzeichnet, dass zahlreiche Einzelwirtschaften infolge der ***Arbeitsteilung*** aufeinander angewiesen sind. Durch regelmäßigen Tausch von Geld gegen Güter sind sie miteinander verbunden. Die wichtigsten ***Wirtschaftseinheiten*** sind die (privaten) ***Haushalte*** und die ***Unternehmungen.*** Die einzelnen Mitglieder der Haushalte stellen den Unternehmungen ihre ***Arbeitskraft***[1] zur Verfügung. Als Entgelt dafür erhalten sie Löhne und Gehälter (= ***Einkommen***). Mit ihrem Einkommen kaufen die Haushalte den Unternehmungen die Güter ab, die sie als Arbeitnehmer produziert haben. Es fließt also ein Güterstrom von den Unternehmungen zu den Haushalten. Aber ebenso ergibt sich ein Geldstrom von den Haushalten zu den Unternehmungen, denn die Haushalte müssen die gekauften Güter bezahlen.

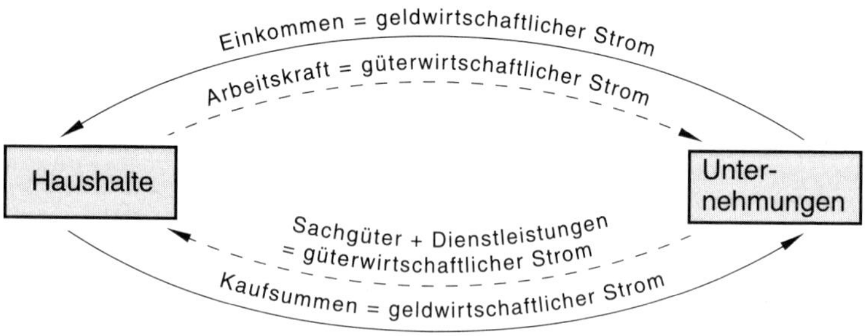

Auf diese Weise ist der einfache Wirtschaftskreislauf geschlossen. Er besteht aus zwei ***Sektoren*** (Haushalten und Unternehmungen) und aus je zwei einander entgegenfließenden ***Strömen:*** zwei ***Güterströmen*** (Arbeitskraft und Güter) und zwei ***Geldströmen*** (Einkommen und Kaufsummen). Im Folgenden wird die güterwirtschaftliche Seite vernachlässigt; es werden nur die Geldströme erörtert.

[1] Arbeitskraft steht hier stellvertretend für alle Produktionsfaktoren.

8.2 Die Rolle der Kreditinstitute im Wirtschaftskreislauf

Bisher wurde unterstellt, dass die Haushalte ihr Einkommen ausschließlich für den Kauf von Gütern verwenden. In Wirklichkeit aber geben die Haushalte nur einen Teil ihres Einkommens für den Kauf von Gütern aus. Den verbleibenden Einkommensrest sparen sie und bringen ihn zu Banken und Sparkassen.
Hier werden die zahlreichen kleineren und größeren Sparsummen der Haushalte gesammelt. Die Kreditinstitute sind bemüht die Ersparnisse der Haushalte möglichst nutzbringend zu verwenden. Die wichtigste Verwendung dieser Sparbeträge ist ihre Weitergabe als Kredit an die Unternehmungen. Dabei wird sogar neues Geld geschaffen (Geldschöpfung s. S. 124). Mithilfe der Bankkredite können die Unternehmungen Fabrikhallen und Verwaltungsgebäude errichten sowie Maschinen, Werkzeuge und Rohstoffe kaufen. Sie können also die erhaltenen Kredite investieren.

Sparen – Investieren

8.3 Der Einfluss des Staates auf den Wirtschaftskreislauf

Das Entgelt, das die Haushalte für die Überlassung ihrer Arbeitskraft von den Unternehmungen in Form von Lohn oder Gehalt bekommen, bezeichnet man als Bruttolohn oder Bruttogehalt. Vom ***Bruttolohn*** oder ***Bruttogehalt*** des einzelnen Arbeitnehmers werden Teilbeträge als ***Steuern***, ***Sozialversicherungsbeiträge*** und ***sonstige Abgaben*** an staatliche Stellen, z. B. an das Finanzamt und an die Sozialversicherung, abgeführt. Dem einzelnen Arbeitnehmer wird somit nicht sein Bruttoarbeitslohn, sondern ein um die oben angegebenen Abzüge ermäßigter Lohn ausgezahlt. Dieser tatsächlich ausgezahlte Lohn wird auch ***Nettolohn*** oder ***Nettogehalt*** genannt.
Nicht nur die Haushalte müssen Steuern, Sozialversicherungsbeiträge und sonstige gesetzliche Abgaben an den Staat abführen. Auch die Unternehmungen haben solche Abgaben an den Staat zu entrichten. Von den Unternehmungen fließen demnach ebenfalls Gelder an den Staat. Der Staat kann die von den Haushalten und Unternehmungen erhaltenen Einnahmen nicht für sich behalten. Er muss sie wieder ausgeben, da er Beamtengehälter, Kindergeld, Pensionen und Renten zahlen muss. Ein Teil der

staatlichen Einnahmen fließt somit wieder an die Haushalte zurück. Den Rest seiner Einnahmen verwendet der Staat z. B. für den Bau von Schulen, Autobahnen, Krankenhäusern, Altenpflegeheimen und für militärische Güter.
Alle diese Dinge werden normalerweise von privaten Unternehmungen hergestellt, die der Staat bezahlen muss. Daneben gewährt der Staat manchen Unternehmungen Unterstützungszahlungen, die von den Unterstützten nicht zurückgezahlt zu werden brauchen. Der Staat ist in diesen Fällen zufrieden, wenn die Unternehmungen „am Leben bleiben“ oder wenn sie ihre Erzeugnisse infolge der Staatszuschüsse zu niedrigeren Preisen verkaufen können. Man nennt diese „verlorenen Zuschüsse“ ***Subventionen.***

Es sind also je zwei einander entgegenfließende Geldströme zu unterscheiden:
1. Steuern der Haushalte und Beamtengehälter, Renten, Pensionen usw.
2. Steuern der Unternehmungen und Staatsaufträge, Subventionen usw.
   Renten- und Pensionszahlungen sowie Subventionen nennt man auch Übertragungen oder ***Transferzahlungen,*** da ihnen keine unmittelbaren ökonomischen Gegenleistungen der Zahlungsempfänger gegenüberstehen.

Einnahmen und Ausgaben des Staates

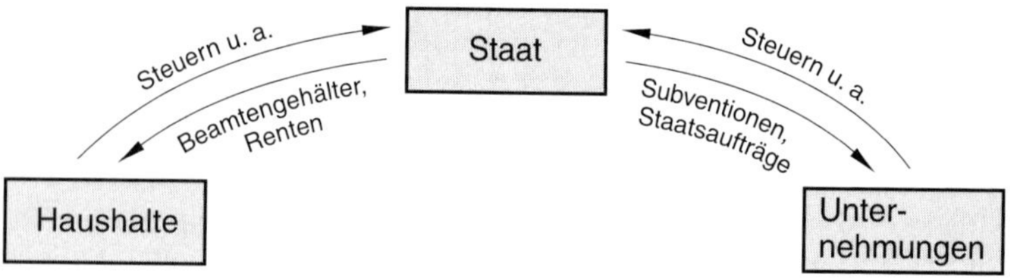

8.4 Der Wirtschaftskreislauf in einer offenen Volkswirtschaft

Die bisher dargestellten wirtschaftlichen Kreislaufbeziehungen kennzeichnen eine „Insel-Volkswirtschaft“ oder, wie man auch sagt, eine ***geschlossene Volkswirtschaft***. Man versteht darunter eine Volkswirtschaft ohne Beziehungen zum Ausland.
In der wirtschaftlichen Wirklichkeit besitzt eine Volkswirtschaft aber vielfältige Verbindungen mit dem Ausland; sie ist deshalb eine ***offene Volks-***

wirtschaft. Viele Unternehmungen verkaufen ihre Erzeugnisse an das Ausland und kaufen Güter aus dem Ausland. So exportiert z. B. in der Bundesrepublik Deutschland das Volkswagenwerk einen Teil seiner Volkswagen nach den USA, und die Shell-AG importiert Rohöl aus Kuwait, das sie in den Raffinerien in Deutschland zu Benzin verarbeitet. Ausländer kaufen deutsche Uhren und beziehen deutsche Maschinen. Deutsche Haushalte verbrauchen griechische Trauben, israelische Apfelsinen und Kiwis aus Neuseeland.

Somit fließen also zwischen inländischen und ausländischen Unternehmungen ein Exportgüterstrom und ein Importgüterstrom. Diesen einzelnen Güterströmen fließt wiederum jeweils ein Geldstrom entgegen: Für die Güter, die ins Ausland exportiert werden, kommt Geld aus dem Ausland und geht in den inländischen Wirtschaftskreislauf ein. Für die aus dem Ausland importierten Güter fließt Geld aus dem inländischen Wirtschaftskreislauf in das Ausland ab.

Geldströme zwischen Inland und Ausland

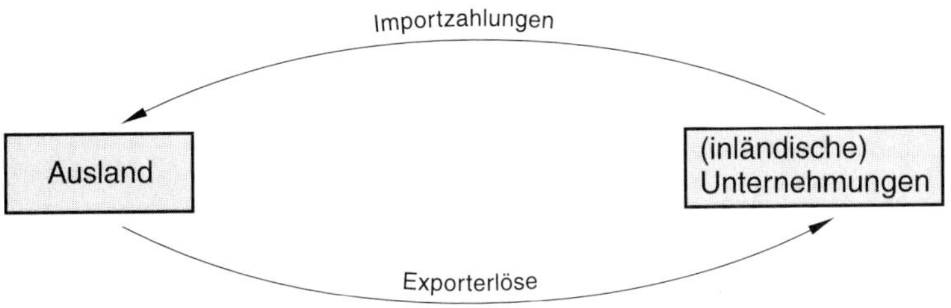

8.5 Der vollständige Wirtschaftskreislauf

Bei der bisherigen Erörterung der Güter- und Geldströme wurden zugleich die für den gesamten Wirtschaftskreislauf einer Volkswirtschaft wichtigsten ***Sektoren*** erwähnt: ***Unternehmungen, Haushalte, Kreditinstitute, Staat*** und ***Ausland.***
Die Zusammenhänge zwischen diesen Sektoren innerhalb des Wirtschaftskreislaufes lassen sich im folgenden Schaubild zusammenfassen.

Der Wirtschaftskreislauf in einer offenen Volkswirtschaft

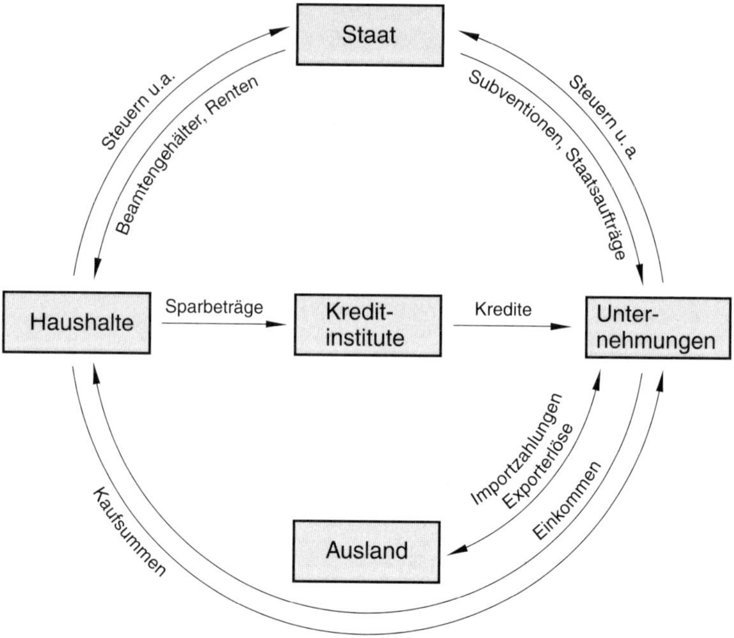

8.6 Die volkswirtschaftliche Gesamtrechnung

Außer in grafischer Form kann man den Wirtschaftskreislauf auch in Form von ***Gleichungssystemen*** (die Summe der in einen Sektor hineinfließenden Geldströme ist gleich der Summe der herausfließenden), in Form von ***Input-Output-Tafeln*** – ähnlich den Entfernungstabellen in manchen Taschenkalendern – und in ***Kontenform*** darstellen.

Die kontenmäßige Darstellung des Wirtschaftskreislaufes bezeichnet man als ***Volkswirtschaftliche Gesamtrechnung***. In der Bundesrepublik Deutschland wird diese „Nationale Buchführung" vom Statistischen Bundesamt in Wiesbaden geführt und veröffentlicht. Aus ihr kann man erkennen, auf welche Art und Weise das Bruttoinlandsprodukt (s. Kapitel 9 S. 107 ff.) entsteht und wie es sich zusammensetzt. Die Volkswirtschaftliche Gesamtrechnung ist deshalb eine wichtige Grundlage für wirtschaftspolitische Entscheidungen.

9 Bruttoinlandsprodukt und Volkseinkommen

9.1 Begriff und Ermittlungsmethoden

Bruttoinlandsprodukt ist einer der Begriffe, der im Wirtschaftsteil der Tageszeitungen und in wirtschaftspolitischen Diskussionen häufig verwandt wird. Man versteht darunter die ***Summe aller Güter*** – Sachgüter und Dienstleistungen, Konsumgüter und Investitionsgüter –, die im Inland in einem Jahr erstellt werden.

Diese vorläufige Begriffsbestimmung bedarf einer dreifachen Präzisierung:

- Äpfel, Autos, Drehbänke und die Dienstleistungen eines Arztes kann man nicht zu einer Summe zusammenfassen. Addieren kann man nur den ***Wert*** dieser Güter, genauer, den ***Preis***, den sie jeweils am Markt erzielen. Alle Güter müssen deshalb mit ihren Marktpreisen bewertet und so „gleichnamig" gemacht werden.
- Die unentgeltlichen Leistungen in den privaten Haushalten (Essen kochen, Kuchen backen, Wäsche bügeln), Leistungen im Rahmen des Do-it-yourself (Tapezieren, Eigenbau von Möbeln, Eigenheimbau in Nachbarschaftshilfe) und andere „Eigenleistungen" werden nicht bewertet,

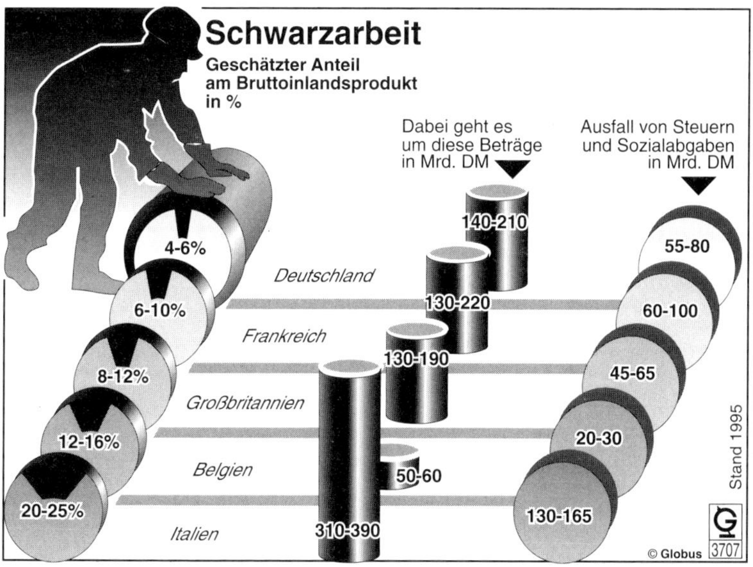

erzielen auch keine Marktpreise und gehen deshalb nicht in das Sozialprodukt ein. Das Gleiche gilt für die Schwarzarbeit, die in manchen Wirtschaftszweigen ein beachtliches Ausmaß angenommen hat. Der Wert der in einem Jahr erzeugten Güter ist also erheblich höher, als es im Betrag des Bruttoinlandsprodukts zum Ausdruck kommt. Man bezeichnet die Güter, die (legal oder illegal) erstellt, aber nicht in der offiziellen Statistik erfasst werden können, als ***Schattenwirtschaft.***

- In das Bruttoinlandsprodukt werden nur „Endprodukte" einbezogen; nicht der Roggen, der zum Mahlen an den Müller verkauft wird, und nicht das Mehl, das der Müller zum Brotbacken an den Bäcker verkauft, sondern nur das Brot, das aus dem Roggenmehl gefertigt wird. Würde das Mehl nicht an den Bäcker, sondern an eine Hausfrau verkauft, müsste es in das Sozialprodukt einbezogen werden.

Ermittlung des Sozialproduktes durch Addition der Wertschöpfung aller Produktionsstufen (= Marktpreise der Endprodukte)

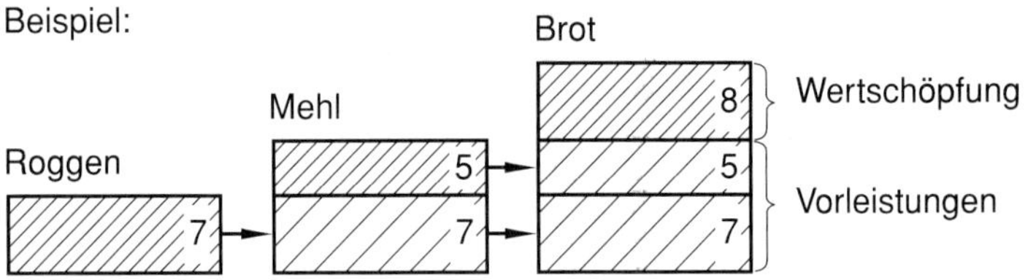

Wie die Abbildung zeigt, kann man Doppelzählungen dadurch vermeiden, dass man bei jeder Produktionsstufe nur die ***Wertschöpfung*** berücksichtigt, d. h. den Wert, der zu den Vorleistungen durch Weiterverarbeitung hinzugefügt wird.

Zwischen dem „Inland" und dem „Ausland" bestehen zahlreiche Wirtschaftsbeziehungen. Zum Beispiel fließen Vermögenseinkommen (Zinsen, Dividenden, Mieten) über Staatsgrenzen hinweg, aber auch Erwerbseinkommen, und zwar in den Fällen, in denen ein Erwerbstätiger im Inland wohnt und – als Grenzgänger – im Ausland arbeitet oder umgekehrt. Der Saldo dieser Vermögens- und Erwerbseinkommen kann positiv sein; dann ist mehr Geld ins Inland geflossen als aus ihm abgeflossen. Der Saldo kann – umgekehrt – auch negativ sein. Wenn man den positiven Saldo zum Bruttoinlandsprodukt addiert oder wenn man den negativen Saldo vom Bruttoinlandsprodukt subtrahiert, erhält man das ***Bruttosozialprodukt***.

Bruttoinlandsprodukt +/– Saldo der Erwerbs- und Vermögenseinkommen mit dem Ausland = Bruttosozialprodukt.

In unserer Wirtschaft entspricht jedem Güterstrom ein Geldstrom, der in die entgegengesetzte Richtung fließt (s. S. 102). Anders ausgedrückt: Bei jeder Erstellung von Gütern werden an die Besitzer der Produktionsfaktoren, mit deren Hilfe die Güter erstellt werden, Einkommen gezahlt.
Beispiel: Bei einem Blumenzüchter mag das für die Preise der innerhalb eines Jahres verkauften Blumen wie folgt aussehen:

Gesamtpreis	= Lohn	+ Pacht	+ Düngemittel	+ Heizung	+ Pkw	+ Gewinn[1]
140 000	= 50 400	+ 4800	+ 800	+ 4800	+ 17 600	+ 61 600 EUR

Die ***Einkommen*** entsprechen in ihrer Höhe insgesamt den ***Marktpreisen*** der erzeugten Güter. Die Gleichung geht deshalb auf, weil auch der Gewinn, der nach Abzug aller Zahlungen übrig bleibt, als Einkommen (des Unternehmers) eingesetzt wird. Der Gewinn ist die Restgröße, die die Ungleichheit zur Gleichung macht.

Auch für die gesamte Volkswirtschaft gilt:
Wert (Preis) aller erzeugten Güter (Endprodukte) = Summe aller Einkommen (Löhne, Mieten, Zinsen ... Gewinne).

Die Einkommen fließen den Besitzern von Produktionsfaktoren zu. Man spricht deshalb auch von Faktoreinkommen. Sie werden von den Unternehmen gezahlt, die die Produktionsfaktoren nutzen; für diese „Faktornutzer" handelt es sich um „Faktorkosten":
Faktoreinkommen (der Faktorbesitzer) = Faktorkosten (der Faktornutzer).
Für die gesamte Volkswirtschaft heißt das:
Volkseinkommen = Nettosozialprodukt zu Faktorkosten (s. S. 110 unten).

[1] Eigentlich: Unternehmereinkommen, das aus Unternehmerlohn, Eigenkapitalverzinsung, einer Risikoprämie und dem Restgewinn besteht.

9.2 Brutto- und Nettosozialprodukt, Volkseinkommen

Eine Volkswirtschaft würde schwer geschädigt, wenn alljährlich der ganze Kuchen des Bruttosozialproduktes aufgegessen würde. Durch die Gütererstellung werden Produktionsanlagen, Maschinen und Werkzeuge abgenutzt. Diesen Verschleiß gilt es zu ersetzen, wenn man verhindern will, dass das Volksvermögen und damit auch das Sozialprodukt der künftigen Jahre abnimmt. Ein Teil des Sozialprodukts sind also ***Ersatzinvestitionen***. Nur der (größere) Rest kann konsumiert oder zusätzlich investiert werden (***Neuinvestitionen***)[1]. In der Sprache der Buchhaltung entsprechen den Ersatzinvestitionen die ***Abschreibungen*** (auf das Anlagevermögen). Das Sozialprodukt, von dem diese Abschreibungen noch nicht abgesetzt sind, bezeichnet man als ***Bruttosozialprodukt*** (***zu Marktpreisen***). Zieht man von ihm die Abschreibungen ab, so erhält man das ***Nettosozialprodukt*** (***zu Marktpreisen***).

Das Nettosozialprodukt zu Marktpreisen entspricht noch nicht dem Volkseinkommen. In den Marktpreisen sind nämlich ***indirekte Steuern*** enthalten, die nicht dem Faktorbesitzer als Faktoreinkommen zufließen, sondern an den Staat abzuführen sind (z. B. Mehrwertsteuer und Mineralölsteuer). Umgekehrt stellen die ***Subventionen*** für die Empfänger zusätzliches Einkommen dar. Gäbe es diese Subventionen nicht, dann wären die Marktpreise entsprechend höher. Will man aus dem Nettosozialprodukt zu Marktpreisen das Volkseinkommen ableiten, so muss man die indirekten Steuern abziehen und die Subventionen hinzuzählen. Das Volkseinkommen (= Summe aller Faktoreinkommen) nennt man auch ***Nettosozialprodukt zu Faktorkosten.***

Vom Bruttoinlandsprodukt zum Volkseinkommen
Bundesrepublik Deutschland 1998
Milliarden DM (vorläufige Ergebnisse)

Bruttoinlandsprodukt zu Marktpreisen	3 758
./. Saldo der Erwerbs- und Vermögenseinkommen	39
= Bruttosozialprodukt zu Marktpreisen	3 719
./. Abschreibungen (für Ersatzinvestitionen)	483
= Nettosozialprodukt zu Marktpreisen	3 236
./. indirekte Steuern + Subventionen (kompensiert)	403
= Nettosozialprodukt zu Faktorkosten (Volkseinkommen)	2 833

[1] Ersatzinvestitionen + Neuinvestitionen = Bruttoinvestitionen

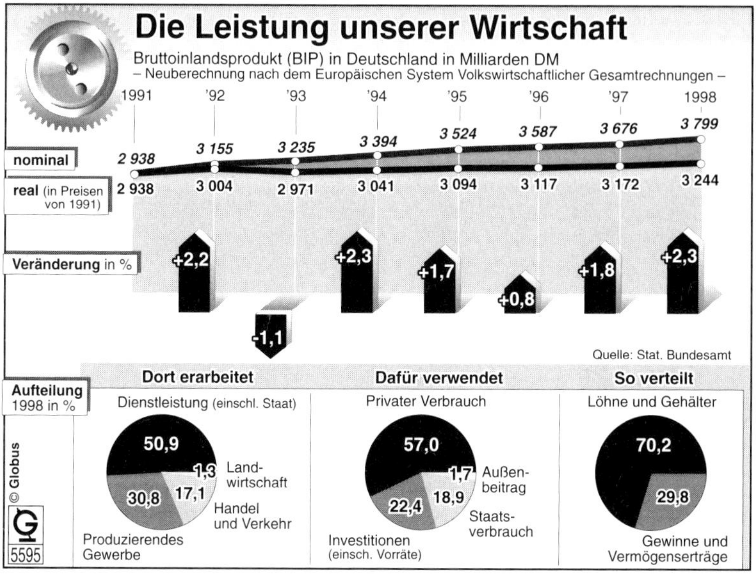

9.3 Entstehung, Verteilung und Verwendung des Bruttoinlandsprodukts

In der Bundesrepublik Deutschland werden das Bruttoinlandsprodukt und das Sozialprodukt vom Statistischen Bundesamt, Wiesbaden, im Rahmen der Volkswirtschaftlichen Gesamtrechnung (s. S. 106) ermittelt. Dabei werden eine ***Entstehungsrechnung***, eine ***Verteilungsrechnung*** und eine ***Verwendungsrechnung*** unterschieden.

Entstehungsrechnung

Sie zeigt den ***Beitrag der einzelnen Wirtschaftszweige*** (Sektoren) zum Bruttoinlandsprodukt (vgl. obige Abb., „Dort erarbeitet“).

Verteilungsrechnung

Sie zeigt, welchen Anteil das Einkommen aus unselbstständiger Arbeit und welchen Anteil das Einkommen aus Unternehmertätigkeit und Vermögen am Volkseinkommen haben. Den prozentualen Anteil des Einkommens aus unselbstständiger Arbeit am Volkseinkommen bezeichnet man als ***Lohnquote*** (1998: 70,2 %, vgl. obige Abb., „So verteilt“).

Die beiden Gruppen von Einkommensbeziehern, die in der Verteilungsrechnung unterschieden werden, weisen eine große Breite auf: Zu den unselbstständig Tätigen gehören die angelernten Arbeiter ebenso wie hoch verdienende Chefärzte und die Vorstandsmitglieder der großen Kaufhauskonzerne. Zu den selbstständigen Unternehmern gehört der kleine Tankstellenpächter ebenso wie der geschäftsführende Gesellschafter einer großen Personengesellschaft. Schließlich wird das gesamte Einkommen aus Vermögen (Zinsen, Dividenden, Mieten) mit dem Unternehmereinkommen zusammengefasst. Ein Teil des Einkommens aus Vermögen fließt jedoch auch den Unselbstständigen zu. Die Höhe dieses Teils ist unbekannt.

Verwendungsrechnung

Das Bruttoinlandsprodukt kann entweder verbraucht oder gespart und investiert werden (s. S. 27 f.). Der weitaus größte Teil unseres Bruttoinlandsprodukts wird konsumiert (vgl. Abb. auf S. 111, „Dafür verwendet").

In der Verwendungsrechnung des Statistischen Bundesamtes werden die Verbrauchsausgaben noch einmal in ***privaten Verbrauch*** (1998: 57,0 %) und in ***staatlichen Verbrauch*** (1998: 18,9 %) aufgeteilt. Zum staatlichen Verbrauch zählen auch die Rüstungsausgaben, denn Rüstungsgegenstände leisten keine produktiven Dienste.

Hoher Verbrauch geht zulasten der ***Investitionen***. Investitionen fördern aber die zukünftige Erstellung von Konsumgütern. Deshalb hat man in manchen Volkswirtschaften in der Vergangenheit der Erzeugung von Investitionsgütern den Vorrang vor der Konsumgutherstellung gegeben (***Umwegproduktion***).
Auch für Robinson lohnte es sich, das Fischen mit der Hand einzuschränken und in der gewonnenen Zeit ein Netz zu knüpfen, mit dem er anschließend mehr Fische fangen konnte, und das mit geringerem Arbeitsaufwand.

In einer offenen Wirtschaft ist neben Konsum und Investition noch zu berücksichtigen, dass ein Teil der im Inland erzeugten Güter ins Ausland verkauft wird, während umgekehrt auch ausländische Güter eingeführt werden. Die Differenz zwischen Güterexport und Güterimport bezeichnet man als ***Außenbeitrag*** (1998: 1,7 %).

Bruttoinlandsprodukt = Summe aller Konsumausgaben + Summe aller Investitionen + Außenbeitrag

9.4 Das Wachstum des Bruttoinlandsprodukts

Durch den Vergleich des Bruttoinlandsprodukts mehrerer Jahre stellt man fest, ob es gewachsen ist (man spricht von einer ***wachsenden Wirtschaft***), ob es abgenommen hat (***schrumpfende Wirtschaft***) oder ob es gleich geblieben ist (***stationäre Wirtschaft***).
Ein Ziel der staatlichen Wirtschaftspolitik ist es, ein „angemessenes, stetiges Wirtschaftswachstum" zu sichern (§ 1 Stabilitätsgesetz; s. S. 146).
Bei der Ermittlung von Wachstumsraten ist zu berücksichtigen, dass das Bruttoinlandsprodukt verschiedener Jahre mit jeweils anderen Marktpreisen bewertet ist. Bei steigendem Preisniveau (s. S. 125) misst man mit einem Maßstab aus Gummi, der sich ständig ausdehnt. Deshalb wird zwischen ***nominalem*** und ***realem*** Wachstum unterschieden (s. Abb. S. 111).

Ob das Bruttoinlandsprodukt real gewachsen ist, kann man dadurch ermitteln, dass man das Bruttoinlandsprodukt verschiedener Jahre jeweils mit den Marktpreisen ein und desselben Jahres bewertet. Im Schaubild auf Seite 111 wurde das Jahr 1991 als Basisjahr verwendet.
Mit dem Wachstum des Bruttoinlandsprodukts ergeben sich zugleich beachtliche ***Strukturverschiebungen*** hinsichtlich des Anteils der erstellten Güter. Die Raten des realen Wachstums lagen – mit starken Schwankungen je nach der konjunkturellen Situation – in den 50er- und auch noch in den 60er-Jahren deutlich über den Wachstumsraten der 70er- und den Raten der 80er- und 90er-Jahre, die teilweise sogar ein Minuszeichen besitzen (reale Abnahme des Bruttoinlandsprodukts). Die Gründe für das hohe Wachstum in den 50er- und 60er-Jahren lagen

- im allgemeinen Gütermangel (kriegsbedingter Nachholbedarf),
- in den starken Investitionsanreizen (hohe Produktivität, hohe Gewinnerwartungen, Selbstfinanzierungsmöglichkeiten),
- in den Chancen, die die Kriegszerstörungen und die Demontage vieler Industrieanlagen im Nachhinein boten (Anschaffung moderner Produktionsmittel und -verfahren),
- im großen Angebot an qualifizierten und mobilen Arbeitskräften bei real niedrigen Löhnen (Zurückhaltung der Gewerkschaften) und
- in den großen Exportmöglichkeiten (Unterbewertung der D-Mark).

Aus heutiger Sicht ist jedoch festzustellen, dass das Wirtschaftswachstum in diesen Jahren mit vielerlei ***Nachteilen*** erkauft wurde. Hier ist insbesondere die Umweltbelastung durch Luftverschmutzung, Wasserverunreinigung und den Verlust von Erholungsgebieten zu nennen.

In den 70er-Jahren vollzog sich ein deutlicher ***Wandel:***

- Auf vielen Märkten zeigten sich Sättigungstendenzen (nur noch Ersatzbedarf).
- Die Gewinne der Unternehmungen wurden durch Absatzprobleme und Kostenanstieg gedämpft.
- Die Konkurrenz der Billiglohnländer hat auf einzelnen Märkten die Wettbewerbsfähigkeit der Bundesrepublik Deutschland mit ihrem hohen Lohnniveau und dem hohen Sozialaufwand beeinträchtigt.
- Das gestiegene Umweltbewusstsein und Widerstände gegen weitere Industrialisierung, insbesondere auf dem Gebiet der Kernenergie, haben zu einem „Investitionsstau" geführt.
- Erweiterungsinvestitionen traten (nicht zuletzt wegen des hohen Lohnniveaus) zugunsten von Rationalisierungsinvestitionen zurück.

Während man noch in den 60er-Jahren ***Wachstumsraten*** von (real) vier und mehr Prozent als „angemessen" ansah, ist man heute bereits mit Wachstumsraten von real 2–3 % recht zufrieden.
Die Bundesrepublik Deutschland benötigt ein angemessenes reales Wirtschaftswachstum, weil nur dann die anstehenden wirtschaftlichen und gesellschaftlichen Probleme und insbesondere die Verbesserung des Lebensstandards in den neuen Bundesländern gelöst werden können. Die deutsche Erwerbsbevölkerung nahm infolge längerer Ausbildung vor Eintritt in das Erwerbsleben, früherer Pensionierung und längerer durchschnittlicher Lebenserwartung in den letzten Jahren ständig zugunsten der noch nicht oder nicht mehr erwerbstätigen Bevölkerung ab (Schüler- und Rentnerberg). Diese Entwicklung wird sich fortsetzen. Deshalb könnte ohne Wirtschaftswachstum weder eine hinreichende Rente noch ein weit gehend kostenlos bereitgestelltes Bildungssystem finanziert werden. Auch die angestrebte gleichmäßigere Einkommens- und Vermögensverteilung, die Beseitigung der Arbeitslosigkeit und der Ausgleich der öffentlichen Haushalte sind ohne Wirtschaftswachstum nicht vorstellbar. Schließlich benötigen die entwickelten Volkswirtschaften auch Wirtschaftswachstum um einen Beitrag zur Beseitigung des Nord-Süd-Gefälles (Entwicklungshilfe) zu leisten.

Entstehungsrechnung
Wie in anderen entwickelten Volkswirtschaften ergab sich auch in Deutschland eine Verschiebung vom ***primären Sektor*** (Landwirtschaft, Forstwirtschaft, Fischerei, Bergbau), der in der Agrargesellschaft den Hauptanteil an der Erstellung des Sozialproduktes hatte, zugunsten des

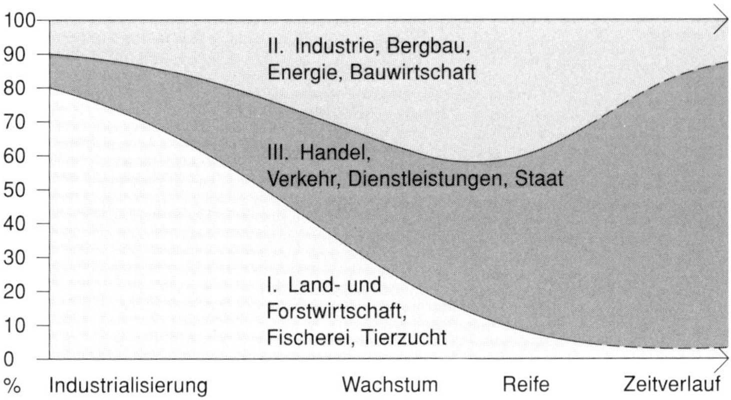

sekundären Sektors (Warenproduktion, Bau, Energiewirtschaft) in der Industriegesellschaft und schließlich zugunsten des ***tertiären Sektors*** (Handel und Verkehr, Dienstleistungen, Staat) in der Dienstleistungsgesellschaft. Diese Entwicklung wird sich in den nächsten Jahren fortsetzen.

Verteilungsrechnung

Der Anteil des Einkommens aus unselbstständiger Arbeit am Volkseinkommen, die so genannte Lohnquote, ist in der Bundesrepublik Deutschland zunächst ständig gestiegen, von 58,2 % im Jahre 1950 auf 76,9 % im Jahre 1982. Seitdem ist sie auf Werte unter 70 % zurückgegangen.

Da gleichzeitig die Zahl der Selbstständigen ständig abgenommen und die Zahl der Unselbstständigen entsprechend zugenommen hat, ist es nötig, die Lohnquote zu „bereinigen". Die ***bereinigte Lohnquote*** (Spalte 3 der Tabelle auf S. 116) gibt die Lohnquote an, die sich ergeben würde, wenn das zahlenmäßige Verhältnis zwischen Selbstständigen und unselbstständig Erwerbstätigen so geblieben wäre wie 1970 (= Basisjahr; hier stimmen die Werte in Spalte 2 und Spalte 3 überein).

Es zeigt sich, dass eine Einkommensumverteilung zugunsten der Arbeitnehmer nicht gelungen ist.

$$\text{Bereinigte Lohnquote} = \text{Lohnquote} \cdot \frac{\text{Anteil der Arbeitnehmer an den Erwerbstätigen im Basisjahr}}{\text{Tatsächlicher Anteil der Arbeitnehmer an den Erwerbstätigen}}$$

Verteilung des Volkseinkommens in %

(1) Jahr	(2) Lohnquote[3]	(3) Bereinigte Lohnquote	(4) Anteil der Arbeitnehmer an den Erwerbstätigen
1950[1]	58,2	71,0	68,4
1960	60,1	65,0	77,2
1970	68,0	68,0	83,4
1980	75,8	71,6	87,9
1990	69,6	64,9	89,5
1998[2]	68,2	64,4	88,3

[1] Werte für 1950 ohne Saarland und Berlin (West); nur bedingt vergleichbar mit den nachfolgenden Angaben.
[2] Vorläufiges Ergebnis, alte und neue Bundesländer.
[3] Anteil des Bruttoeinkommens aus unselbstständiger Arbeit am Volkseinkommen. Die (in der Tabelle fehlende) prozentuale Ergänzung der Lohnquote auf 100 % (= Volkseinkommen) betrifft die Bruttoeinkommen aus Unternehmertätigkeit und Vermögen.

Verwendungsrechnung

Die folgende Tabelle (s. S. 117) lässt erkennen, dass sich in der Verwendung des Bruttoinlandsprodukts seit 1960 Verschiebungen ergeben haben. Der private Verbrauch dominierte durchgängig mit ca. 54–57 %; der Staatsverbrauch stieg von rund 13 % auf 20 %; die Anlageinvestitionen schwankten – konjunkturabhängig – zwischen 20 % und 25 %; der Außenbeitrag war meist positiv, weil die Exporterlöse die Importzahlungen überstiegen. Die Tabelle lässt nicht erkennen, was sich an strukturellen Verschiebungen innerhalb der verschiedenen Bereiche ergab, z. B. bei den Anlageinvestitionen hinsichtlich des Verhältnisses der Erweiterungs- zu den Rationalisierungsinvestitionen.

Aus der Tabelle lässt sich auch nicht die ***Staatsquote*** ablesen. Als Staatsquote werden nämlich die Gesamtausgaben der öffentlichen Hand (einschließlich der Sozialversicherungsausgaben) in Prozent des Bruttoinlandsprodukts bezeichnet, nicht nur der staatliche Verbrauch. Die Staatsquote stieg von rund 34 % (1960) über 39 % (1970) auf 50 % (Anfang der 80er-Jahre). 1998 lag sie bei 48 %. Fast jede zweite in Deutschland ausgegebene Mark stammt inzwischen also aus staatlichen Kassen. Kritiker stellen die Frage, ob eine so hohe Staatsquote noch mit einer marktwirtschaftlichen Wirtschaftsordnung vereinbar ist.

Verwendung des Bruttoinlandsprodukts (in jeweiligen Preisen)

Jahr	Brutto-inlands-produkt	Privater Verbrauch	Staats-verbrauch	Anlage-investi-tionen	Vorrats-verän-derung	Außen-beitrag
	in % des Bruttoinlandsprodukts					
1960	100	56,7	13,3	24,3	3,0	2,6
1970	100	54,6	15,8	25,4	2,1	2,0
1980	100	56,7	20,2	22,5	0,8	– 0,5
1990	100	54,4	18,3	21,0	0,5	5,9
1998[1]	100	57,4	18,9	19,4	2,6	1,8

[1] Vorläufiges Ergebnis, alte und neue Bundesländer

9.5 Probleme des internationalen Vergleichs

Im wirtschaftlichen Wettbewerb der Gegenwart messen viele Staaten ihre Position und ihre Entwicklungschancen durch den Vergleich des Bruttoinlandsprodukts und seiner Wachstumsraten. Ein internationaler Vergleich des Bruttoinlandsprodukts ist aber nur bedingt möglich. Unter anderem sind die ***Ermittlungsgrundlagen,*** die Bedeutung der ***Schattenwirtschaft*** in den einzelnen Volkswirtschaften und das ***Ausmaß der Erwerbstätigkeit*** (z. B. der Frauen) sehr verschieden. Auch ist die ***Verteilung*** der Einkommen in verschiedenen Ländern sehr unterschiedlich, sodass man aus der Höhe des Bruttoinlandsprodukts (je Erwerbstätigen oder je Einwohner) allein noch nicht auf den durchschnittlichen Wohlstand der privaten Haushalte schließen kann. Schließlich muss man das Bruttoinlandsprodukt in ein und dieselbe Währung (z. B. US-Dollar) umrechnen; die ***Wechselkurse*** entsprechen aber nur bedingt der unterschiedlichen Kaufkraft und sind zum Teil starken Schwankungen unterworfen. Man verwendet stattdessen zur Umrechnung „Kaufkraftparitäten", d. h. international vergleichbare Warenkörbe. Das Schaubild auf S. 118 darf deshalb nur mit diesen Einschränkungen interpretiert werden.

Man versucht außerdem, neben dem Bruttoinlandsprodukt weitere ***Wohlfahrtsindikatoren*** heranzuziehen, z. B. die Kindersterblichkeit, die Bildungsbeteiligung der Jugendlichen, die Ausstattung der privaten Haushalte mit langlebigen Konsumgütern (Fernsehgeräten, Telefonen) u. a.

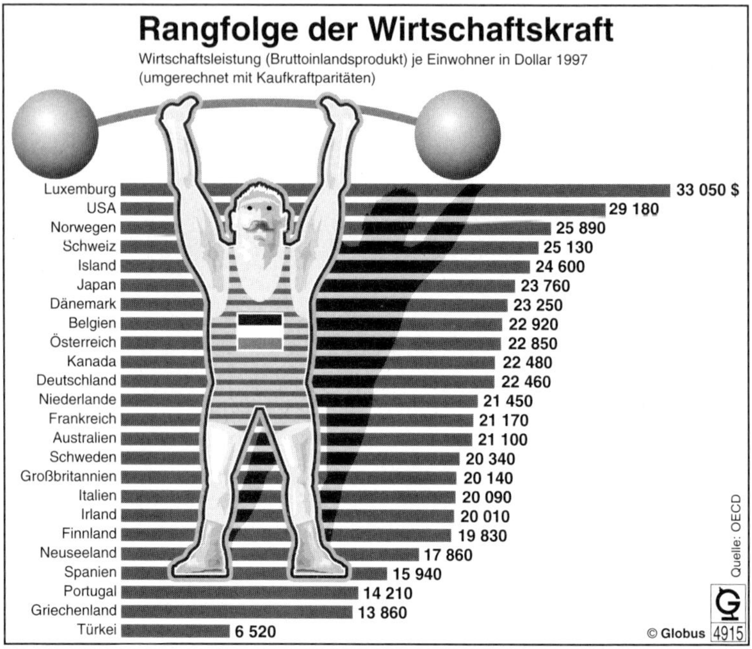
Rangfolge der Wirtschaftskraft
Wirtschaftsleistung (Bruttoinlandsprodukt) je Einwohner in Dollar 1997
(umgerechnet mit Kaufkraftparitäten)
Luxemburg 33 050 $
USA 29 180
Norwegen 25 890
Schweiz 25 130
Island 24 600
Japan 23 760
Dänemark 23 250
Belgien 22 920
Österreich 22 850
Kanada 22 480
Deutschland 22 460
Niederlande 21 450
Frankreich 21 170
Australien 21 100
Schweden 20 340
Großbritannien 20 140
Italien 20 090
Irland 20 010
Finnland 19 830
Neuseeland 17 860
Spanien 15 940
Portugal 14 210
Griechenland 13 860
Türkei 6 520
Quelle: OECD
© Globus 4915

10 Geld und Währung

10.1 Ursprung und Entwicklung des Geldes

Als ***Geld*** bezeichnet man das in einer Volkswirtschaft verwendete allgemeine ***Tauschmittel.*** Es dient in der Regel als ***Zahlungsmittel,*** als ***Recheneinheit*** (Wertmaßstab) und als ***Wertaufbewahrungsmittel*** (Wertspeicher).

Hortgeld

Lange Zeit glaubte man, Geld sei eine Erfindung des Menschen zur Vereinfachung des Warentausches (so ***Aristoteles,*** 384–322 v. Chr.), und später, die Anfänge des Geldes seien religiöser Art: Für Opfer an die Gottheit habe man Güter angesammelt, die dann auch bisweilen als Tauschmittel verwandt worden seien. Heute nimmt man an, dass der Ursprung des Geldes im gesellschaftlichen Bereich liegt: Man hortete Güter aus Geltungsstreben um seinen Reichtum zu zeigen. Im Vorderen Orient zum Beispiel maß man den Wohlstand einer Sippe an der Größe ihrer Herde (vgl. Altes Testament). Diese Güter – ***Hortgeld*** – dienten außerdem gelegentlich zu einseitigen Wertübertragungen wie Tributzahlungen, Auslösung von Gefangenen oder Gastgeschenken und entwickelten sich erst allmählich zu einem allgemeinen Tauschmittel.

Warengeld

Es gibt kaum eine Ware, die im Laufe der Menschheitsgeschichte nicht einmal als allgemeines Tauschmittel und damit als Geld gedient hätte. Bei vielen Völkern war Vieh Geld[1]. Anderes Warengeld: Gewürze, Waffen, Muscheln, Glasperlen.

Metallgeld

In den meisten Kulturen, z. B. in Mesopotamien schon um 3000 v. Chr., setzten sich allmählich Edelmetalle wie Gold und Silber als Geld durch. Vorteile des Edelmetalls:

- kleine Mengen verkörpern einen großen Wert;
- es ist nahezu unbegrenzt haltbar;
- es ist weit gehend teilbar;
- es lässt sich „standardisieren“, d. h., Metallbarren mit gleichem Gewicht und Feingehalt (Gehalt an reinen Edelmetallen in der Legierung) entsprechen einander vollständig.

[1] lat. pecus – Vieh; pecunia – (Vieh-)Geld; deutsches Lehnwort: Pfennig

Münzgeld

Um 800 v. Chr. begannen die Lyder damit, aus Edelmetall (Gold-Silber-Gemisch, sog. „Elektron“) Münzen zu prägen. Vorteil: Weitere Vereinfachung des Wirtschaftsverkehrs; es müssen bei einem Tausch nicht jeweils Gewicht und Feingehalt des Metalls neu bestimmt werden. Statt zu wiegen kann man abzählen.
Die staatliche Autorität beanspruchte schon früh das ***Münzregal***, d. h. das ausschließliche Recht Münzen zu prägen oder die Münzprägung zu beaufsichtigen und das Münzmetall, das Münzgewicht und die Stückelung festzulegen.

10.2 Geldarten und Geldmengen

Münzen

Bis in unser Jahrhundert hinein waren die Münzen vollwertig ausgeprägt: Der aufgeprägte Wert (Münzwert) entsprach dem Metallwert.
Dieses Geld nennt man ***Kurantgeld***. Unsere heutigen Münzen hingegen sind unterwertig ausgeprägt: Der Metallwert ist niedriger als der Münzwert. Diese Münzen heißen ***Scheidemünzen***. Die Herstellungskosten eines Fünfmark-Stückes betragen z. B. 27 Pf. Mit der Prägung eines jeden Fünf-Mark-Stückes z. B. werden also 4,73 DM verdient. Die Differenz zwischen dem Münzwert und dem niedrigeren Metallwert (+ Prägekosten) fließt dem Bund zu, bei dem das Münzregal liegt. Die Bundesregierung verkauft die in ihrem Auftrag geprägten Münzen zum vollen Münzwert an die Deutsche Bundesbank, die sie in Umlauf setzt. Auch die künftigen Euro- und Cent-Münzen werden ab Anfang 2002 über die nationalen Zentralbanken in Umlauf gesetzt werden.
Scheidemünzen dienen nur noch als Klein- und Wechselgeld. Nach dem Münzgesetz brauchen auf Pfennig lautende Münzen (1-, 2-, 5-, 20-, 50-Pfennig-Stücke) nur bis zur Höhe von 5 DM und auf DM lautende Münzen nur bis zur Höhe von 20 DM als Zahlungsmittel angenommen zu werden. Lediglich die öffentlichen Kassen sind unbegrenzt annahmepflichtig.

Banknoten

Die Scheidemünzen und das von der Deutschen Bundesbank und ab 2002 von der Europäischen Zentralbank ausgegebene Papiergeld (Banknoten) bilden zusammen das ***Bargeld***.

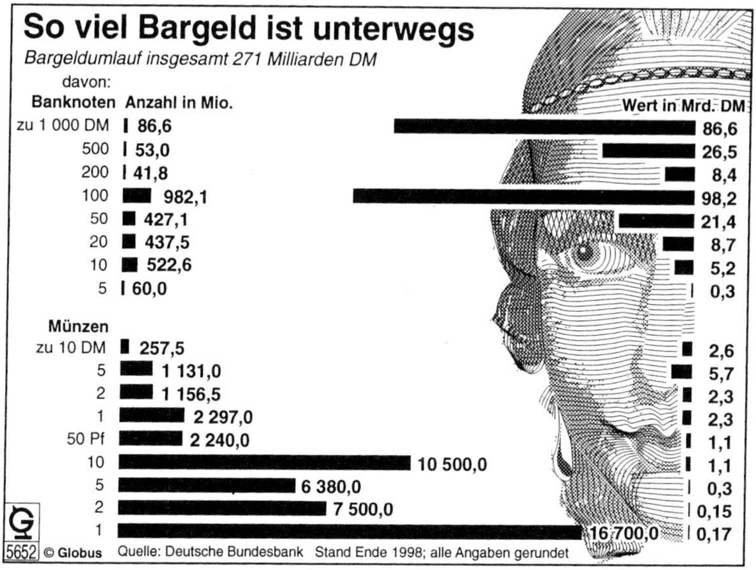

Bargeldumlauf am 31. Dezember 1998
15,6 Milliarden DM Münzen
255,4 Milliarden DM Banknoten

Umlaufverhältnis
Münzen : Banknoten = 1:16

Ab 1. Januar 2002 werden an die Stelle der DM-Noten Euro-Banknoten treten, die dann von der Europäischen Zentralbank, Frankfurt (Main), ausgegeben werden.

Das Papiergeld entstand zu Beginn der Neuzeit dadurch, dass (insbesondere in Italien) Goldschmiede „Hinterlegungsscheine" als Quittungen für erhaltene Münzen ausgaben. Nachdem sie feststellten, dass nicht alle Hinterleger gleichzeitig erschienen um ihre Quittungen in Münzen einzulösen, begannen sie, mehr Scheine auszugeben, als „Deckung" vorhanden war. Diese „Geld-" oder „Kreditschöpfung" ist die Geburtsstunde des ***echten*** Papiergeldes.

Auch unsere heutigen Banknoten sind echtes Papiergeld, d. h. sie sind nicht mehr in Gold einlösbar. Der Gesetzgeber hat sie zum endgültigen gesetzlichen Zahlungsmittel erklärt, das jedermann in unbegrenzter Höhe als Schuldentilgungsmittel annehmen muss.

Buchgeld

Der größte Teil des Güteraustausches in einer Volkswirtschaft vollzieht sich ***bargeldlos***. Auf Bankkonten befinden sich Guthaben, die durch Zahlungsaufträge der Konteninhaber verringert und auf andere Bankkonten umgebucht werden, sodass z. B. für die Bezahlung einer Rechnung durch Überweisungsauftrag oder Scheck kein Bargeld erforderlich ist. Diese Guthaben sind stofflose Zahlungsmittel; man nennt sie ***Buch***- oder ***Giralgeld***.

Die deutschen Kreditinstitute führen ihre Kundenkonten ab 1. Januar 1999 wahlweise in DM oder in Euro. Ab 1. Januar 2002 werden alle Konten dann in Euro geführt. Die Einzelhandelsgeschäfte zeichnen ihre Waren doppelt, in DM und in Euro, ab 1. Januar 2002 nur noch in Euro aus.

Geldarten

- Geld
  - Buchgeld (Giralgeld)
  - Bargeld
    - Banknoten (gesetzliches Zahlungsmittel)
    - Scheidemünzen (Wechselgeld)

Geldmenge

Die Kreditinstitute führen unterschiedliche Kundenkonten, nämlich

- Girokonten, auf denen sich ***Sichteinlagen*** befinden (sofern sie nicht überzogen sind, d. h. sofern kein Kredit in Anspruch genommen wurde),
- Festgeldkonten, auf denen sich ***Termineinlagen*** befinden, d. h. Gelder, die für eine bestimmte Frist (z. B. 30 Tage, 3 Monate, 1 Jahr) festgelegt wurden und
- Sparkonten, auf denen sich ***Spareinlagen*** befinden, teils mit dreimonatiger Kündigungsfrist (Abhebungen bis zu 3000 DM innerhalb eines Kalendermonats ohne Kündigung), teils mit längerer Kündigungsfrist (z. B. 1 Jahr oder 4 Jahre).

Je nachdem, welche Einlagen man zum Buchgeld hinzurechnet, kommt man zu unterschiedlichen Geldmengen.

Geldmenge M 1
= Bargeld (ohne Kassenbestände der Kreditinstitute)
+ Sichteinlagen inländischer Nichtbanken (ohne Einlagen der öffentlichen Haushalte bei der DBB)

Das Bargeld in den Kassen der Kreditinstitute, die Einlagen Gebietsfremder und die Einlagen der öffentlichen Hand bleiben unberücksichtigt, da dieses Geld im Inland nicht nachfragewirksam wird.

Geldmenge M 2
= Geldmenge M 1
+ Termineinlagen inländischer Nichtbanken (Laufzeit bis zu 4 Jahren)

In diesen erweiterten Geldmengenbegriff werden die genannten Termineinlagen einbezogen, weil über sie (unter Inkaufnahme eines Zinsverlustes) vorzeitig nachfragewirksam verfügt werden kann.

Geldmenge M 3
= Geldmenge M 2
+ Spareinlagen inländischer Nichtbanken mit dreimonatiger Kündigungsfrist

Dies ist der weiteste Geldmengenbegriff. Auch über diese Spareinlagen kann in der Regel vorzeitig (evtl. unter Inkaufnahme eines Vorschusszinses) nachfragewirksam verfügt werden.

10.3 Geldschöpfung und Geldvernichtung

Schöpfung und Vernichtung von Bargeld
Bargeld wird geschaffen, d. h. dem Wirtschaftskreislauf zugeführt, indem die Zentralbank (Deutsche Bundesbank; ab 1. Januar 2002 die Europäische Zentralbank) Noten und/oder Münzen in Umlauf setzt; es wird vernichtet, d. h. dem Wirtschaftskreislauf entzogen, wenn Noten und/oder Münzen zu ihr zurückfließen. Anders gesagt: Wenn ein Kunde einer Landeszentralbank (LZB = Niederlassung der Deutschen Bundesbank) Bargeld von seinem Konto abhebt, vergrößert sich der Bargeldumlauf, zahlt er Bargeld auf sein LZB-Konto ein, so wird der Bargeldumlauf wieder niedriger. Kunden der Landeszentralbanken sind vor allem die Banken und Sparkassen; ferner unterhalten die „öffentliche Hand“ (Bund, Länder, sonstige Körperschaften des öffentlichen Rechts) und große Unternehmungen LZB-Konten.

LZB-Kunden können nicht in beliebiger Höhe Bargeld abheben, sondern nur im Rahmen ihres Guthabens. Letztlich hängt die Bargeldschöpfung (und -vernichtung) davon ab, inwieweit die Zentralbank bereit ist, an Geschäftsbanken Kredite einzuräumen oder die Verfügungsmöglichkeiten ihrer Bankkunden dadurch zu erhöhen, dass sie Vermögenswerte (Handelswechsel, Wertpapiere, Gold, Devisen) ankauft oder beleiht und den Gegenwert dem Konto des Verkäufers gutschreibt.

Schöpfung von Buchgeld
Buchgeld wird nicht nur von der Zentralbank, sondern auch von allen Sparkassen und Banken geschaffen. Dies ist möglich, weil die Kreditinstitute damit rechnen können, dass nicht alle Konteninhaber zur gleichen Zeit in voller Höhe über ihr Guthaben ***bar*** verfügen wollen, denn der größte Teil der Zahlungen wird ***bargeldlos*** getätigt. Deshalb sind sie in der Lage, den größten Teil ihrer Einlagen als Kredit auszuleihen. Wenn die Kreditnehmer über ihre eingeräumten Kredite ***bargeldlos*** verfügen, so entstehen bei der gleichen Bank oder bei anderen Kreditinstituten neue Einlagen (z. B. durch die Gutschrift von Überweisungen des Kreditnehmers). Diese werden wiederum zum großen Teil als Kredit ausgeliehen usw. Die Möglichkeiten auf diese Weise Buchgeld zu schaffen, werden vor allem begrenzt durch die Bestimmungen der Europäischen Zentralbank darüber, welcher Anteil der Einlagen jeweils (als Mindestreserve) an die Zentralbank abzuführen ist (s. S. 140), und durch die Zahlungssitten, d. h. den Anteil der Barzahlungen an den Zahlungsvorgängen.

10.4 Währung

Als ***Währung*** bezeichnet man die ***Geldverfassung eines Landes,*** die in Gesetzen, vor allem im Notenbankgesetz, niedergelegt ist und im Einzelnen Folgendes regelt:
- die ***Geldeinheit*** (z. B. Euro, $, £);
- die ***Stückelung*** (z. B. 1 Euro = 100 Cent);
- die ***Ausgabeberechtigung*** (z. B. Ausgabe der Noten und Münzen ab 1. Januar 2002 durch die Europäische Zentralbank über die nationalen Zentralbanken);
- etwaige ***Bindungen und Begrenzungen*** der Bargeld- und Buchgeldschöpfung.
- Ferner wird verfügt, dass das Bargeld (Banknoten unbegrenzt, Scheidemünzen begrenzt) allgemein als ***gesetzliches Zahlungsmittel*** angenommen werden muss.

Der Wirtschaftsablauf kann nur funktionieren, wenn die Währung in Ordnung ist.
Während früher (in Deutschland bis 1914) die Währung meist an ein Edelmetall als ***Deckung*** gebunden war – die Zentralbank durfte nur so viele Banknoten ausgeben, wie Gold vorhanden war –, sind inzwischen alle entwickelten Volkswirtschaften zur ***freien Währung*** übergegangen, bei der es keine Deckungsvorschriften mehr gibt. Hier besteht die Möglichkeit und Notwendigkeit der Geldpolitik, die darauf gerichtet ist, den Geldwert, d. h. die Kaufkraft des Geldes, möglichst stabil zu halten.

10.5 Der Wert des Geldes

Binnenwert (Wert des Euro in „Euroland")
Geld – insbesondere in seiner heutigen stoffarmen oder stofflosen Form – besitzt keinen Wert an sich. Papier kostet nicht viel! Wert gewinnt das bedruckte Papier, das man Geld nennt – auch das Guthaben oder der eingeräumte Kredit auf dem Bankkonto (Buchgeld) –, erst dadurch, dass man sich dafür etwas kaufen kann. Für ***Geldwert*** kann man deshalb auch ***Kaufkraft*** sagen. Ob man heute mehr oder weniger für „sein Geld" bekommt als vor drei Jahren, hängt von der Entwicklung der Güterpreise ab. Sind die Preise allgemein gestiegen – man sagt dann: das ***Preisniveau*** ist gestiegen –, so ist die Kaufkraft des Geldes gesunken: Bei höheren Preisen bekommt man für sein Geld weniger als vorher. Sind die Preise allgemein gefallen – man sagt dann: das ***Preisniveau*** ist gefallen –, so ist die Kaufkraft des Geldes gestiegen: Bei niedrigeren Preisen kann man für „sein Geld" mehr kaufen als vorher.

Ist das Geld heute mehr oder weniger wert als vor drei Jahren? Hätte man für die Entwicklung des Preisniveaus in dieser Zeit genaue Angaben, so könnte man die Frage beantworten. Praktisch ist es unmöglich, zur Errechnung des Preisniveaus die Preise ***aller*** (unzähligen) Güter einer Wirtschaft zu berücksichtigen. Man hilft sich damit, dass man den üblichen Verbrauch typischer Haushalte, z. B. von Vier-Personen-Arbeitnehmerhaushalten mit mittlerem Einkommen (Haushaltstyp 2, s. S. 30), erfasst. Den Gesamtpreis dieses „Warenkorbes" setzt man gleich hundert. Man hat damit eine Vergleichszahl. Verfolgt man die Preisentwicklung aller Güter des Warenkorbes (manche Güter werden teurer, manche billiger), so kann man zu einem späteren Zeitpunkt eine neue Vergleichszahl bilden, welche auf die erste bezogen wird. Auf diese Weise erhält man den ***Preisindex für die Lebenshaltung***.

Im internationalen Vergleich waren und sind die Preissteigerungsraten in der Bundesrepublik Deutschland relativ niedrig.
Neben dem Preisindex für die Lebenshaltung werden zahlreiche weitere Indizes aufgestellt, so z. B.

- Indizes für Auftragseingänge,
- Indizes für Einzelhandelsumsätze,
- Indizes für Erzeugerpreise landwirtschaftlicher Produkte,
- Baupreisindex für Wohngebäude.

Die Preisindizes für die Lebenshaltung der elf Mitgliedsländer der Europäischen Wirtschafts- und Währungsunion (s. S. 131) werden zu einem ***Harmonisierten Verbraucherpreisindex*** zusammengefasst. An diesem orientiert sich die Europäische Zentralbank bei ihren geldpolitischen Maßnahmen (s. S. 138 ff.).

Im folgenden Schaubild ist der „Wettlauf" der Preise mit den Löhnen seit 1980 dargestellt. Es wird erkennbar, dass die Kaufkraft der Arbeitnehmer in den meisten Jahren zugenommen hat.

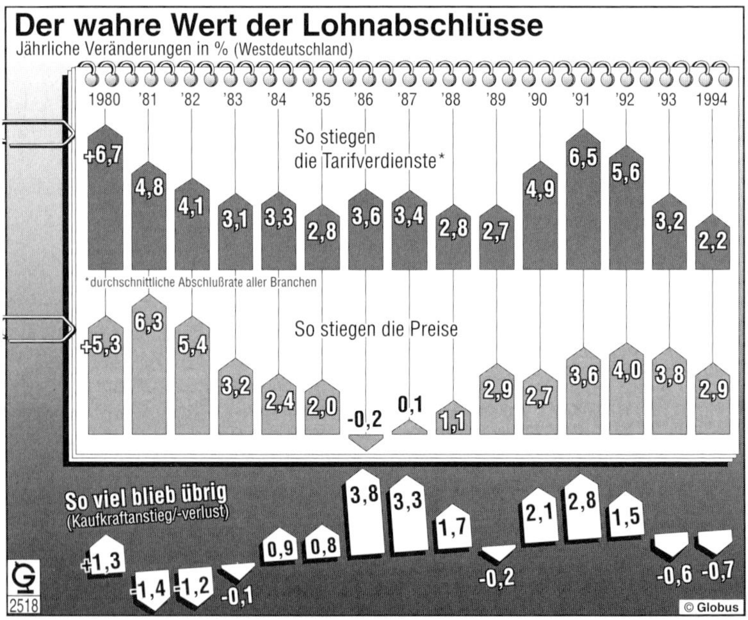

Der Zusammenhang zwischen Geldmenge und Geldwert

In der ***Quantitätstheorie des Geldes*** hat man einen direkten Zusammenhang zwischen ***Geldmenge*** und ***Geldwert*** behauptet: Eine Verdoppelung der Geldmenge führe auch zu einer Verdoppelung der Nachfrage nach Gütern und damit (bei gleichem Angebot) zu einer Verdoppelung des Preisniveaus (= Halbierung des Geldwertes).

Beispiel: Wenn die Geldmenge von 100 Euro zehn Einheiten eines Gutes gegenübersteht, ergibt sich ein Stückpreis von 100 : 10 = 10 Euro. Verdoppelt sich nun bei gleich bleibendem Güterangebot die nachfragewirksame Geldmenge auf 200 Euro, so ergibt sich ein Stückpreis von 200 : 10 = 20 Euro.

Inzwischen weiß man, dass dieser einfache Zusammenhang nicht der Wirklichkeit entspricht.

- Eine Verdoppelung der Geldmenge muss nicht zu einer Verdoppelung der Nachfrage führen, denn die Einkommensbezieher können einen Teil des Mehreinkommens sparen oder vorübergehend als Bargeld halten.
- Eine Erhöhung der Nachfrage (infolge gestiegenen Geldvolumens) führt dann nicht zu einem Preisanstieg, wenn auf der Anbieterseite Unterbeschäftigung herrscht, d. h. ungenutzte Kapazitäten (Maschinen) vorhanden sind. Vielmehr wird dann die steigende Nachfrage eine bessere Auslastung der Kapazitäten und damit ein höheres Angebot bewirken.
- Man darf die ***Umlaufgeschwindigkeit*** des Geldes nicht unberücksichtigt lassen: Ein und derselbe Hundert-Euro-Schein kann z. B. an einem Tag zweimal nachfragewirksam werden; das bedeutet das Gleiche, als wenn zwei Hundert-Euro-Scheine nur einmal als Nachfrage am Markt erscheinen. Eine Verkürzung der Zeit, in der das Geld seinen Besitzer wechselt, bewirkt also das Gleiche wie eine Erhöhung der umlaufenden Geldmenge.

Bereits zu Beginn des 20. Jahrhunderts formulierte Irving ***Fisher*** (1867–1947) die Grundzüge der Quantitätstheorie, indem er die folgende so genannte ***Verkehrsgleichung*** darstellte:

Handelsvolumen (H)[1] · Preisniveau (G) = Geldmenge (G) · Umlaufgeschwindigkeit des Geldes (U)

Löst man diese Gleichung nach P auf, dann ergibt sich $P = \frac{G \cdot U}{H}$

[1] Handelsvolumen = Summe der in einer Volkswirtschhaft in einer Periode am Markt gegen Geld getauschten Güter.

Unterstellt, dass die Umlaufgeschwindigkeit des Geldes und das Handelsvolumen sich kurzfristig wenig verändern, dann wird doch wieder der enge Zusammenhang zwischen Preisniveau (und damit dem Geldwert) und der Geldmenge erkennbar.

Außenwert (Wert des Euro außerhalb des „Eurolandes")
Es gibt keine Währung, die in allen Volkswirtschaften Gültigkeit hat. Für den internationalen Zahlungsverkehr muss deshalb Geld des einen Landes[1] in das eines anderen Landes umgetauscht werden. Das Austauschverhältnis zwischen verschiedenen Währungen heißt ***Wechselkurs*** (oder Devisenkurs), und zwar nicht, weil man eine Geldart in die andere umwechselt, sondern weil der internationale Zahlungsverkehr früher überwiegend mithilfe von Wechseln durchgeführt wurde. In der Umgangssprache nennt man häufig alle ausländischen Zahlungsmittel Devisen. In der Fachsprache unterscheidet man zwischen ***Devisen*** (Buchgeld in ausländischer Währung) und ***Sorten*** (ausländisches Bargeld).
Bis zum 31. 12. 1998 gab in Deutschland der Wechselkurs zumeist an, was 100 Einheiten einer ausländischen Währung in DM kosteten. (Wichtige Ausnahmen: Beim britischen Pfund und beim US-Dollar auf 1 Einheit, bei der italienischen Lira auf 1000 Einheiten bezogen.) Man nennt diese Art, den Wechselkurs auszudrücken, ***Preisnotierung***. Die folgende Tabelle beruht auf dieser Preisnotierung.

Wechselkurse (Preisnotierung)			Jahresdurchschnitt 1998
Land	**Ausländische Währung**		**Preis in DM**
Belgien	100 bfrs	(belgische Francs)	4,85
Dänemark	100 dkr	(dänische Kronen)	26,26
Frankreich	100 FF	(französische Francs)	29,83
Großbritannien	1 £	(Pfund Sterling)	2,91
Italien	1000 Lit	(ital. Lire)	1,01
Japan	100 Y	(Yen)	1,35
Niederlande	100 hfl	(holl. Gulden)	88,71
Österreich	100 S	(österr. Schillinge)	14,21
Portugal	100 Esc	(Escudos)	0,98
Schweiz	100 sfrs	(Schweizer Franken)	121,41
Spanien	100 Ptas	(Pesetas)	1,18
USA	1 $	(US-Dollar)	1,76

[1] Mit Land ist auch „Euroland" gemeint

Seit dem 1. Januar 1999 bezieht man die Wechselkurse auf 1 Euro, d. h. man gibt an, wie viel ausländische Währungseinheiten man für einen Euro erhält. Man nennt diese Art, den Wechselkurs auszudrücken, ***Mengenorientierung***.

Preisnotierung:
100 (oder 1 oder 1000) Einheiten der ausländischen Währung (z. B. 100 dkr) kosten in inländischer Währung .... (z. B. 26,26 DM)
Mengennotierung:
1 inländische Währungseinheit (z. B. 1 EUR) entspricht .... ausländischen Währungseinheiten (z. B. 1,03 $).

Wechselkurse (Mengennotierung)		Kurse am 6. Februar 1999
Land	**Ausländische Währung**	**Gegenwert in Euro**
Dänemark	dänische Kronen	7,43
Großbritannien	Pfund Sterling	0,69
Japan	Yen	131,82
Schweiz	Schweizer Franken	1,60
USA	US-Dollar	1,12

Der Wechselkurs bildet sich wie die übrigen Preise aus Angebot und Nachfrage.
Wenn z. B. der Dollarkurs des Euro von 1,18 auf 1,04 fällt, so heißt das, dass die Amerikaner (z. B. auch die amerikanischen Importeure und Europareisenden) rd. 12 % weniger für einen Euro aufwenden müssen. Die Importe aus Euroland und die Europareisen werden mithin billiger.

Umgekehrt müssen europäische Importeure bei dieser Kursentwicklung mehr Euro aufwenden um z. B. für 10 000 $ Waren in den USA einkaufen zu können. Für europäische USA-Reisende steigen die Reisekosten ebenfalls um rd. 12 %; denn um 1,18 $ zu erhalten, müssen sie jetzt nicht mehr 1 Euro, sondern (beim Dollarkurs von 1,04) 1,12 Euro aufwenden.

Bei Preisnotierung gilt also:
Ein sinkender Wechselkurs bedeutet eine Abwertung des Euro (= eine Aufwertung der ausländischen Währung).
Ein steigender Wechselkurs bedeutet eine Aufwertung des Euro (= eine Abwertung der ausländischen Währung).

Der Internationale Währungsfonds

Die Bundesrepublik ist, wie die übrigen EU-Länder, Mitglied des ***Internationalen Währungsfonds*** (IWF). Bis zum März 1973 waren die Kurse der Währungen aller IWF-Mitglieder untereinander starr. Die Währung, auf die alle Kurse bezogen wurden (***Leitwährung***), war der US-Dollar. Dieser war seinerseits an das Gold gebunden. Mehrfach musste die Bundesregierung die DM aufwerten, um zu verhindern, dass Devisen in großem Umfang in die Bundesrepublik strömten.
Seit März 1973 besteht die Bindung der übrigen Währungen an den US-Dollar nicht mehr. Der Dollar-Kurs ist ***frei*** (***flexibel***); die übrigen Währungen ***floaten*** gegenüber dem Dollar.

Die Europäische Wirtschafts- und Währungsunion

Auf der Grundlage des Vertrages von Maastricht (Niederlande) wurde zum 1. Januar 1999 die Europäische Wirtschafts- und Währungsunion gegründet.
Dieser Union gehören elf der 15 EU-Mitgliedsländer an. Dänemark, Großbritannien und Schweden wollen bis auf weiteres nicht an der Wirtschafts- und Währungsunion teilnehmen, Griechenland erfüllte die so genannten Konvergenzkriterien nicht und kann deshalb noch nicht teilnehmen (siehe Abb. auf S. 133).
Seit dem 1. Januar 1999 haben die elf Mitgliedsländer der Europäischen Wirtschafts- und Währungsunion eine gemeinsame Währung, den Euro. Ein Euro besteht aus 100 Cent.
Bis zum 31. Dezember 2001 gibt es den Euro nur als Buchgeld. Als Bargeld laufen die elf nationalen Währungen weiter um. Sie sind jedoch nur noch unterschiedliche Erscheinungsformen des Euro, denn ihre Wechselkurse sind mit dem Euro und damit auch untereinander unwiderruflich festgelegt.
Ab 1. Januar 2002 gibt es den Euro auch als Bargeld und spätestens bis zum 30. Juni 2002 werden die nationalen Banknoten aus dem Verkehr gezogen. Mit der Errichtung der Europäischen Wirtschafts- und Währungsunion und ihrer gemeinsamen Währung sind die Mitgliedsländer wirtschaftlich aufs Engste miteinander verbunden. Sie sind quasi zu einer Volkswirtschaft mit 290 Millionen Einwohnern zusammengewachsen. (Zum Vergleich: Die USA haben knapp 280 Millionen, Japan hat knapp 130 Millionen Einwohner.) Das bedeutet z. B. für Deutschland, dass rund 45 % des bisherigen Außenhandels zum Binnenhandel ohne Wechselkursrisiken wird.
Man nennt die Europäische Wirtschafts- und Währungsunion zu Recht (etwas scherzhaft) „Euroland". Euroland ist nach den USA und vor Japan

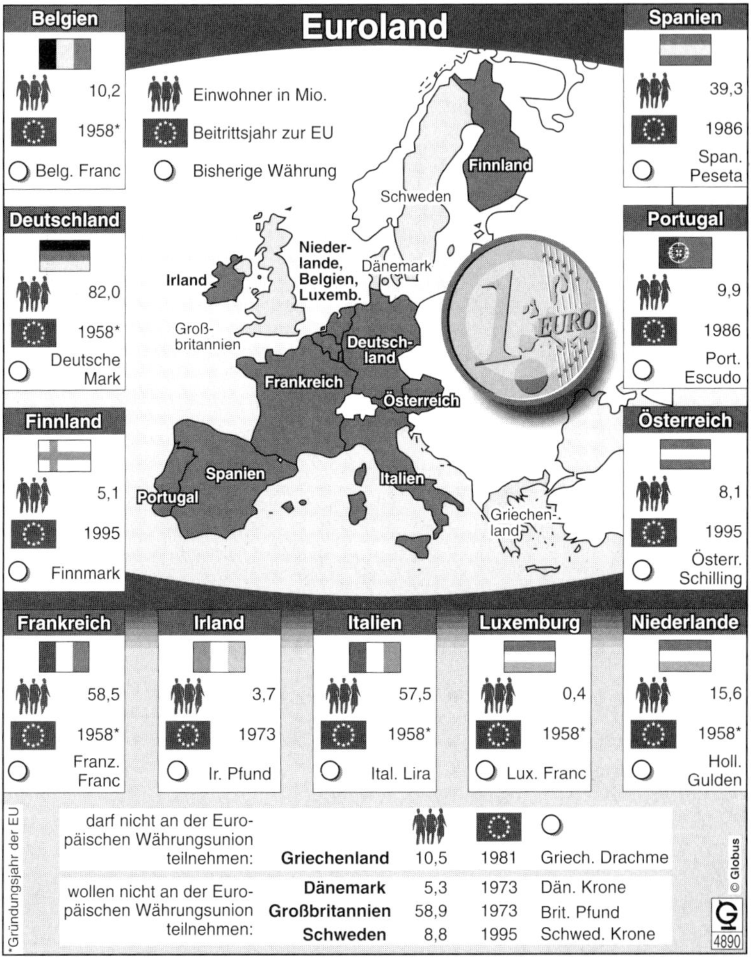

die zweitgrößte Wirtschaftsmacht der Welt. Das Bruttoinlandsprodukt des Eurolands beträgt 80 % des US-amerikanischen und 150 % des japanischen Bruttoinlandsprodukts.

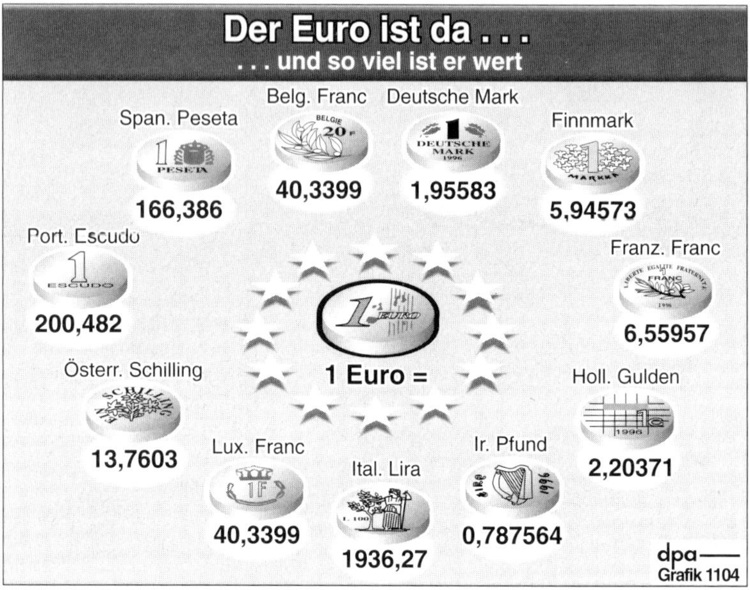

Die Europäische Wirtschafts- und Währungsunion soll eine Stabilitätsgemeinschaft sein. Deshalb wird verständlich, dass nur Mitglied werden konnte, wer (1997) bestimmte Konvergenzkriterien erfüllte oder erwarten ließ, dass diese in absehbarer Zeit erfüllt werden. Von den Mitgliedsländern wird außerdem erwartet, dass sie auch auf Dauer Stabilitätspolitik betreiben.

Bei der Entscheidung über die Mitgliedschaft oder Nicht-Mitgliedschaft im Mai 1998 wurden folgende ***Konvergenzkriterien*** (jeweils für 1997) berücksichtigt:

- Der Anstieg des Preisniveaus durfte höchstens 2,7 % betragen.
- Der langfristige Kapitalmarktzinssatz durfte höchstens 7,8 % betragen.
- Das Staatsdefizit durfte höchstens 3 % des Bruttoinlandsprodukts ausmachen.
- Die Verschuldung der öffentlichen Hand durfte höchstens 60 % des Bruttoinlandsprodukts betragen.

Die drei ersten Kriterien wurden von allen heutigen Mitgliedsländern der Europäischen Wirtschafts- und Währungsunion erfüllt. Das folgende Schaubild zeigt, dass das Staatsschulden-Kriterium überwiegend nicht eingehalten werden konnte. Belgien und Italien lagen besonders weit über der 60 %-Grenze.

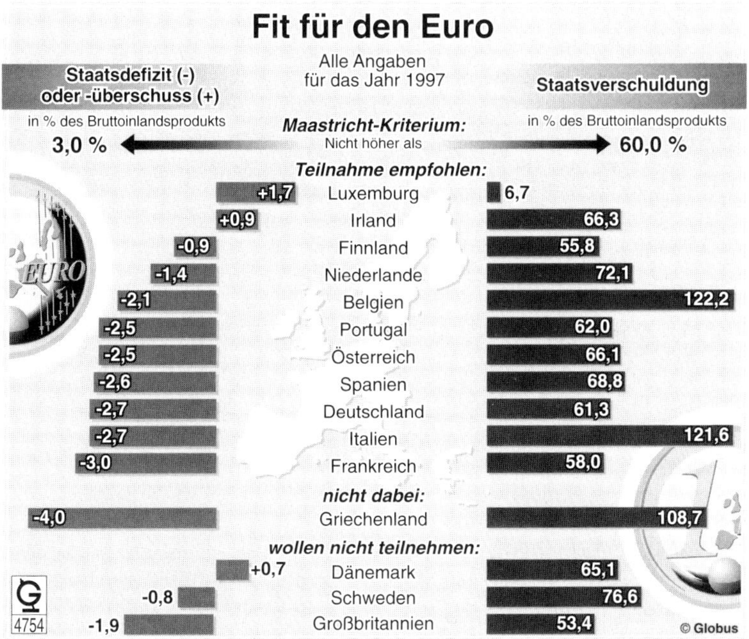

Die zentrale Einrichtung der Europäischen Wirtschafts- und Währungsunion ist die ***Europäische Zentralbank***, die zum 1. Juni 1998 in Frankfurt (Main) errichtet wurde. Sie ist ab 1. Januar 1999 für die Geldpolitik und damit für die Stabilität des Euro verantwortlich (s. S. 138 ff.). Sie ist nach dem Vorbild der Deutschen Bundesbank als weisungsunabhängige Zentralbank errichtet worden. Ab dem 1. Januar 2002 wird sie auch als Notenbank die Euro-Banknoten ausgeben.

Zusammenhang zwischen Binnenwert und Außenwert

In den verschiedenen Ländern herrschen im Allgemeinen unterschiedliche Preissteigerungsraten. Diese unterschiedlichen Veränderungen des Binnenwertes der Währungen führen auch zur Veränderung der Wechselkurse, d. h. des Außenwertes.

Für die Geldströme, die ständig aus vielfältigen Gründen international fließen, sind Verschiebungen des Außenwertes der Währungen von großer Bedeutung. Solche Geldströme fließen nicht nur im Zusammenhang mit Warenexport und -import, sondern z. B. beim Reiseverkehr, als Kapitalanlage oder auch – als „hot money" – aus spekulativen Erwägungen, d. h. in der Absicht aus Wechselkursänderungen Gewinne zu erzielen.
Binnenwert und Außenwert einer Währung sind voneinander abhängig. Im Folgenden wird der Zusammenhang zwischen Binnenwert und Außenwert einer Währung an einem einfachen Beispiel erläutert.
Beispiel: Das Preisniveau steigt im Ausland schneller als in „Euroland". Dann wird es für die Ausländer – bei gleichem Wechselkurs – zunehmend interessanter, in „Euroland" zu kaufen.

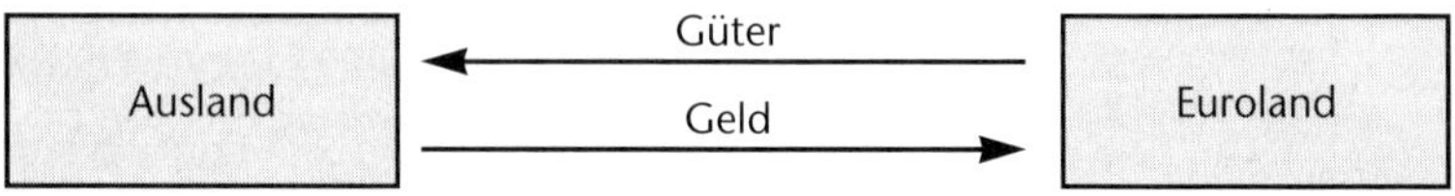

1. Wirkung:
Aus dem Ausland setzt verstärkte Nachfrage nach Euro-Gütern ein. Das Güterangebot in „Euroland" nimmt entsprechend ab.
2. Wirkung:
Die Euro-Güterexporteure bieten ihre Exporterlöse an den Devisenbörsen an.
3. Wirkung:
Das steigende Angebot an Devisen führt dazu, dass der Außenwert des Euro steigt (= Abwertung der ausländischen Währung/Aufwertung des Euro). Damit wird es für die Ausländer zunehmend uninteressant, in „Euroland" zu kaufen.
Ergebnis (bei flexiblen Wechselkursen):
Unterschiedliche Preisentwicklungen werden durch Wechselkursänderungen ausgeglichen.

10.6 Inflation und Deflation

Unter ***Inflation*** versteht man eine Zeit allgemein und dauerhaft steigender, unter ***Deflation*** eine Zeit allgemein und dauerhaft sinkender Güterpreise.
Das Wort Inflation stammt vom lateinischen „inflare" (aufblasen, anfachen) und wurde erstmals im amerikanischen Bürgerkrieg (1861–1865)

verwandt, wo es zu erheblichen Preissteigerungen aufgrund einer starken Vermehrung der Geldmenge gekommen war. Je nach den Ursachen und Erscheinungsformen unterscheidet man verschiedene Arten der Inflation. Gemeinsam ist ihnen, dass die geldmäßige Gesamtnachfrage nach Gütern in einer Volkswirtschaft größer ist als das Gesamtangebot, sodass zwischen Angebot und Nachfrage kein Gleichgewicht, sondern Nachfrageüberhang besteht.

Ursachen

Die Ursachen einer Inflation liegen selten in einem Rückgang des gesamten Güterangebots; vielmehr sind sie in der Regel darin zu suchen, dass die gesamte geldmäßige Nachfrage nach Gütern schneller steigt als das Angebot. Die zu starke Nachfrage kann dabei von privaten inländischen Wirtschaftseinheiten (Haushalten und Unternehmungen), von der öffentlichen Hand oder vom Ausland ausgehen. Je nachdem, wo die Ursachen liegen, kann man z. B. ***Budgetinflationen*** (Geldmengenvermehrung zum Ausgleich defizitärer Staatshaushalte), ***Kosteninflation*** („Weiterwälzen" gestiegener Kosten, z. B. Löhne, durch Unternehmungen auf die Abnehmer der erzeugten Güter) und ***importierte Inflation*** (starkes Ansteigen der Preise von Importgütern) unterscheiden.
In den 70er-Jahren hat insbesondere der starke Anstieg der Rohölpreise inflationierend gewirkt. Dadurch wurden nicht nur Heizöl und Benzin teurer, sondern viele Wirtschaftszweige beruhen auf Öl als Energiequelle und Rohstoff (z. B. die Kunststoffindustrie) und versuchten, die Preise für ihre Produkte den gestiegenen Kosten anzupassen.
Die Anhebung der Ölpreise, die 1973/74 und 1979/80 besonders stark war, hat zugleich zur wirtschaftlichen Rezession geführt, weil die gestiegenen Preise vielfach nicht ohne weiteres „am Markt" weitergegeben, d. h. in die Preise, die die betroffenen Unternehmungen für ihre Güter forderten, einkalkuliert und erlöst werden konnten.
Inflationen sind meist nicht auf ***eine*** Ursache, sondern auf mehrere Ursachen zurückzuführen. Die politischen Parteien streiten dann häufig darüber, welches die Hauptursachen sind.
Eine Sonderform der Kosteninflation ist die ***Lohninflation.*** Unter der Bezeichnung ***Lohn-Preis-Spirale*** wird den Gewerkschaften vorgeworfen, die Durchsetzung überhöhter Lohnforderungen verursache den Preisanstieg, da die Unternehmer gezwungen würden, die gestiegenen Lohnkosten im Preis weiterzugeben. Die Gewerkschaften sprechen eher von der ***Preis-Lohn-Spirale,*** um auszudrücken, das gestiegene Preisniveau habe sie zu ihren Lohnforderungen veranlasst um ein Absinken des Lebensstandards

der Arbeitnehmer zu verhindern. Fest steht, dass sich in der Vergangenheit die Löhne und die Preise oft gegenseitig „in die Höhe schaukelten“ und dass daneben auch noch eine ***Preis-Preis-Spirale*** (Preiserhöhungen des „Marktführers“ veranlassen Preiserhöhungen seiner Konkurrenten) und eine ***Lohn-Lohn-Spirale*** (Gewerkschaften orientieren sich bei ihren Lohnforderungen an den Forderungen der „Spitzenreitergewerkschaft“) besteht.

Erscheinungsformen

Man unterscheidet zwischen ***offenen*** und ***verdeckten*** (zurückgestauten) ***Inflationen.***

Bei der ***offenen Inflation*** steigen die Marktpreise der Güter für jeden erkennbar an.

Von der ***verdeckten Inflation*** spricht man, wenn ein allgemeiner Lohn-, Preis-, Zins- und Mietstopp besteht, sodass der Nachfrageüberhang sich auf das Preisniveau nicht auswirken kann. Diese Art der verdeckten Inflation herrschte in Deutschland von 1945 (eigentlich schon seit etwa 1937) bis 1948. Dem Missverhältnis zwischen Angebot und Nachfrage versuchte man durch Rationierung und Zuteilung (Bezugsscheine; Lebensmittelkarten) Herr zu werden. Auf dem „schwarzen Markt“ war der Grad der Geldentwertung zu erkennen.

Eine weitere Unterscheidung ist die zwischen ***schleichender*** und ***galoppierender Inflation.***

Bei der ***schleichenden Inflation*** steigt das Preisniveau nur langsam, z. B. um 3–4 % jährlich, an. Da die Erfahrung der letzten Jahrzehnte zeigte, dass das Preisniveau nicht wie in früheren Jahren der „Teuerung“ anschließend wieder auf den ursprünglichen Stand sinkt, darf man diese Entwicklung nicht leicht nehmen. Insbesondere gilt dies, wenn die Rate der Geldentwertung die Zinssätze für Spareinlagen übersteigt. Dann werden nämlich die Geldvermögen der Sparer in ihrer Substanz angegriffen.

Die offene, ***galoppierende Inflation***, wie sie in Deutschland nach dem 1. Weltkrieg (1918–1923) herrschte, wird durch sehr schnelle und ständig zunehmende Preissteigerungen charakterisiert, die schließlich astronomische Ausmaße annehmen. Im Dollarkurs konnte man den Grad der Geldentwertung besonders gut ablesen. Während 1921 der Dollar 100 Mark kostete (vor dem 1. Weltkrieg: 4,20 Mark) und im November 1922 7630 Mark, mussten im Januar 1923 50 000 Mark dafür aufgewendet werden; im November 1923 schließlich kostete derselbe US-Dollar 4,2 Billionen Mark: 1 $ = 4 200 000 000 000 Mark.

Wenn erst einmal, wie es bei der Hyperinflation 1923 der Fall war, die Druckereien mit dem Drucken der Banknoten nicht mehr nachkommen (Gemeinden und Betriebe druckten „Notgeld"), täglich Gehälter gezahlt werden müssen und das Geld dafür in Waschkörben herbeigeschafft werden muss (stark steigende Umlaufgeschwindigkeit!) und wenn jedermann das erhaltene Geld sofort wieder in Sachwerte umsetzen, keiner jedoch Sachwerte gegen wertloses Geld veräußern möchte, dann nehmen die Menschen schließlich das „gesetzliche Zahlungsmittel" nicht mehr an und kehren zum Warengeld und zum Naturaltausch zurück. Nur eine grundlegende Neugestaltung der Geldordnung, d. h. eine Währungsreform, vermag einer solchen Hyperinflation ein Ende zu bereiten.

Wirkungen

Eine Inflation hat nicht nur ***wirtschaftliche,*** sondern auch ***soziale*** und ***politische Folgen,*** weil die einzelnen Wirtschaftseinheiten von einer Geldentwertung sehr unterschiedlich getroffen werden.
Die ***Unternehmer erzielen Scheingewinne***: Sie arbeiten scheinbar mit erheblichem Gewinn, doch in Wirklichkeit besteht die Gefahr, dass die Substanz ihrer Unternehmen aufgezehrt wird. Wenn sie nämlich die erwirtschafteten Gewinne im üblichen Rahmen ausschütten, werden sie feststellen, dass die einbehaltenen Gewinne (bzw. Abschreibungserlöse) nicht mehr dafür ausreichen, die im Produktionsprozess verschlissenen Maschinen zu ersetzen, d. h. Ersatzinvestitionen vorzunehmen, weil die Preise dieser Maschinen inzwischen beträchtlich gestiegen sind.
Die ***Arbeitnehmer haben reale Einkommensverluste*** zu tragen, weil die nominale Steigerung ihres Einkommens der Inflationsrate hinterherhinkt.
Die ***Gläubiger werden*** durch eine inflationäre Entwicklung ***„beraubt",*** die ***Schuldner „beschenkt",*** denn die auf feste Geldeinheiten lautenden Schulden werden durch Hingabe von Geld beglichen, das weniger wert ist, als es bei der Begründung des Schuldverhältnisses war. Hugo ***Stinnes*** (1870–1924) baute in Ausnutzung dieses „Entschuldungseffektes" 1922 bis 1923 seinen riesigen Konzern auf. Umgekehrt verloren Millionen Sparer, die ihr Kapital nicht in Sachwerten angelegt hatten, damals ihr gesamtes Vermögen.
Natürlich treten diese Folgen bei einer galoppierenden Inflation besonders stark und schnell auf. Aber grundsätzlich gilt auch für eine schleichende Inflation, dass bestimmte Bevölkerungsgruppen (z. B. Eigentümer von Sachwerten, Schuldner, Staat) begünstigt und andere (z. B. Gläubiger, Sparer mit Geldvermögen, Rentner) geschädigt werden. Das bringt Einkommens- und Vermögensumschichtungen und soziale Ungerechtigkeiten mit

sich, die man nicht ernst genug nehmen kann. Auf mögliche politische Konsequenzen sei hier nur hingewiesen.

Deflation

Für die (seltenere) Deflation gilt das bezüglich der Inflation Ausgeführte mit umgekehrtem Vorzeichen. Deflationäre Entwicklungen, also dauerhaft und allgemein sinkende Preise, führen schnell zu Produktionseinschränkungen, zur Entlassung von Arbeitskräften, zu Massenarbeitslosigkeit und damit zu weiterem Ausfall von Kaufkraft und zahlreichen Konkursen.
Das Paradebeispiel für eine Deflation, die zur schwersten weltweiten Wirtschaftskrise des 20. Jahrhunderts führte, ist die Entwicklung der Jahre 1929 bis 1933 (Weltwirtschaftskrise).

Inflation oder Deflation

Weil eine schleichende Deflation wirtschaftlich, sozial und politisch noch gefährlicher ist als eine schleichende Inflation, sind viele Wirtschaftspolitiker, Unternehmer und auch Gewerkschaftsvertreter bereit die schleichende Inflation als das kleinere Übel anzusehen. Darauf, dass jede Entfernung von der Geldwertstabilität, nach der einen wie der anderen Seite, ein Übel ist und bleibt, weisen nicht zuletzt die Zentralbanken immer wieder hin, deren gesetzliche Aufgabe es ist, „Hüterin der Währung" zu sein.

10.7 Das geldpolitische Instrumentarium der Europäischen Zentralbank (EZB)

Endziel der Geldpolitik der EZB ist es, die Kaufkraft des Euro stabil zu halten. Diese Preisstabilität wird als Voraussetzung für Wirtschaftswachstum und Vollbeschäftigung angesehen. Preisstabilität gilt für die EZB als erreicht, wenn der „Harmonisierte Verbraucherpreisindex" in „Euroland" gegenüber dem Vorjahr um nicht mehr als 2 % steigt.
Die EZB versucht, das genannte Endziel über Zwischenziele zu erreichen, die in der Bankenliquidität und im Zinsniveau liegen. Dadurch wird wiederum die umlaufende Geldmenge beeinflusst, die ihrerseits auf den Geldwert wirkt.
Der EZB stehen zur Erreichung dieser Ziele vier Instrumente zur Verfügung:
- Offenmarktgeschäfte,
- eine Einlagenfazilität,
- eine Refinanzierungsfazilität und
- die Mindestreserve.

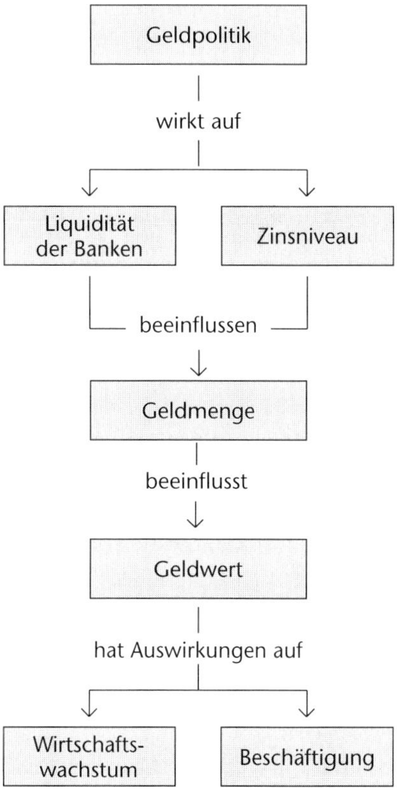

Offenmarktgeschäfte

Als „offener Markt" wird der Markt zwischen der EZB und den Geschäftsbanken angesehen.

Jeden Montag verteilt die EZB eine von ihr festgelegte Euro-Geldmenge mit einer Laufzeit von zwei Wochen zu einem von ihr festgelegten Zinssatz. Das Geld wird jeweils am darauf folgenden Mittwoch auf den Konten der begünstigten Banken gutgeschrieben. Die an der „Versteigerung" teilnehmenden Geschäftsbanken müssen die Geldmenge nennen, die sie zum genannten Zinssatz haben möchten. In der Regel wird mehr Geld nachgefragt als die EZB bereitstellen möchte. Dann wird quotenmäßig zugeteilt („repartiert").

Man nennt diese Offenmarktgeschäfte ***Tendergeschäfte*** (vom englischen tender = ***Auslobung***).

Als Sicherheiten müssen die teilnehmenden Geschäftsbanken der EZB Wertpapiere zur Verfügung stellen.

Neben den zweiwöchigen Tender-Geschäften (= „Hauptrefinanzierungsinstrument") führt die EZB auch dreimonatige Offenmarktgeschäfte durch (= „Langfristiges Refinanzierungsinstrument"). Auf diese Weise steuert sie die Liquidität der Banken (und damit indirekt der gesamten „Euroland"-Wirtschaft) und das Zinsniveau für kürzere und längere Fristen.

Einlagenfazilität

Liquide Geschäftsbanken können ihre überflüssigen Euro-Geldbeträge „über Nacht", d. h. bis zum nächsten Geschäftstag bei der EZB als Tagesgeld anlegen. Die EZB zahlt dafür einen niedrigen Zins, der die Untergrenze für die Tagesgeldzinsen im Verkehr zwischen den Geschäftsbanken darstellt.

Refinanzierungsfazilität
Kreditinstitute können sich umgekehrt „über Nacht", d. h. wiederum bis zum nächsten Geschäftstag, bei Liquiditäts-Engpässen Pfandkredite bei der EZB besorgen. Verpfändet werden Wertpapiere. Der bei diesen Geschäften zugrunde gelegte Zinssatz stellt die Obergrenze für Tagesgeldzinsen im Verkehr der Banken untereinander dar.

Mindestreserve
Die Geschäftsbanken müssen einen von der EZB festgelegten Prozentsatz (1999: 2 %) ihrer eigenen Verbindlichkeiten gegenüber Nicht-Bank-Kunden im Monatsdurchschnitt auf ihrem Zentralbank-Girokonto als Guthaben unterhalten. Die Guthaben werden zu dem Zinssatz für die zweiwöchigen Tendergeschäfte verzinst.
Durch eine Erhöhung der Mindestreservesätze entzieht die EZB den Banken Liquidität, und umgekehrt führt sie ihnen durch eine Senkung der Mindestreservesätze Liquidität zu. Sie kann damit ihre Offenmarktpolitik stabilisieren.

Organe der *Europäischen Zentralbank* (EZB)
Die EZB trifft ihre geldpolitischen Entscheidungen in enger Zusammenarbeit mit den nationalen Zentralbanken im „Euroland".
Die ***laufenden Geschäfte*** der EZB werden vom Direktorium geführt. Ihm gehören sechs Personen (aus sechs Ländern) an.
Für geldpolitische Entscheidungen ist der EZB-Rat zuständig, dem das Direktorium und die Präsidenten der (derzeit 11) nationalen Zentralbanken angehören, insgesamt also 17 Personen.

11 Wirtschaftsschwankungen und Konjunkturpolitik

11.1 Die Entwicklung der Wirtschaft im Zeitablauf

Die Entwicklung einer Volkswirtschaft, gemessen am realen Wachstum des Bruttoinlandsprodukts (s. S. 107) oder an der Auslastung des Produktionspotenzials (s. S. 147) vollzieht sich nicht gleichmäßig, sondern mit erheblichen Schwankungen. Diese Schwankungen folgen, auch wenn sie unterschiedlich ausgeprägt sind, einem im Wesentlichen gleichen Grundmuster, einer Art Wellenbewegung mit Ausschlägen nach oben und anschließend nach unten. Derartige Schwankungen werden als ***Konjunkturschwankungen*** bezeichnet, ein vollständiges „Grundmuster" als ***Konjunkturzyklus.*** Dabei sind vier ***Konjunkturphasen*** gemäß folgendem Schaubild zu unterscheiden:

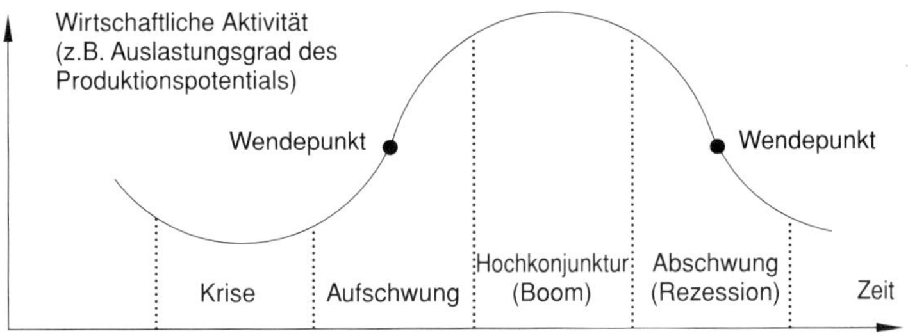

In der folgenden Übersicht wird die wirtschaftliche Situation in diesen vier Konjunkturphasen gekennzeichnet:

	Tiefstand (Krise)	Aufschwung	Hoch-konjunktur	Abschwung (Rezession)
Auslastung der Kapazitäten	niedrig	steigend	hoch	sinkend
Preise	tief	steigend	hoch	gleich bleibend
Löhne	niedrig (kaum steigend)	steigend	hoch	gleich bleibend
Zinssätze	niedrig	steigend	hoch	sinkend
Gewinne	niedrig	steigend	uneinheitlich	sinkend
Produktion	gering	steigend	hoch	sinkend

Dies ist eine idealtypische Darstellung, die in dieser Form in der wirtschaftlichen Wirklichkeit nicht vorkommt, weil die Entwicklung einer Volkswirtschaft nicht nur von Konjunkturschwankungen, sondern daneben von zahlreichen weiteren Einflussfaktoren bestimmt wird. Es gibt neben den – häufig vier- bis sechsjährigen – Konjunkturzyklen „lange Wellen" der Wirtschaftsentwicklung (s. S. 143) und kürzerfristige (z. B. saisonale) Schwankungen.
Die folgende Abbildung lässt die in der Realität zu verzeichnenden Schwankungen der Wachstumskurve der Bundesrepublik Deutschland erkennen. Neben den in der Übersicht auf Seite 141 genannten allgemeinen Kennzeichen der verschiedenen Konjunkturphasen gibt es eine Reihe spezieller Sachverhalte, die auf einen bestimmten Konjunkturverlauf hinweisen. Man spricht von ***Konjunkturindikatoren*** und teilt diese entsprechend ihrer zeitlichen Übereinstimmung mit dem Konjunkturverlauf wie folgt ein:
Frühindikatoren, z. B. Auftragseingänge in der gewerblichen Wirtschaft, Entwicklung der Baugenehmigungen im Hochbau;
Mitlaufende Indikatoren, z. B. Einzelhandelsumsätze, Warenausfuhr;

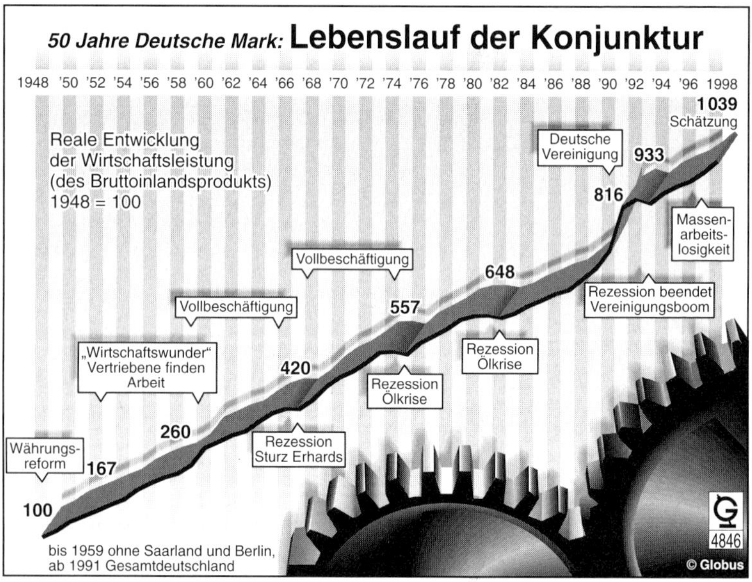

Nachlaufende Indikatoren, z. B. Preisindex für die Lebenshaltung, Zahlen des Arbeitsmarktes (Beschäftigte, Arbeitslose).
Die Frühindikatoren bieten der Wirtschaftspolitik die Chance rechtzeitig, also z. B. ab den Wendepunkten im Schaubild auf Seite 141, gegenzusteuern. Die nachlaufenden Indikatoren eignen sich zur Kontrolle der jeweiligen Konjunkturdiagnose.

11.2 Ursachen von Wirtschaftsschwankungen

Ein Wirtschaftsaufschwung kann viele Ursachen haben. In der Vergangenheit haben oft ***technische Neuentwicklungen*** wie die Erfindung der Dampfmaschine (1765, James ***Watt***), der verstärkte Eisenbahnbau nach 1850 und die breite Verwendung des Autos nach 1920 zu Wirtschaftsaufschwüngen geführt. Auch die Aufrüstung hatte oft das gleiche Ergebnis (z. B. in Deutschland ab 1937 und in den USA ab 1940). Ein Aufschwung kann auch durch den Nachholbedarf der Konsumenten nach einem längeren Krieg eingeleitet werden, wie dies in den USA und in Westeuropa nach dem 2. Weltkrieg der Fall war. Man bezeichnet diese Ursachen als ***exogene Ursachen***.

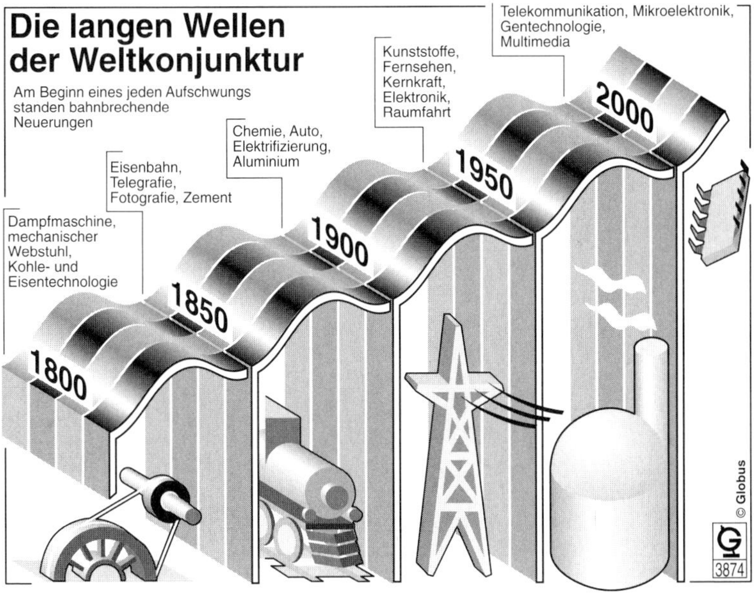

Sobald ein Aufschwung begonnen hat, werden Kräfte wach, die ihn weitertreiben (***endogene Ursachen***). Die stärkere Nachfrage nach Investitionsgütern und Konsumgütern räumt die Warenlager der Unternehmungen und veranlasst diese dazu, mehr zu produzieren. Die stärkere Auslastung der Kapazitäten führt zu einem überdurchschnittlichen Anstieg der Gewinne während des Aufschwungs. Die hohen Gewinne und die Erwartung auch in Zukunft hohe Gewinne vereinnahmen zu können, veranlasst die Unternehmungen, die Produktionsanlagen weiter auszubauen (zu investieren). Den Ausbau der Produktionsanlagen zu finanzieren, fällt bei der günstigen Gewinnlage während des Aufschwungs nicht schwer. Gelingt die Selbstfinanzierung nicht voll, so stellen Kreditinstitute die nötigen Mittel zur Verfügung. Die verstärkte Nachfrage nach Investitionsgütern führt jedoch dazu, dass die Preise für maschinelle Anlagen steigen. Auch der Preis für die menschliche Arbeitskraft – der Lohn – steigt, einmal weil die Unternehmungen zusätzliche Arbeitskräfte brauchen, zum anderen, weil die Gewerkschaften, die Vertreter der Arbeitnehmer, bei den Lohnverhandlungen die günstige Gelegenheit benutzen um die Unternehmungen zu zwingen die Löhne heraufzusetzen.
Wenn z. B. eine Weberei für neue Maschinen, für Baumwoll- und Kunststofffäden und für Löhne mehr bezahlen muss, so werden die Gewinne dieser Unternehmung (falls die Produktivität nicht steigt) schrumpfen, es sei denn, es gelingt ihr, für ihre eigenen Produkte am Markt höhere Preise durchzusetzen. Ob das gelingt, hängt u. a. von der Stärke der Unternehmung am Markt ab. Während Unternehmungen mit großer Marktmacht Lohnerhöhungen dazu benutzen können, um die Preise für die eigenen Erzeugnisse so weit anzuheben, dass die Lohnerhöhungen aufgefangen werden, können marktschwächere Unternehmungen in der Regel nicht so vorgehen. Wenn die Kunden einer Weberei bei heraufgesetzten Preisen auf andere Webereien ausweichen können, wird die Weberei gezwungen, die Preiserhöhungen ganz oder teilweise zurückzunehmen.
Es lässt sich also beobachten, dass bei einem ***Konjunkturaufschwung*** die Preise nicht gleichmäßig steigen. In ***den*** Wirtschaftsbereichen, in denen es nicht gelingt, die Preise der eigenen Erzeugnisse den gestiegenen Kosten anzupassen, sinken die Gewinne. Die Kauf- und Investitionskraft dieser Wirtschaftsbereiche (z. B. Webereiindustrie) geht zurück, was die Lieferanten und Vorlieferanten dieser Wirtschaftsbereiche (z. B. Spinnereien, Unternehmungen der Textilmaschinenindustrie, Stahlindustrie) allmählich spüren. So kann eine Kettenreaktion ausgelöst werden, die nach und nach die meisten Betriebe einer Volkswirtschaft erfasst; es kommt zum ***Konjunkturabschwung***.

Wird unterstellt, dass Preise und Löhne nicht nur steigen, sondern auch sinken können (Lohnsenkungen werden freilich mehr und mehr zu einer Ausnahmeerscheinung; es können nur die übertariflich gezahlten und die gewinnabhängigen Beträge sinken), so werden die Preise und Löhne nicht gleichmäßig fallen. In ***den*** Wirtschaftsbereichen, in denen die Preise der eigenen Produkte nicht stark sinken, wird sich die Gewinnsituation verbessern, da die Kosten (Preise der Einsatzgüter und Löhne) stärker zurückgehen. Die Kauf- und Investitionskraft dieser Wirtschaftsbereiche steigt damit, was sich auf andere Bereiche der Wirtschaft ausdehnen und so einen Wiederaufschwung einleiten kann.
Bei all dem spielt die ***Massenpsychologie*** eine große Rolle. Herrscht in einer Volkswirtschaft verbreitet Optimismus und blickt man positiv in die Zukunft, dann kann allein das schon – gepaart mit entsprechendem Verhalten der Wirtschaftssubjekte – einen konjunkturellen Aufschwung herbeiführen oder ihn zumindest verstärken (nach Art einer „sich selbst erfüllenden Prophezeiung“). Kommen umgekehrt allgemeine Skepsis und pessimistische Zukunftserwartungen auf, dann kann das eine gute Konjunktur zum „Kippen“ bringen, einen Aufschwung abschwächen oder eine Rezession verstärken.

11.3 Möglichkeiten und Grenzen der staatlichen Wirtschaftspolitik

Früher, d. h. bis zur Weltwirtschaftskrise von 1929–1932, vertraute man einem „Selbstheilungsmechanismus der Wirtschaft“. Man glaubte, dass die Wirtschaft aus jeder Krise mit eigener Kraft herausfinde und sich alles von selbst wieder einregulieren würde.
Seit der Weltwirtschaftskrise, die sich, von den USA ausgehend, bedingt durch die schon damals sehr enge internationale Wirtschaftsverflechtung, schnell über große Teile der Welt ausbreitete, ist der Glaube an diese selbstheilenden Kräfte geschwunden. Jahrelang waren große Teile der Produktionskapazitäten weniger als zur Hälfte ausgelastet. Allein in Deutschland gab es im Jahr 1932 sechs Millionen Arbeitslose (29 % aller Arbeitnehmer); rund 36 % des deutschen Volkes lebten von öffentlichen Mitteln. Nicht zuletzt ermöglichten diese Umstände den Erfolg radikaler Parteien und den politischen Umsturz 1933. Seit dieser Zeit kann es sich keine Regierung mehr leisten, untätig auf eine selbsttätige Erholung der Wirtschaft zu hoffen.
Auf Möglichkeiten durch Staatseingriffe aus einer Krise herauszukommen, d. h. die Arbeitslosenzahlen zu verringern und die Auslastung der Produk-

tionskapazitäten zu steigern, hatte schon Jahre vor der Weltwirtschaftskrise der englische Nationalökonom John Maynard ***Keynes*** (1883–1946) hingewiesen: Wenn Privatunternehmungen nicht zu investieren wagen, weil sie fürchten, die mithilfe der Investitionen später zu produzierenden Güter nicht absetzen zu können, sollte der Staat versuchen die Nachfrage zu steigern.
In der Bundesrepublik Deutschland legt das Gesetz zur Förderung der Stabilität und des Wachstums der Wirtschaft (***Stabilitätsgesetz***) die Ziele und Instrumente der staatlichen Wirtschaftspolitik fest. Dieses Gesetz wurde 1967 – in einer Phase der konjunkturellen Rezession (vgl. Schaubild auf S. 142) – mit den Stimmen der damaligen großen Koalition (Regierungsbündnis der CDU/CSU und der SPD) verabschiedet. Es fußt auf den keynesianischen Vorstellungen der Konjunktursteuerung über die Beeinflussung der Nachfrage nach Gütern (Globalsteuerung).

Ziele der staatlichen Wirtschaftspolitik: Das magische Viereck
Das Stabilitätsgesetz legt in § 1 fest:
„Bund und Länder haben bei ihren wirtschafts- und finanzpolitischen Maßnahmen die Erfordernisse des gesamtwirtschaftlichen Gleichgewichts zu beachten. Die Maßnahmen sind so zu treffen, daß sie im Rahmen der marktwirtschaftlichen Ordnung gleichzeitig zur Stabilität des Preisniveaus, zu einem hohen Beschäftigungsstand und außenwirtschaftlichem Gleichgewicht bei stetigem und angemessenem Wirtschaftswachstum beitragen."

Diese Zielkombination wird ***magisches Viereck*** genannt, weil es der Kunst eines Magiers bedarf, die vier genannten Ziele gleichzeitig zu erreichen. Meist ist es so, dass eine wirtschaftspolitische Maßnahme, die der Erreichung des einen Zieles, z. B. der Stabilität des Preisniveaus, dient, andere Ziele, z. B. die Vollbeschäftigung oder das Wirtschaftswachstum, gefährdet.

Preisniveau-Stabilität
Eine absolute Stabilität des Preisniveaus, etwa gemessen am Preisindex für die Lebenshaltung (s. S. 29 f.), lässt sich nach allen bisherigen Erfahrungen kaum erreichen. Die Preise werden ja nicht vom Staat festgelegt, sondern bilden sich am Markt, und vielfältige Einflüsse, auch vom Ausland (z. B. die Entwicklung der Ölpreise), und die Macht der Anbieter (oligopolistische Marktstrukturen, s. S. 89 f.) begünstigen eher einen Anstieg des Preisniveaus. Es geht deshalb darum, eine möglichst niedrige Preissteigerungs-

rate anzustreben. Das Ziel der Preisniveau-Stabilität gilt als erreicht, wenn die Preise sich „nur noch" um jährlich weniger als 2 % erhöhen.

Hoher Beschäftigungsstand
Auch eine 100%ige Vollbeschäftigung, d. h. das vollständige Verschwinden von Arbeitslosigkeit, lässt sich in einer Marktwirtschaft nicht erreichen, zumal neben die konjunkturelle Arbeitslosigkeit strukturelle und saisonale Arbeitslosigkeit treten (s. S. 198). Im Allgemeinen spricht man bei einer Arbeitslosenquote von unter 4 % von Vollbeschäftigung.

Arbeitslosenquote = registrierte Arbeitslose in % der abhängigen Erwerbspersonen.

Außenwirtschaftliches Gleichgewicht
Dieses wirtschaftspolitische Ziel ist schwieriger exakt zu formulieren als die beiden bisher genannten Ziele. Vereinfacht gesagt geht es darum, sowohl Zahlungsbilanzdefizite als auch nachhaltige Zahlungsbilanzüberschüsse zu vermeiden. Für die Bundesrepublik Deutschland bedeutet dies, dass der ***Außenbeitrag*** (zusammengefasster Saldo der Handels- und Dienstleistungsbilanz) positiv sein soll, und zwar in einem Ausmaß, dass dadurch die Defizite im Bereich der Übertragungen (Beiträge an internationale Organisationen, insbesondere an die EU, Heimatüberweisungen der Gastarbeiter) und im Bereich des Kapitalverkehrs (Überschüsse der Kapitalexporte über die Kapitalimporte) ausgeglichen werden (s. S. 177 ff.).

Angemessenes und stetiges Wirtschaftswachstum
Wirtschaftswachstum wird häufig anhand des realen Wachstums des Bruttoinlandsproduktes (s. S. 107) gemessen. Daneben dient das so genannte „Produktionspotenzial" als Wachstumsindikator.
Unter Produktionspotenzial wird die Ausstattung einer Volkswirtschaft mit Produktionsfaktoren (s. S. 4) verstanden. Im Einzelnen bestimmen insbesondere die Ausstattung mit Kapital sowie die Zahl und die Qualifikation der Erwerbspersonen die Produktionsmöglichkeiten.
Die Kapitalausstattung hängt wiederum wesentlich von den Investitionen ab. In der Bundesrepublik Deutschland hat sich die Kapitalausstattung je Arbeitsplatz (die sog. Kapitalintensität) im produzierenden Gewerbe von 49 000 DM (1960) auf 245 000 DM (1996) (in jeweiligen Preisen) erhöht.
Die Quantität und Qualität des Produktionsfaktors Arbeit wird insbesondere durch die demographische Entwicklung, die Zu- und Abwanderung, die durchschnittliche Arbeitszeit (Wochenarbeitszeit, Jahresarbeitszeit, Le-

bensarbeitszeit), den durchschnittlichen Krankenstand, das Bildungsniveau und das Engagement (die Arbeitsmotivation, die Arbeitsmoral) der Arbeitskräfte bestimmt.
Von einem angemessenen und stetigen Wirtschaftswachstum wird erhofft, dass es zu einer gleichmäßigen Auslastung des Produktionspotenzials in der Nähe der Kapazitätsgrenze führt.
Welche Wachstumsrate als ***angemessen*** anzusehen ist, lässt sich nicht allgemein sagen. In einer hoch industrialisierten Volkswirtschaft mit einem hohen Lebensstandard breiter Bevölkerungsschichten und weit gehend gesättigten Märkten wird man bereits Wachstumsraten von jährlich real 2–3 % als angemessen ansehen können.
Die Forderung ***stetiges Wachstum*** anzustreben bedeutet, dass Wachstumsschwankungen möglichst vermieden werden sollen, s. S. 141: Berge sollen in der Konjunkturkurve möglichst abgetragen, Täler ausgefüllt werden.

Wirtschaftspolitische Instrumente
Zur Erreichung der wirtschaftspolitischen Ziele des „magischen Vierecks" gibt das ***Stabilitätsgesetz*** der Bundesregierung ein Instrumentarium an die Hand, das im Wesentlichen auf die ***Güternachfrage*** einwirkt.
Diese Einwirkung erfolgt entweder ***indirekt***, indem der Staat z. B. über steuerliche Erleichterungen oder Erschwerungen die Nachfrage der Unternehmungen und/oder der privaten Haushalte beeinflusst, oder ***direkt,*** indem der Staat selbst als Nachfrager auftritt und seine Nachfrage ausweitet oder einschränkt.

Das Instrumentarium des Stabilitätsgesetzes hat sich als nicht ausreichend erwiesen. Es wurde bisher in der vom Gesetzgeber vorgesehenen Form nur einmal – unmittelbar nach Inkrafttreten des Gesetzes, also in einer Rezession – angewandt. Die chronische Geldknappheit des Staates auch in Zeiten der konjunkturellen Erholung verhinderte es, Konjunkturausgleichsrücklagen (s. S. 149) zu bilden. Die zunehmende Staatsverschuldung (s. S. 159 ff.) ließ auch die Konjunkturankurbelung über zusätzliche Staatsausgaben oder Verzicht auf mögliche Einnahmen immer schwieriger werden. Das für eine „psychologische Konjunkturpolitik" („moral suasion") notwendige ***abgestimmte Verhalten*** – dafür war das Instrument der ***konzertierten Aktion*** vorgesehen – scheiterte, nachdem die Gewerkschaften ihre Mitwirkung in dieser Runde der Gebietskörperschaften, der Gewerkschaften und der Unternehmensverbände aussetzten.

Konjunkturpolitische Instrumente der Bundesregierung nach dem Stabilitätsgesetz

Beeinflussung der Nachfrage	**Wirkungsrichtung**	
	restriktiv	**expansiv**
der privaten Haushalte	Erhöhung der Einkommensteuervorauszahlungen	Senkung der Einkommensteuervorauszahlungen
	Heraufsetzung der Einkommensteuer (maximal 10 %, 1 Jahr)	Herabsetzung der Einkommensteuer (maximal 10 %, 1 Jahr)
der Unternehmungen	Erhöhung der Steuervorauszahlungen (Einkommen-, Körperschaft- und Gewerbesteuer)	Senkung der Steuervorauszahlungen (Einkommen-, Körperschaft- und Gewerbesteuer)
	Beschränkung der Abschreibungsmöglichkeiten (Aussetzung von Sonderabschreibungen) und Aussetzung erhöhter degressiver Absetzungen für Abnutzung (AfA)	Einräumung eines Investitionsbonus Erhöhung der Abschreibungsmöglichkeiten
	Heraufsetzung der Einkommen- und Körperschaftsteuer (maximal 10 %, 1 Jahr)	Heraufsetzung der Einkommen- und Körperschaftsteuer (maximal 10 %, 1 Jahr)
des Staates	Stilllegung von Einnahmen durch zusätzliche Schuldentilgung oder Bildung einer Konjunkturausgleichsrücklage bei der Deutschen Bundesbank	zusätzliche öffentliche Ausgaben aus der Konjunkturausgleichsrücklage oder durch Kreditaufnahme (bis zu 5 Milliarden DM)
	Verschiebung öffentlicher Ausgaben; Stilllegung der frei gewordenen Mittel bei der Deutschen Bundesbank	Beschleunigung der Planung und Vergabe von Investitionsvorhaben, die für einen späteren Zeitpunkt vorgesehen waren
	Beschränkung der Kreditaufnahmemöglichkeiten	

In Anlehnung an: K. Mackscheidt, J. Steinhausen: Finanzpolitik, S. 94.

Angebotsorientierte Wirtschaftspolitik

Parallel zur Enttäuschung über die Wirkungslosigkeit der nachfrageorientierten Globalsteuerung wuchs die Bedeutung der sog. Neoklassischen Schule der Wirtschaftspolitik. Ihre Vertreter fordern etwa seit Mitte der 70er-Jahre eine ***angebotsorientierte Wirtschaftspolitik*** anstelle der Nachfragesteuerung. Nach der Konzeption der angebotsorientierten Wirtschaftspolitik können die oben genannten Ziele der staatlichen Wirtschaftspolitik nur erreicht werden, wenn Störungen und Hemmnisse beim ***Güterangebot*** beseitigt werden. Im Einzelnen werden gefordert:

- eine Zurückhaltung der Gewerkschaften in der Lohnpolitik (zum Abbau des Lohnkostendrucks),
- eine Rückführung der Staatsquote (s. S. 116) z. B. durch eine Einschränkung der Soziallasten,
- eine Verminderung der Abgabenlast der Unternehmungen,
- eine Herabsetzung der steuerlichen Grenzbelastung z. B. bei der progressiven Einkommensteuer (dadurch Anreiz, sich durch höhere Leistungen ein höheres Einkommen zu verdienen),
- ein Abbau der vielfältigen staatlichen Regelungen, die zu Verzögerungen bei der privaten Investitionstätigkeit führen und nicht zuletzt
- eine „Konstanz der Wirtschaftspolitik", die es den Investoren erlaubt, mit weniger Unsicherheiten zu planen und zu entscheiden.

In der praktischen Wirtschaftspolitik der nächsten Jahre wird es nicht darum gehen, nur angebotsorientierte oder nur nachfrageorientierte Maßnahmen zu ergreifen. Vielmehr wird sich wohl eine „gemischte Strategie" als notwendig erweisen, die auf beiden Seiten des Marktgeschehens Einfluss nimmt. Allerdings werden dabei jeweils auch die unerwünschten wirtschaftlichen und sozialen Nebenwirkungen zu bedenken sein, z. B. bei angebotsorientierten Maßnahmen eine steigende Staatsverschuldung (infolge Erniedrigung der Steuersätze) und eine einseitige Steigerung der Unternehmergewinne und damit eine tendenziell sinkende Lohnquote u. a.
Ein besonders schwieriges Problem ist die Abstimmung der supranationalen Geldpolitik der EZB für „Euroland" mit der jeweils nationalen Wirtschaftspolitik der elf Mitgliedsländer der Europäischen Wirtschafts- und Währungsunion. Geldpolitik und Wirtschafts- und Finanzpolitik müssen gleichgerichtet sein, um sich nicht gegenseitig aufzuheben oder zu blockieren.

12 Öffentliche Aufgaben und ihre Finanzierung

12.1 Die Aufgaben der öffentlichen Hand

Die öffentliche Hand – darunter werden die so genannten Gebietskörperschaften, Bund, Länder und Gemeinden verstanden – hat vielseitige ***Aufgaben***. Diese Aufgaben sind mit ***Ausgaben***, also Geldleistungen, verbunden. Dazu gehören z. B.
- Zuschüsse zu den Rentenversicherungen der Arbeitnehmer (Bund),
- der Straßenbau (Bund, Länder, Gemeinden),
- Ausgaben für Schulen und Hochschulen (Bund, Länder, Gemeinden),
- der Bau von Wasserwerken und Müllverbrennungsanlagen (Gemeinden),
- die Finanzierung der Bundeswehr (Bund).

Die hier genannten Aufgaben sind nur ein kleiner Teil der von der öffentlichen Hand zu bewältigenden Aufgabenflut. Wer sich für eine Aufstellung aller mit Ausgaben verbundenen Aufgaben der öffentlichen Hand interessiert, findet diese, zusammen mit den geplanten Einnahmen, in den ***Haushaltsplänen*** der Gebietskörperschaften. Darin werden Einnahmen und Ausgaben im Voraus für ein Jahr festgesetzt und gegenübergestellt.

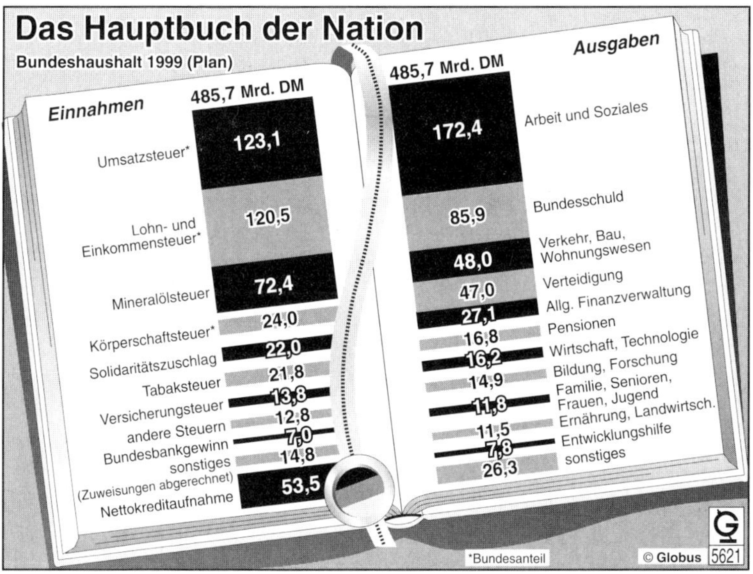

12.2 Die Entwicklung der öffentlichen Ausgaben

Aus den Statistiken lässt sich ein ständiges Wachsen der öffentlichen Ausgaben ablesen. Die Steigerung der Ausgaben über Jahre und Jahrzehnte hinweg ist größer als das Wachstum der Bevölkerung. Eine Steigerung bleibt auch bestehen, wenn die laufenden Preissteigerungen berücksichtigt werden; auch real haben die Staatsausgaben also zugenommen. Da die Einnahmen, insbesondere das Steueraufkommen, nicht entsprechend gesteigert werden konnten, nahm die Verschuldung der Gebietskörperschaften ständig zu (s. S. 159 ff.).

Ausgaben und Einnahmen der Gebietskörperschaften* 1951–1998

Jahr	Ausgaben Mrd. DM	Ausgaben je Einw.	Einnahmen Mrd. DM
1951	37	754	.
1961	95	1696	.
1970	196	3237	188
1980	509	8091	453
1990	749	11842	703
1998**	1199	14618	1142

* Bund (inkl. Sondervermögen), Länder, Gemeinden/Gemeindeverbände
** 1998 Gesamtdeutschland

Das Wachsen der Ausgaben ist nicht nur in Deutschland, sondern in nahezu allen Industriestaaten seit langem zu beobachten. Schon Adolph ***Wagner*** (1835–1917) sprach in der zweiten Hälfte des 19. Jahrhunderts von einem ***Gesetz der wachsenden Staatsaufgaben*** (und damit der wachsenden ***Staatsausgaben***). Für dieses Wachstum können unterschiedliche Gründe angeführt werden. Bei wachsender Bevölkerung, die besonders in den Stadtregionen zu einer stärkeren Zusammenballung führt, steigen die Ansprüche an die öffentliche Hand sehr schnell. Mehr und bessere Kindergärten, Schulen, Krankenhäuser, Polizeistationen, Nahverkehrsmittel usw. müssen bereitgestellt werden. Dafür werden Menschen gebraucht – Sozialarbeiter, Lehrer, Ärzte, Verwaltungsangestellte, Busfahrer usw. So stieg z. B. in der Bundesrepublik Deutschland der Anteil des Personals im öffentlichen Dienst an allen erwerbstätigen Inländern von 8,1 % (1960) auf 15,0 % (1998). Auch die Ausgaben für soziale Zwecke (z. B. Renten, Gesundheitswesen) und für Verteidigung sind überproportional gestiegen.

Umweltschutz
In den letzten Jahren sind zu diesen Aufgaben und Ausgaben die Aufwendungen für den Umweltschutz getreten. Die Luftverpestung, das Waldsterben, die Verschmutzung der Gewässer und die „wilde" Ablagerung von Industrieabfällen, Autowracks und Müll haben ein lebensbedrohliches Ausmaß angenommen.
Den größten Teil der Aufwendungen zum Schutz der Umwelt müssen die Industrieunternehmungen (z. B. Beseitigung von Schwefeldioxid- und Staubemissionen) und die Gemeinden (z. B. Errichtung von Kläranlagen) tragen. Auch die privaten Haushalte werden für die Verringerung der Autoabgase und zur Beseitigung des Hausmülls unmittelbar zur Kasse gebeten. 1998 betrugen die Umweltschutzausgaben des produzierenden Gewerbes 17,2 Mrd. DM (= 44 %) und des Staates 21,9 Mrd. DM (= 56 %).

Wiedervereinigung
In Deutschland hat die wirtschaftliche und politische Wiedervereinigung 1990 dazu geführt, dass über viele Jahre hin die Staatsausgaben zur Sanierung der ehemaligen DDR-Wirtschaft und zur Angleichung der Lebensverhältnisse in Ostdeutschland an das westdeutsche Niveau den Bundeshaushalt extrem belasten (s. S. 192 ff.).

12.3 Wirkungen der öffentlichen Ausgaben

Öffentliche Ausgaben wirken auf die ***Beschäftigung,*** wenn sie dazu verwendet werden, Güter zu erwerben. Diese Nachfrage umfasst einen Teil der in einer bestimmten Periode produzierten Güter und damit einen Teil des Bruttoinlandsprodukts. Werden Ausgaben dieser Art erhöht, so steigen auch die Einkommen der Inhaber von Produktionsfaktoren, die zur Befriedigung dieser Nachfrage des Staats eingesetzt werden. Diese Einkommen werden entweder direkt von der öffentlichen Hand bezogen, z. B. in Form von Löhnen und Gehältern für Staatsbedienstete, oder sie entstehen durch Aufträge an die Privatwirtschaft über Löhne, Gehälter, Zinsen und Unternehmergewinne. Werden die Staatsausgaben für Güter erhöht, so wird also zusätzliches ***Einkommen*** geschaffen, das Bruttoinlandsprodukt wird größer.

Zusätzliches Einkommen wird nicht geschaffen, wenn den Zahlungen der öffentlichen Hand keine unmittelbare Gegenleistung gegenübersteht. Dies ist zum Beispiel der Fall, wenn Arbeitslosenunterstützung oder Kindergeld gezahlt wird oder wenn in Schwierigkeiten geratene Wirtschaftszweige mit

Subventionen unterstützt werden. Zahlungen solcher Art erhöhen das Bruttoinlandsprodukt und damit das Volkseinkommen nicht, sondern bewirken lediglich eine Einkommensumverteilung.

12.4 Die Finanzierung der öffentlichen Aufgaben

Zur Finanzierung der öffentlichen Aufgaben sind entsprechend hohe Einnahmen erforderlich. Die wichtigste öffentliche Einnahmequelle sind die ***Steuern.*** Sie tragen (z. B. im Jahre 1998 mit 833 Milliarden DM) entscheidend zu den Einnahmen der öffentlichen Hand bei. Geringere Bedeutung haben ***Zölle, Gebühren*** (z. B. Passgebühren), ***Beiträge*** (z. B. Anliegerbeiträge für Kanalisierung), ***Einkünfte aus Bußgeldern*** und ***Geldstrafen*** sowie die ***Einkünfte aus Wirtschaftstätigkeit*** der öffentlichen Hand (z. B. Wasser- und Elektrizitätswerke). Zu den Einnahmen des Bundes gehört anteilig auch der Gewinn der EZB, der – so vorhanden – alljährlich an die Mitgliedsstaaten der Europäischen Wirtschafts- und Währungsunion auszuschütten ist.
Bestehende Einnahmenlücken werden vom Bund, den Ländern und den Gemeinden durch die ***Aufnahme von Krediten*** geschlossen, die freilich – im Gegensatz zu allen bisher genannten Einnahmen – verzinst und wieder zurückgezahlt werden müssen.
Auch die Wiedervereinigung Deutschlands wird auf diese Art und Weise finanziert: Durch Steuern und Kredite. Die Steuern (z. B. die Mineralölsteuer) sind dazu erhöht worden. Zusätzlich wurde der Solidaritätszuschlag (von derzeit 5,5 %) auf die Lohn- und Einkommensteuer eingeführt. Die Neuverschuldung des Bundes hat als Folge der Wiedervereinigung deutlich zugenommen. Innerhalb des gegebenen Haushaltsvolumens des Bundes wurden durch Umschichtung von Ausgaben und durch Haushaltsdisziplin (Einsparungen) Mittel zugunsten der ostdeutschen Länder freigesetzt.

Die Steuern

Steuern sind Zwangsabgaben an die öffentliche Hand, die nicht eine Gegenleistung für eine besondere Leistung darstellen. Bei Gebühren und Beiträgen handelt es sich demgegenüber um Gegenleistungen für Leistungen der öffentlichen Hand.

Steuerarten

Der Staat war in der Vergangenheit sehr erfinderisch, wenn es darum ging, den Bürgern Geld abzunehmen. Das ist auch der Grund, warum es die unterschiedlichsten Steuern gab und teilweise noch gibt. In Frankreich zum

Beispiel hing von 1798 bis 1926 die Besteuerung des Hausbesitzes von der Zahl der Fenster des Hauses ab. Eine Folge davon war, dass Häuser mit möglichst wenig Fenstern gebaut wurden.
Heute gibt es in Deutschland rund 40 Steuerarten, von denen die fünf größten zusammen fast 80 % des gesamten Steueraufkommens erbringen.

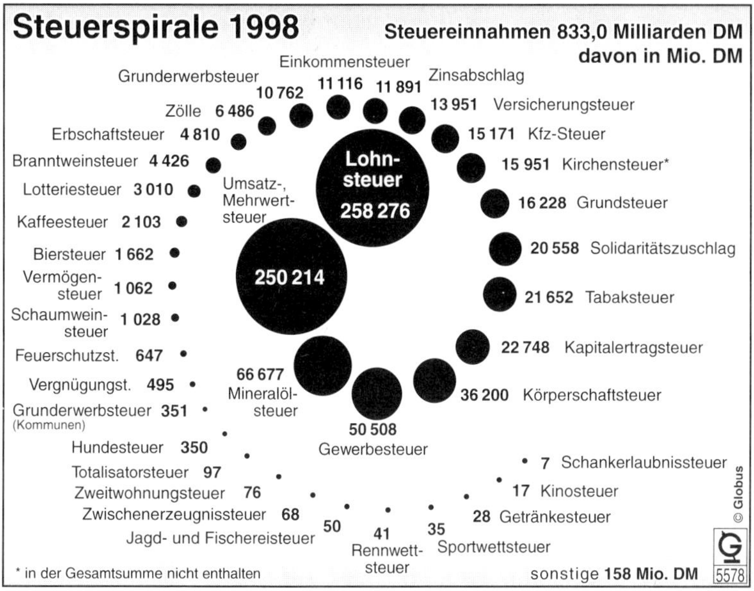

Die Steuern können unterschieden werden in:
- ***Steuern vom Einkommen und Vermögen*** – hierzu zählen u. a. die Einkommensteuer, Lohnsteuer, Grundsteuer, Gewerbesteuer.
- ***Steuern vom Umsatz und Verkehr*** – dazu rechnen die Umsatzsteuer (Mehrwertsteuer), Grunderwerbsteuer und Versicherungsteuer.
- ***Verbrauchsteuern*** – hiermit wird der Verbrauch von Mineralöl und von bestimmten Genuss- und Nahrungsmitteln (Tabak, Kaffee, Bier, Sekt) und einigen anderen Konsumgütern besteuert.

Die Steuern können auch eingeteilt werden in ***direkte*** und ***indirekte Steuern.*** Bei den ***direkten Steuern*** holt sich die öffentliche Hand das Geld unmittelbar vom Bürger. Das ist z. B. bei der Lohn- und Einkommensteuer der Fall. Ein Lohnempfänger kann die Höhe der Lohnsteuer in seiner Lohnab-

rechnung ablesen. Die Steuer wird entweder vom Arbeitgeber einbehalten und von diesem an das Finanzamt abgeführt oder vom Einkommensteuerpflichtigen selbst überwiesen.
Indirekte Steuern sind in den Preisen der Güter enthalten, die der Konsument kauft. Diese Steuern trägt der Verbraucher. Sie werden zwar vom Hersteller oder Händler an den Staat abgeführt, Hersteller oder Händler rechnen die gezahlten Steuern jedoch in den Preis der Waren ein, sie wälzen die Steuern auf den Letztverbraucher ab. Zeigen lässt sich das zum Beispiel an der ***Mehrwertsteuer***. Sie fällt bei jeder Produktions- und Handelsstufe an. Beispiel: Eine Bauschreinerei bezieht Bretter und verarbeitet sie zu Fensterläden. Die Rechnung für die Bretter beläuft sich auf 1000 Euro zuzüglich 160 Euro Mehrwertsteuer, bei einem Mehrwertsteuersatz von 16 %. Dem Lieferanten, einem Sägewerk, werden 1160 Euro überwiesen. Die fertigen Fensterläden werden für 3000 Euro zuzüglich 480 Euro Mehrwertsteuer an eine Baufirma weiterverkauft.
Die Schreinerei zahlt an das Finanzamt keine 480 Euro, sondern nur 320 Euro. Die Steuer, welche die Bretter schon vor der Verarbeitung verteuerte, die Vorsteuer von 160 Euro, kann die Schreinerei nämlich von den 480 Euro abziehen. Mit der Mehrwertsteuer wird somit im Ergebnis nur die von der Schreinerei erzeugte Wertschöpfung (der „Mehrwert") von 2000 Euro belastet.

Steuerhoheit

Empfänger der Steuern sind der Bund, die Länder und die Gemeinden. Sie besitzen die ***Steuerhoheit.***
Jede Ebene hat eigene Steuerquellen,
- der ***Bund*** z. B. die Mineralöl-, die Tabak- und die Branntweinsteuer,
- die ***Länder*** z. B. die Kraftfahrzeug- und die Biersteuer,
- die ***Gemeinden*** z. B. die Grund- und die Gewerbesteuer.

Steuereinnahmen nach der Verteilung (1998)

Ebene	Mrd. DM	%
Bund	380	45,6
Länder[1]	306	36,7
Gemeinden/Gemeindeverbände	105	12,6
EU	42	5,1
Steuereinnahmen insgesamt	798	100,0

[1] Stadtstaaten ohne Gemeindesteuern

Verteilung des Steueraufkommens auf die Gebietskörperschaften

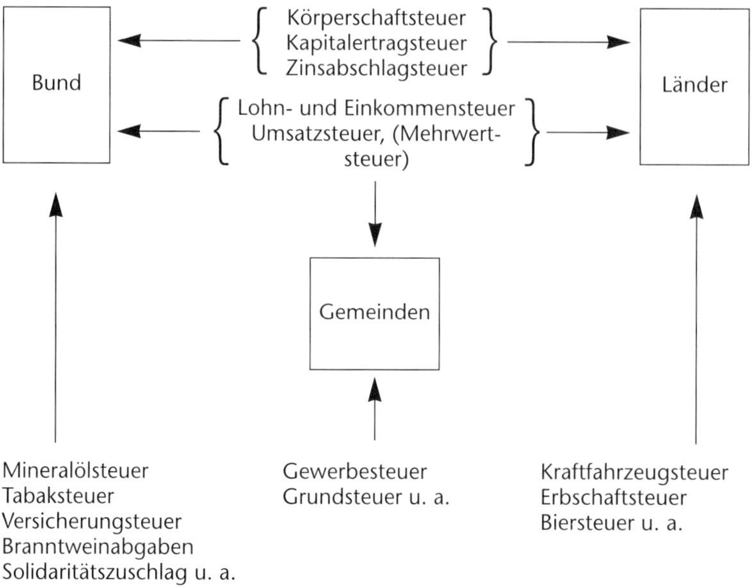

Aufteilung der Gemeinschaftssteuern (Stand 1998)

Steuerart	Bund	Länder	Gemeinden
Lohnsteuer und veranlagte Einkommensteuer	42,5 %	42,5 %	15 %
Körperschaftsteuer und Kapitalertragsteuer (einschl. Zinsabschlagsteuer)	50 %	50 %	–
Umsatzsteuern, insbesondere Mehrwertsteuer	– 50,5 % vom Rest*	– 49,5 % vom Rest*	vorab 2,2 % –

* Hiervon geht noch der EU-Anteil an der Umsatzsteuer ab.

Rund drei Viertel aller Steuereinnahmen sind ***Gemeinschaftssteuern,*** deren Aufkommen sich Bund, Länder und Gemeinden teilen müssen. Um die Verteilung der Gemeinschaftssteuern wird häufig gestritten. In der Vergangenheit wurden die Prozentsätze mehrfach zulasten des Bundes und zugunsten der Länder und der Gemeinden verändert.

Wirkungen der Steuern

Steuern verringern das Einkommen und das Vermögen der Bürger. Allerdings geschieht dies nicht gleichmäßig. Die Einkommenbesteuerung erfolgt z. B. in steigenden ***(progressiven)*** Sätzen. Bezieher hoher Einkommen werden höher besteuert als Personen mit mittleren Einkommen. Personen mit sehr niedrigem Einkommen bezahlen überhaupt keine direkten Steuern (z. B. Schüler, die in den Ferien einige Wochen arbeiten und denen die abgezogenen Steuern auf Antrag zurückerstattet werden). Der Höchstsatz der Einkommensteuer beträgt in der Bundesrepublik Deutschland z. Zt. 53 %. Er wird angewendet auf Einkommen über 120 041 DM jährlich. Ähnlich, wie durch Zahlung von Arbeitslosenunterstützung und Kindergeld eine ***Einkommensumverteilung*** erreicht wird, kann dies auch durch eine unterschiedliche Besteuerung geschehen.

Allerdings muss der Staat bei der Fortentwicklung und bei Reformen des Steuersystems auch Folgendes beachten:

- Der progressive Verlauf der Einkommensteuer (die Steuersätze steigen bei steigendem Einkommen stärker als das Einkommen) führt, wenn das Einkommen inflationsbedingt steigt, zu ***heimlichen Steuererhöhungen.*** Allein schon deshalb sind regelmäßige Ermäßigungen des Steuertarifs angebracht.
- Allzu hohe Steuern, insbesondere direkte Steuern, werden vom Steuerpflichtigen mit Unmut getragen, verschlechtern die ***Steuermoral*** und fördern die Bereitschaft zur Steuerflucht und zur Steuerhinterziehung. Es ist z. B. ein offenes Geheimnis, dass viele Steuerpflichtige ihre Kapitaleinkünfte – entgegen den Vorschriften des Einkommensteuergesetzes – in ihren Steuererklärungen nicht angeben, weil sie der Auffassung sind, das Ertrag bringend angelegte Kapital stamme aus bereits versteuertem Einkommen, und man könne auf eine (nochmalige) Versteuerung der Kapitalerträge verzichten. Die Einführung der ***Zinsabschlagsteuer*** von 30 % (bei Tafelgeschäften, d. h. bei Käufen von Wertpapieren, ohne dass der Name des Käufers festgehalten wird, 35 %) hat wohl aus den gleichen Gründen seit 1992 zu einer Kapitalflucht in benachbarte Länder (Luxemburg, Schweiz) geführt, wo diese Quellensteuer nicht einbehal-

ten wird. Auch die Zunahme der ***Schattenwirtschaft*** ist ein Kennzeichen sinkender Steuermoral.
- Das Steuersystem beeinflusst auch den ***nationalen und internationalen Wettbewerb.*** Wenn z. B. im konkurrierenden Ausland Maßnahmen zur Steuerentlastung eingeleitet werden und im Inland nicht, verschlechtert das die Wettbewerbsposition der inländischen Anbieter auf dem Weltmarkt.

Schließlich hat der Staat die (erwünschte oder unerwünschte) ***konjunkturpolitische Wirkung*** steuerlicher Maßnahmen zu berücksichtigen (s. S. 149).

Einnahmen-Umverteilungen
Zusätzlich zu den Zuweisungen des Bundes an die Länder aus dem Aufkommen der Gemeinschaftssteuern findet eine Umverteilung der Einnahmen im Rahmen des ***Länderfinanzausgleichs*** statt. Die finanzstarken („ausgleichspflichtigen“) Bundesländer leisten Zahlungen an die finanzschwachen (ausgleichsberechtigten) Länder. In der Vergangenheit zahlten Baden-Württemberg, Bayern, Hamburg, Hessen und Nordrhein-Westfalen; ausgleichsberechtigt waren die übrigen elf Bundesländer.

Der ***kommunale Finanzausgleich*** ist zugleich wesentlich komplizierter und bedeutender als der Länderfinanzausgleich. Immerhin erhalten die Gemeinden und Gemeindeverbände (Kreise) in Westdeutschland bis zu einem Drittel, in Ostdeutschland sogar fast bis zu zwei Dritteln ihrer Ausgaben aus Mitteln dieses Finanzausgleichs. Der Ausgleich erfolgt nicht horizontal zwischen den Gemeinden, sondern vertikal durch Zuweisungen vom Bund und von den Ländern.

Mit diesen Zuweisungen wird anerkannt, dass die Gemeinden viele Gemeinschaftsaufgaben zu erfüllen haben, an denen sich die höheren Ebenen beteiligen müssen (Schulen, Straßen, Krankenhäuser, Sozialhilfe u. a.).

12.5 Die Staatsverschuldung

Seit jeher neigen Staaten dazu, mehr auszugeben als sie einnehmen. Die Differenz wird dadurch abgedeckt, dass Kredite aufgenommen, d. h. Schulden gemacht werden.
Das gilt auch für die Bundesrepublik Deutschland. Wie das folgende Schaubild zeigt, beträgt der Schuldenstand von Bund, Ländern und Gemeinden

zusammen 1998 fast 2,3 Billionen DM. Das entspricht über 61 % des Bruttoinlandsprodukts und einer Pro-Kopf-Verschuldung von ca. 28 000 DM.

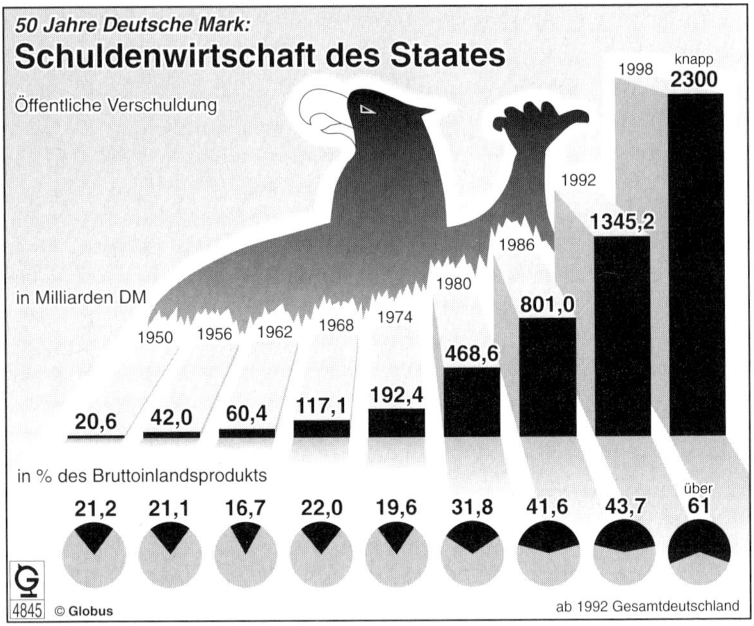

Staatsschulden im Zeitverlauf
In den 50er- und 60er-Jahren (bis zur Krise 1967/68) nahm die Staatsverschuldung nur langsam zu. Der allgemeine Wirtschaftsaufschwung (Wiederaufbau, „Wirtschaftswunder") führte dem Staat hohe Steuereinnahmen zu, sodass Mitte der 50er-Jahre sogar vorübergehend Staatsschulden abgebaut und staatliches Geldvermögen gebildet werden konnte. Seit Mitte der 70er-Jahre wuchsen die Schulden vor allem des Bundes und der Länder sehr stark. Die Netto-Neuverschuldung der Gebietskörperschaften, d. h., die Neuverschuldung nach Rückzahlung fällig werdender Alt-Schulden, erreichte 1996 einen Spitzenwert von 123 Milliarden DM. Insbesondere infolge der Wiedervereinigung Deutschlands stieg die Netto-Neuverschuldung des Bundes seit 1990 stark an (s. S. 193).
Der weitaus größte Teil der Staatsschulden sind ***Schuldscheindarlehen,***

d. h. Kredite von Banken, Versicherungen, Bausparkassen, Kapitalanlagegesellschaften und anderen Großkreditgebern gegen Hergabe eines Schuldscheins. Daneben finanziert sich die öffentliche Hand am organisierten Kapitalmarkt, der Bund z. B. durch Ausgabe von ***Bundesanleihen, Bundesobligationen, Bundesschatzbriefen*** und anderen Wertpapieren.
Zwar kam bisher der Staat seinen Verpflichtungen stets nach, aber nur dadurch, dass er fällig werdende Schulden durch neue ablöste. Die ***Gesamtschulden*** nahmen ständig zu.

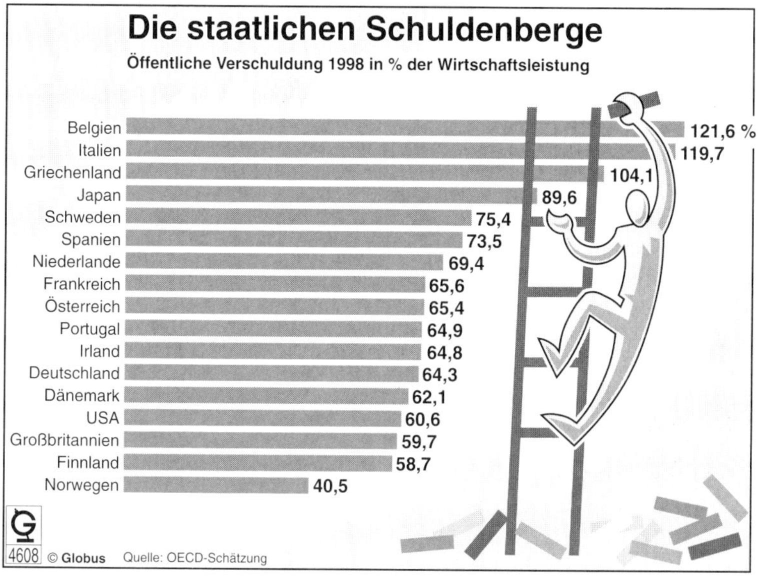

Seit dem Ende der 70er-Jahre und verstärkt seit der Festlegung der Maastricht-Kriterien im Jahr 1992 (s. S. 133) wird das Problem der Staatsverschuldung intensiv diskutiert. Es zeigte sich nämlich, dass bei aller Kreditwürdigkeit unseres Staates – der Staat besitzt hohe Vermögenswerte und außerdem hat er über die Steuerhoheit zumindest theoretisch die Möglichkeit, stets seinen Schuldendienst zu erfüllen – übermäßige Schulden in mehrfacher Hinsicht große Probleme aufwerfen:
- Der Handlungsspielraum des Staates wird eingeengt.
- Die Konjunktursteuerung gemäß dem Stabilitätsgesetz wird schwieriger

bis unmöglich. Der vom Staat stark beanspruchte Kapitalmarkt reicht nicht aus hinreichend Mittel für private Investitionen bereitzustellen.
- Der Staat treibt die Zinsen nach oben.
- Der Abbau oder weitere Aufbau des Schuldenberges wirkt bei den gegebenen Größenordnungen stark auf die gesamtwirtschaftliche Entwicklung ein.

Dabei sieht die Bundesrepublik Deutschland im internationalen Vergleich nicht einmal schlecht aus (vgl. Schaubild auf S. 161).
Unter den wichtigsten Industrienationen hat Belgien die größte Schuldenlast je Kopf der Bevölkerung zu tragen, gefolgt von Italien, Griechenland und Japan. Die geringste Pro-Kopf-Verschuldung weist Norwegen auf.

Die Schulden der Gemeinden
Die Verschuldung der Städte und Gemeinden hat inzwischen, insbesondere wegen der stark gestiegenen Soziallasten, ebenfalls hohe Ausmaße erreicht. Allerdings schwankt die Verschuldung je Einwohner erheblich.

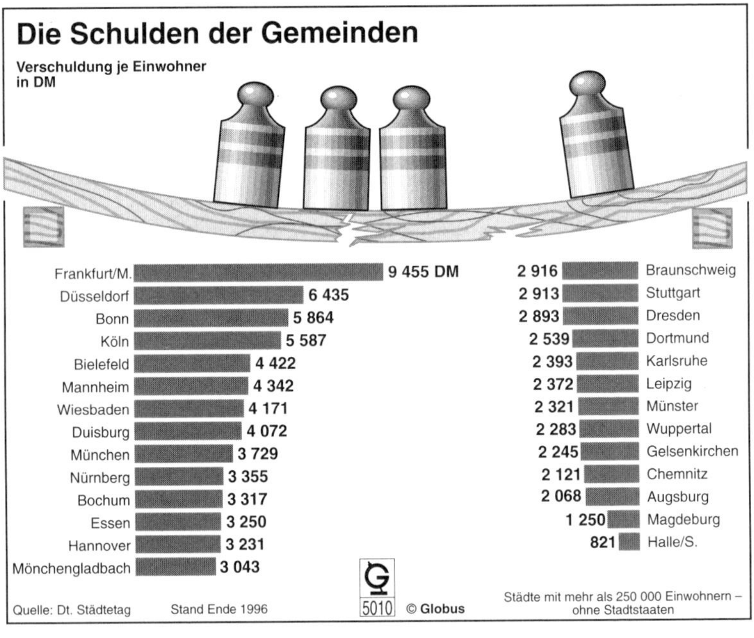

13 Wirtschaftssysteme und Wirtschaftsordnungen

13.1 Die zwei Grundformen der Lenkung einer Volkswirtschaft

In jeder Volkswirtschaft müssen folgende Probleme gelöst werden (s. S. 6 f.):

1. Welche Güter und wie viel von jeder Güterart sollen erstellt werden?
2. Mit welchen Verfahren und welchen Materialien sollen die Güter erstellt werden?
3. Für wen sollen die Güter hergestellt werden?

Die Beantwortung dieser Fragen hängt letztlich von der Antwort auf die eine Frage ab:
Wer bestimmt, was in der Wirtschaft geschieht? oder:
Wer lenkt die Wirtschaft?
Man spricht daher auch vom ***Lenkungsproblem der Wirtschaft.*** Es lassen sich zwei Grundformen oder Systeme einer Volkswirtschaft unterscheiden:
Die marktwirtschaftliche Lenkung (= ***Marktwirtschaft***) und
die zentrale Lenkung (= ***Zentralverwaltungswirtschaft***).

13.2 Die marktwirtschaftliche Lösung des Lenkungsproblems

In einer Marktwirtschaft stellen die einzelnen Wirtschaftseinheiten – Unternehmungen und Haushalte – schriftlich oder auch nur gedanklich Wirtschaftspläne auf.
Die ***Unternehmungen*** planen, welche Güter sie herstellen. Sie vergleichen zunächst die wahrscheinlichen Herstellungskosten und die wahrscheinlichen Verkaufspreise der Güter miteinander. Können sie aufgrund eines derartigen Vergleichs einen Gewinn oder zumindest eine volle Deckung der Kosten erwarten, so entscheiden sie sich für diese oder jene Güterproduktion. Ob ihre Berechnungen richtig waren, zeigt sich immer erst nach Abschluss der Produktion, nämlich beim Verkauf der Güter auf dem Markt.

Auf den Märkten herrscht zwischen den Anbietern gleicher oder ähnlicher Güter Konkurrenz. Sie führt theoretisch bei allen Gütern zu Preisen, die Angebot und Nachfrage ausgleichen. Im Gleichgewicht decken die Güterpreise die Kosten gerade. Ein derartiges Gleichgewicht wird aber in der Realität nicht erreicht. Vorübergehend können zu viel oder zu wenig Güter produziert und angeboten werden, sodass den Unternehmungen Verluste

oder Gewinne entstehen. Verluste bewirken eine Verringerung, Gewinne eine Erhöhung des Angebotes (s. auch S. 91 f.).
Die ***privaten Haushalte*** überlegen, welches Einkommen sie erzielen (können) und wie viel sie davon konsumieren und sparen wollen. Das ***Einkommen*** der privaten Haushalte ergibt sich in der Marktwirtschaft aus den ***Marktpreisen*** für die von ihnen angebotenen ***Produktionsfaktoren.*** Die meisten privaten Haushalte haben (fast) nur die Arbeit als Produktionsfaktor anzubieten, sodass ihr Einkommen im Wesentlichen dem Lohn für die Arbeit entspricht. Das Einkommen ist dann nur durch beruflichen Aufstieg oder durch berufliche Veränderung (in eine höher bezahlte Stelle) oder durch Mehrarbeit zu erhöhen. Mehrarbeit kann dadurch geleistet werden, dass weitere Haushaltsangehörige (voll oder zeitweise) erwerbstätig werden, oder dass die bereits erwerbstätigen Haushaltsangehörigen Überstunden machen oder sich Nebenbeschäftigungen suchen.

Innerhalb der Grenzen ihres Einkommens können die Bezieher von Geldeinkommen in der Marktwirtschaft gemäß ihrem Wirtschaftsplan Güter nach Belieben kaufen (Konsumfreiheit: s. S 28); der Produktionsprozess wird den Wünschen der Verbraucher möglichst angepasst. Diese Wünsche drücken sich in der Nachfrage oder Nicht-Nachfrage nach den angebotenen Gütern aus.
Das große Problem jeder Volkswirtschaft – das Lenkungsproblem – wird also in der Marktwirtschaft aufgrund von ***vielen individuellen Wirtschaftsplänen*** gelöst. Diese Pläne werden durch den ***Wettbewerb auf den Märkten koordiniert***, denn die in den Plänen geschätzten Kosten (= Einkommen) und Preise werden immer wieder an den tatsächlichen Kosten und Preisen, wie sie sich auf den Märkten ergeben, überprüft. Abweichungen führen jeweils zu ungeplanten Verlusten oder Gewinnen und bewirken infolgedessen eine Berichtigung der Einzelpläne.

13.3 Die zentralverwaltungswirtschaftliche Lösung des Lenkungsproblems

Während in der Marktwirtschaft die einzelnen Wirtschaftseinheiten – Haushalte und Unternehmungen – ihre eigenen Wirtschaftspläne selbstständig aufstellen können, besteht in der Zentralverwaltungswirtschaft in der Regel nur ***ein*** umfassender ***Plan,*** der von einer ***staatlichen Zentralstelle*** aufgestellt wird. Die einzelnen Betriebe und Haushalte brauchen ihre Pläne nicht mehr ständig an den Marktpreisen zu orientieren und sie von Fall zu Fall zu berichtigen. Vielmehr setzt die staatliche Zentralstelle fest,

- ***welche Güter*** der einzelne Betrieb herzustellen hat,
- ***welche Rohstoffe*** er dabei verarbeiten muss,
- ***von wem*** er diese Rohstoffe zu ***beziehen*** hat und
- ***an wen*** er die Fertigerzeugnisse ***abzuliefern*** hat.
- Auch die ***Preise*** für alle Güter werden vom Staat festgelegt.

Die Lenkung der Volkswirtschaft geschieht so, als ob die gesamte Volkswirtschaft in einer Riesenunternehmung zusammengefasst wäre. Es ist klar, dass in einer derartig gelenkten Volkswirtschaft nicht nur die Produktion zentral gesteuert wird, sondern dass auch gemäß den Zielen des allumfassenden Wirtschaftsplans die Konsumgüter den einzelnen Teilnehmern an der Wirtschaft zugeteilt werden müssen, dass ebenso der Einsatz der Arbeitskräfte und auch das jährliche Volumen der Ersparnisse und der Investitionen zentral von einer Stelle bestimmt werden müssen.
Mit einer derartigen Organisation der Wirtschaft ist eine private Verfügungsgewalt über die Produktionsfaktoren unvereinbar. Die staatliche Zentralstelle muss jederzeit über den Einsatz der Produktionsfaktoren gemäß ihren Zielen verfügen können. Deswegen gibt es in einer zentral geleiteten Wirtschaft ***kein Privateigentum an Produktionsmitteln***, wie es in einer Marktwirtschaft üblich und nötig ist.

13.4 Wirtschaftssystem und Wirtschaftsordnung

Die bisher dargestellten Organisationsformen der Wirtschaft kommen in dieser reinen Form in der Wirklichkeit nicht vor. Sie sind nur denkbare ***Idealtypen,*** die zwei grundlegend verschiedene Wirtschaftssysteme darstellen. Im wirtschaftlichen Alltag weist jede Volkswirtschaft eine im Laufe der Jahrzehnte gewachsene Ordnung auf. So gibt es Volkswirtschaften, die zwar marktwirtschaftlich organisiert sind, in die aber auch der Staat eingreift, indem er eine ***Globalsteuerung*** der Wirtschaft betreibt und z. B. die Produktion subventioniert, das Einkommen bestimmter Personenkreise durch Kindergeld und Mietbeihilfen verbessert oder auch bei Investitionsentscheidungen großer Unternehmungen mitwirkt.
Wirtschaftsordnungen lassen sich nicht unabhängig von der Gesellschaftsordnung festlegen. In den früheren kommunistischen Staaten Zentral- und Osteuropas wurde die Wirtschaft zentral verwaltet. Die verbleibenden Freiräume für Betriebe und Haushalte waren freilich von Land zu Land unterschiedlich. Inzwischen befinden sich die meisten Länder Zentral- und Osteuropas auf dem Weg in die Marktwirtschaft, nachdem die po-

litischen diktatorischen Systeme durch demokratische Strukturen abgelöst wurden. In den westlichen demokratischen Ländern bestehen seit langem marktwirtschaftliche Ordnungen, wobei das Ausmaß der Staatseingriffe ebenfalls von Land zu Land unterschiedlich ist.
Letztlich beruht die marktwirtschaftliche Ordnung auf einem liberalen Menschenbild, während eine zentralverwaltungswirtschaftliche Ordnung sich von einem kollektivistischen Menschenbild ableitet.

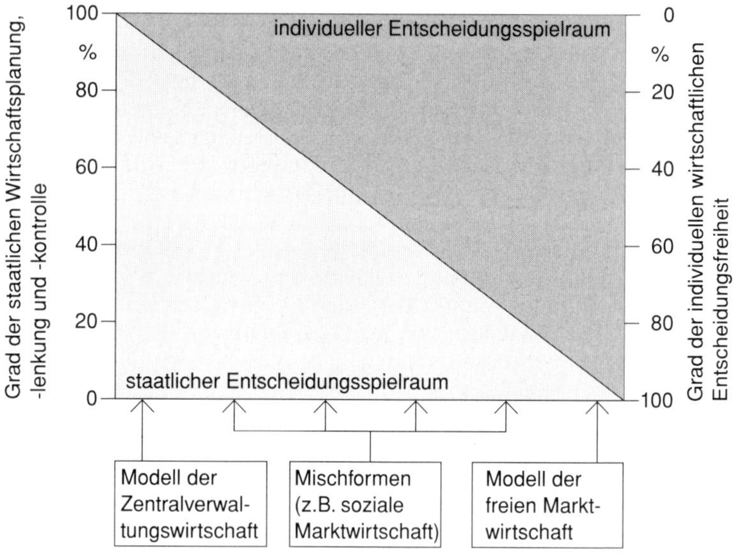

Quelle: Kirsch u. a.: Die Wirtschaft. Einführung in die Volks- und Betriebswirtschaftslehre, S. 162.

13.5 Die Wirtschaftsordnung der Bundesrepublik Deutschland

In der ***Bundesrepublik Deutschland*** haben sich die verantwortlichen Politiker nach dem Zweiten Weltkrieg für die Errichtung einer ***marktwirtschaftlichen Wirtschaftsordnung*** entschieden. Man wusste aus Erfahrung, dass mithilfe des Wettbewerbs und der Preise über die Märkte am schnellsten und einfachsten

- angezeigt wird, wo Güter und Produktionsfaktoren knapp sind,

- die vielen Wirtschaftspläne der einzelnen Wirtschaftseinheiten koordiniert werden,
- die Interessen der Anbieter und Nachfrager kontrolliert werden,
- die Güter verteilt werden,
- die Wohlfahrt breiter Bevölkerungsschichten erhöht wird.

Für den Staat war es das Wichtigste, den ***Wettbewerb*** zu organisieren und zu sichern, damit das Marktgeschehen durch Wettbewerb geordnet wird.

Wettbewerb kann mit verschiedenen Mitteln betrieben werden: Preise, Produktqualitäten, Zahlungs- und Lieferungsbedingungen, Kundendienst, Verpackung, Beratung und Werbung können Mittel des Wettbewerbs sein. Daneben gibt es auch sog. „unfriedliche" Mittel des Wettbewerbs. Dazu zählen z. B. die Verleumdung von Personen oder der Qualität der Konkurrenzprodukte, der Missbrauch von Firmenmarken oder -namen, die Ausnutzung fehlender Warenkunde der Käufer durch Täuschung über Qualität, Gebrauchswert und Haltbarkeit des Produkts, die Ausnutzung der Rechts- und Geschäftsunkunde der Marktpartner. Vernichtungskämpfe haben das Ziel, Konkurrenten gewaltsam aus dem Markt zu drängen und so eine umfassende Marktmacht zu erlangen.
Schließlich können sogar verbrecherische Maßnahmen wie Erpressung oder Betriebsspionage angewendet werden um die eigenen Interessen durchzusetzen. Diese Maßnahmen werden ergriffen um sich dem Leistungszwang des Wettbewerbs zu entziehen und einen Vorsprung vor den Konkurrenten zu erlangen, der nicht durch Leistung begründet ist.
Der Wettbewerb um die Erwerbschancen kann also mit unterschiedlichen Mitteln und in unterschiedlichen Formen durchgeführt werden, die nicht alle gleichermaßen vertretbar sind. Der Wettbewerb muss deshalb geordnet werden, wobei die oberste Richtschnur sein muss den ***Leistungswettbewerb*** zu fördern und den ***Schädigungswettbewerb***, wie er in den zuletzt erwähnten Methoden sichtbar wurde, zu unterbinden.
Wichtige Gesetze zur Ordnung des Wettbewerbs in der Bundesrepublik Deutschland sind:

- Das ***Gesetz gegen unlauteren Wettbewerb*** (UWG). Dieses Gesetz soll den Wettbewerb vor Auswüchsen schützen.
- Das ***Rabattgeset***z. Es beschränkt die Höhe des Rabatts, der dem Endverbraucher gewährt wird.
- Die ***Zugabeverordnung***. Danach ist es grundsätzlich verboten, im geschäftlichen Verkehr neben einer Ware oder Leistung eine Zugabe anzubieten, anzukündigen oder zu gewähren.

- Das ***Warenzeichengesetz***: Es schützt das Warenzeichen als ein Kennzeichen zur Unterscheidung der Ware eines Gewerbetreibenden von Waren anderer Unternehmen; der Verbraucher vertraut nämlich in der Regel auf die Richtigkeit der Zeichenaussage und schließt infolgedessen auf gleich bleibende Qualität, sodass das Warenzeichen eine Garantiefunktion hat.
- Das ***Wirtschaftsstrafgesetz***. Es enthält Strafandrohungen gegen die Vorschrift von Preisen und gegen Preisüberhöhungen.

Für die Wirtschaftspolitik des Staates ist das ***Gesetz zur Förderung der Stabilität und des Wachstums der Wirtschaft*** (Stabilitätsgesetz), die gesetzliche Grundlage.
Trotz des in der Bundesrepublik Deutschland vom Staat organisierten Wettbewerbs kommt es immer wieder vor, dass sich einzelne Wirtschaftsteilnehmer dem Wettbewerb zu entziehen versuchen. Dies ist möglich, indem sich verschiedene Unternehmungen zu einer Großunternehmung oder zu nur wenigen Großunternehmungen zusammenschließen. Oder verschiedene Unternehmer sprechen sich ab, die Preise für ihre (gleichen) Produkte gleichzeitig zu erhöhen oder zu senken um einander keine Konkurrenz zu machen (s. S. 50 ff.). Ein ***funktionsfähiger Wettbewerb*** ist in einer Marktwirtschaft aber unabdingbar.
Der Staat begegnet deshalb solchen oder ähnlichen Versuchen durch das ***Gesetz gegen Wettbewerbsbeschränkungen*** (Kartellgesetz s. S. 51 f.). Dieses Gesetz verbietet auch die ***Preisbindung der 2. Hand***, bei der Endverbrauchspreise durch die Hersteller vorgeschrieben würden (Ausnahmen: Arzneimittel und Druckerzeugnisse).
Drohende einseitige machtpolitische Übergewichte können evtl. auch durch Bildung von ***Gegenmacht*** ausgeglichen werden. Besonders auf dem Arbeitsmarkt finden wir die Anwendung des ***Grundsatzes der gegengewichtigen Marktmacht*** (Arbeitgeberverbände und Gewerkschaften).
Da in der marktwirtschaftlichen Ordnung die Verteilung der Güter und Einkommen erfahrungsgemäß nicht immer in sozialpolitisch wünschenswerter Weise abläuft, hat sich der Staat in der Bundesrepublik Deutschland verpflichtet für eine soziale marktwirtschaftliche Ordnung zu sorgen. Überall dort, wo der Marktmechanismus zu „ungerechten" Lösungen führt, z. B. zu Entlassungen oder zu geringem Einkommen, zu Krisen, allgemeiner Arbeitslosigkeit, drohendem Untergang ganzer Branchen oder Illiquidität großer Unternehmungen, greift der Staat durch Arbeitslosenunterstützung, Beihilfen und Staatsaufträge, Bürgschaften oder Ähnliches ein.

Die Wirtschaftsordnung der Bundesrepublik Deutschland, die soziale Marktwirtschaft, will den Grundsatz der Freiheit auf dem Markt mit dem Grundsatz des sozialen Ausgleichs verbinden. Die ***Soziale Marktwirtschaft*** ist inzwischen für viele andere Staaten richtungweisend geworden. Ihre geistigen Väter, Alfred ***Müller-Armack*** (1901–1978) und Ludwig ***Erhard*** (1897–1977), haben mit diesem Wirtschaftssystem nicht nur ökonomische Effizienz, sondern – ausgehend von einem freiheitlichen Menschenbild – auch eine gute Entfaltungsmöglichkeit des Einzelnen ermöglicht.

13.6 Die Wirtschaftsordnung der ehemaligen DDR

Nach dem Zweiten Weltkrieg mussten in der damaligen sowjetischen Besatzungszone Deutschlands und späteren DDR die Grundsätze und Methoden der ***Zentralverwaltungswirtschaft*** sowjetischen Typs mit nur geringen Änderungen übernommen werden. In der Verfassung wurde die Wirtschaftsordnung der DDR als „Sozialistische Planwirtschaft" bezeichnet.

Kernpunkt der Wirtschaftsordnung der DDR war ein vom Staat beherrschtes zentrales Planungs- und Lenkungsinstrumentarium, das den Markt- und Preiswettbewerb, wie er in der Bundesrepublik Deutschland herrscht, ersetzte. Den „volkseigenen", d. h. staatlichen Betrieben und ihren Zusammenschlüssen, den ***Kombinaten,*** wurden von einer staatlichen Zentralstelle ***Produktionspläne*** vorgegeben. Darin war exakt vorgeschrieben, welche Güter in welchen Mengen und Qualitäten und zu welchen Preisen an wen abzuliefern waren. Die Bewährung der Betriebe ergab sich aus der Menge der erstellten Güter, wie sie der zentrale Plan vorschrieb. Es wurden Fünfjahrespläne und innerhalb derselben jährliche ***Volkswirtschaftspläne*** aufgestellt.

Das zweite konstituierende Element der Wirtschaftsordnung der DDR (neben der zentralen Planung) war die ***sozialistische Produktionsweise.*** Diese wurde im Wesentlichen durch das ***gesellschaftliche Eigentum*** an den Produktionsmitteln gekennzeichnet. Privateigentum an den Produktionsmitteln war weit gehend aufgehoben. Die meisten Betriebe waren „volkseigene" (staatliche) oder genossenschaftliche Produktionsstätten.

Auch in der DDR war angeblich das Ziel der Produktion der Mensch mit seinen Bedürfnissen. Allerdings wurden diese Bedürfnisse nur insoweit im Zentralplan berücksichtigt, als sie mit den gesellschaftlichen und wirtschaftlichen Erfordernissen vereinbar erschienen. Der einzelne Wirtschaftsteilnehmer wurde nach dem Leistungsprinzip, d. h. entsprechend dem Verhältnis der Menge und der Güte der geleisteten Arbeit, am Konsum beteiligt. Wich der individuelle Konsum von der zentral geplanten Produktion ab, so wurde nicht die Produktion, sondern der Konsum durch staatliche Lenkungsmaßnahmen – z. B. Verbrauchsaufforderungen, Rationierung usw. – so gesteuert, dass Produktion und Konsum wieder zur Übereinstimmung gebracht wurden. Letztlich bedeutete dies, dass sich jeder einzelne Wirtschaftsteilnehmer in der DDR in seinem Verhalten am Wirtschaftsgesamtplan orientieren musste. Konsumfreiheit, d. h. die Möglichkeit mit Geld alle gewünschten Güter zu erstehen bestand nicht.

13.7 Vergleich der Wirtschaftssysteme und der Wirtschaftsordnungen

Ein Vergleich der ***Wirtschaftssysteme*** (Idealtypen) ist schwierig, weil Karl ***Marx*** und Wladimir Iljitsch ***Lenin*** in ihren Veröffentlichungen zwar eine Kritik des Kapitalismus geleistet und dargestellt haben mit der Schlussfolgerung, dass das kapitalistische System sich zwangsläufig zum Sozialismus (als Vorstufe des Kommunismus) entwickeln würde (was nicht eingetreten ist). Darüber, wie das sozialistische (und später das kommunistische) Wirtschaftssystem im Einzelnen funktioniert, wurde von ihnen jedoch wenig ausgesagt. Allgemein bestehen folgende Unterschiede:

Marktwirtschaft	**Zentralverwaltungswirtschaft**
zahlreiche Einzelpläne	Zentralplan
selbstständige Unternehmungen	von der Zentralstelle abhängige Betriebe
Beschaffungs- und Absatzmärkte	zentral bestimmte Beschaffungs- und Ablieferungsstellen
Privateigentum an Produktionsmitteln	Staatseigentum und staatliche Verfügungsgewalt über Produktionsmittel
freie Konsumwahl	staatlich vorgeschriebener Konsum
ungeregelte Investitionen	staatlich abgestimmte Investitionen
Pluralismus gesellschaftlicher und wirtschaftlicher Ziele	staatliches Zielsystem

Außer den idealtypischen Wirtschaftssystemen können marktwirtschaftliche und zentralverwaltungswirtschaftliche ***Wirtschaftsordnungen*** (Realtypen), also z. B. die „Soziale Marktwirtschaft“ der Bundesrepublik Deutschland und die „Sozialistische Planwirtschaft“ der früheren DDR, miteinander verglichen werden. Das ist nicht einfach, weil die Ausgangstatbestände in diesen beiden Teilen Deutschlands nach dem Zweiten

Weltkrieg unterschiedlich waren, und weil ***unterschiedliche Begriffe*** verwandt oder ***gleiche Begriffe mit unterschiedlichen Inhalten*** gefüllt wurden.
Trotz dieser Schwierigkeiten sind folgende Stärken und Schwächen zentral geleiteter Wirtschaftsordnungen aufzuführen, die zugleich – mit umgekehrten Vorzeichen – die Schwächen und Stärken der marktwirtschaftlichen Ordnung sind:

Stärken einer zentral geleiteten Wirtschaft
- Da der Preismechanismus außer Kraft gesetzt ist, kann der Staat ***Güterpreise nach sozialpolitischen Gesichtspunkten*** festsetzen, z. B. für Grundnahrungsmittel, Wohnungen, öffentlichen Nahverkehr sehr niedrige Preise bestimmen und über lange Zeiten konstant halten.
- Die ***Preise*** für Güter sind in der gesamten Volkswirtschaft gleich (keine Notwendigkeit der Preisvergleiche seitens der Marktparteien).
- Der Staat kann Arbeitskräfte und Sachkapital in Dienstbereiche lenken, die für ihn ***politische Priorität*** besitzen, z. B. in die Investitionsgüter-Industrie, die Rüstungsindustrie, die Weltraumforschung.
- Es besteht ***keine*** (offene) ***Arbeitslosigkeit***.
- Es gibt (offiziell) ***keine Konjunkturschwankungen***.
- Es besteht – außer beim Staat – ***keine Vermögensansammlung und wirtschaftliche Macht***.
- Das ***Güterangebot*** ist ***überschaubar*** (geringere Anzahl von Produkten, weniger Produktvariationen).
- Die ***Konsumfreiheit*** (im Rahmen des vorhandenen Güterangebots) wird ***nicht durch*** Werbung und andere ***Marketing***instrumente beeinflusst.

Schwächen einer zentral geleiteten Wirtschaft
- Da es keine Marktpreise gibt (die sich aus Angebot und Nachfrage bilden), können die Preise ihre Aufgabe als Knappheitsmesser nicht erfüllen. ***„Falsche" Preise*** führen aber zur ***Fehlleitung*** von Produktionsfaktoren (die Volkswirte sagen: Zur Fehlallokation der Ressourcen).
- Die Aufstellung, Vorgabe und Kontrolle umfangreicher und detaillierter Wirtschaftspläne in einer hoch entwickelten Volkswirtschaft ist trotz des Einsatzes der elektronischen Datenverarbeitung offensichtlich so gut wie unmöglich. Es kommt dauernd und überall zu ***Unstimmigkeiten in der Bereitstellung*** von Sachgütern, Dienstleistungen, Rohstoffen, menschlicher Arbeitskraft usw. Es wird zu viel oder zu wenig geliefert, in falscher Qualität, zu früh oder zu spät. Dies führt tendenziell zum ***„Horten"*** von Rohstoffen, Vorprodukten und Arbeitskräften

bei den Betrieben, zum Horten von Konsumgütern (die es gerade gibt) bei den Haushalten, zur Entstehung einer zusätzlichen Tauschwirtschaft.

- Weil die Betriebe mit wirtschaftlichen Strafen rechnen müssen, wenn sie Planvorgaben nicht erfüllen, aber umgekehrt mit Prämien bei der Planübererfüllung rechnen können, kommt es dazu, dass – in der Vorphase der Planberatung – den übergeordneten Behörden tendenziell ***eher niedrigere Planzahlen*** vorgeschlagen werden, dass die Betriebe die Planauflagen höchstens mäßig übererfüllen, weil sie sonst mit höheren Vorgaben für die nächste Planperiode rechnen müssen, und dass sie technischen Neuerungen eher ablehnend gegenüberstehen, weil sie in der Phase der Umstellung die Planerfüllung beeinträchtigen könnten. Dies führt leicht zur Überalterung des Produktionsapparates.
- Der ***Vorrang der nominellen Planerfüllung*** führt zu qualitativ schlechten Produkten und zu Umweltschäden.
- Es besteht die Notwendigkeit eines ***großen bürokratischen Apparates,*** um die nötigen Informationen zu beschaffen, auszuwerten, die Pläne aufzustellen, abzustimmen, vorzugeben und zu kontrollieren.
- ***Es fehlen Privatinitiative und Wettbewerb als Antriebskräfte*** des wirtschaftlichen Fortschritts.
- Es besteht ***kein materieller Anreiz*** für die Wirtschaftssubjekte, sich ökonomisch möglichst vernünftig zu verhalten. Eine Planübererfüllung kommt dem Kollektiv zugute, nicht dem wirtschaftlichen Nutzen des Einzelnen. „Sozialistischer Wettbewerb" zwischen den Arbeitsbrigaden (Titel „Held der Arbeit") und Ehrungen sowie das öffentliche Herausstellen von „Bestarbeitern" vermögen den fehlenden materiellen Leistungsanreiz nicht zu ersetzen.

- Die ***Arbeitsproduktivität*** ist erheblich niedriger als in marktwirtschaftlichen Ordnungen.
- Die Plankommission kann dem sich wandelnden gesellschaftlichen Bedarf nur mit Zeitverzögerung folgen. Dies führt zu ***„Ladenhütern"*** und zugleich zur Zeitverzögerung in der Bereitstellung der gewünschten Güter.
- Es herrscht ***Unterversorgung bei fast allen Gütern***. Das erfordert Rationierungen, Zuteilungen und führt zu Warteschlangen. Es begünstigt die „Parallelwirtschaft" (z. B. freie Kolchosmärkte), schwarze Märkte und Korruption.
- Die ***Konsumfreiheit*** ist wegen des Gütermangels ***eingeschränkt.***
- Die ***Freiheit der Arbeitsplatzwahl*** ist ***eingeschränkt,*** weil es (von Ge-

nossenschaften und dem kleinen Restbereich des privaten Handwerks und Handels abgesehen) nur ***einen*** Arbeitgeber – den Staat – gibt.
- Wenn die Arbeitskräfte-Steuerung über unterschiedliche Löhne nicht hinreichend gelingt, greift der Staat – trotz der verfassungsmäßig garantierten freien Arbeitsplatzwahl – zu ***direkten Lenkungsmitteln***, z. B. über Aufenthaltsgenehmigungen, Bereitstellungen oder Nicht-Bereitstellung von Wohnungen, zum „Druck" durch die Partei.
- Es herrscht ***„versteckte Arbeitslosigkeit"*** (Vollbeschäftigung durch unrationelles Wirtschaften; Überqualifikation von Arbeitskräften).
- Was „allen" gehört, gehört in der Einstellung des Einzelnen „niemandem". Das bestehende Kollektiveigentum an Produktionsmitteln begünstigt ***schlampigen Umgang*** damit und die Vergeudung von Gütern.
- Die „Kunden" können nicht abwandern, da es keinen konkurrierenden Anbieter gibt. Dies begünstigt ***Unhöflichkeit*** und ***hochmütiges Verhalten*** der Verkäufer sowie „Dienst nach Vorschrift".

Der Staat ist wirtschaftlich allmächtig, der Einzelne entsprechend ohnmächtig.
Alles in allem: Trotz der genannten Schwächen der Marktwirtschaft (= Stärken der zentral geleiteten Wirtschaft) ist eine marktwirtschaftliche, staatlich gelenkte und auf sozialen Ausgleich bedachte Wirtschaftsordnung die mit Abstand effizientere Wirtschaftsordnung. Je nach weltanschaulichem Standpunkt ist sie auch als die menschlichere Wirtschaftsverfassung anzusehen.
Die Unzufriedenheit mit der wirtschaftlichen Ineffizienz des Systems, dem Schlendrian und der verbreiteten Lethargie, dem daraus folgenden niedrien Lebensstandard und der ständigen Jagd nach den Gütern des täglichen Bedarfs führte in vielen Ländern Osteuropas immer wieder zu politischen Unruhen, Demonstrationen und Revolutionen. Der Aufstand der Arbeiter in der DDR am 17. Juni 1953 begann aus ökonomischen Gründen. Bei den Aufständen 1956 in Ungarn und 1968 in der Tschechoslowakei („Prager Frühling") spielten ökonomische Motive ebenfalls eine wichtige Rolle. Schnell folgten in allen diesen Fällen politische Forderungen nach Demokratisierung und Rechtsstaatlichkeit den ökonomischen Forderungen. Wirtschaftssystem und Gesellschaftsordnung hängen offensichtlich eng miteinander zusammen.
Beginnend mit Polen und Ungarn begann schließlich in den 80er-Jahren eine politische und ökonomische Liberalisierung zentral- und osteuropäischer Länder, die zunehmend deutlich werden ließ, dass ein dritter Weg „zwischen Marx und Markt" nicht existiert. In der marxistisch-leninisti-

schen Ideologie freilich war der Weg vom Kapitalismus in den Sozialismus und Kommunismus prophezeit, nicht – umgekehrt – der Weg vom Sozialismus in die kapitalistische Marktwirtschaft.
Die Ablösung zentralistischer Strukturen durch den Markt, die gleichzeitig für die führenden Kader von Partei und Staat mit dem Verlust von Privilegien (z. B. dem Warenbezug in besonderen Läden) verbunden war, ließ die verdeckten und kaschierten Fehlentwicklungen in der staatlich gelenkten Wirtschaft zum Vorschein treten. Es kam zu Stilllegungen unrentabler Betriebe, infolgedessen zu Massenarbeitslosigkeit, Massenarmut und erneuter – auch politischer – Unzufriedenheit breiter Bevölkerungsschichten.
Für die ehemalige DDR besteht die besondere Situation darin, dass sie durch Beitritt zur Bundesrepublik Deutschland gemäß Artikel 23 des Grundgesetzes Teil eines Staates mit einem effizient funktionierenden marktwirtschaftlichen System geworden ist. Dennoch blieb auch ihr nicht erspart, dass mit der Einführung der Marktwirtschaft die vorhandenen ineffizienten Strukturen zerschlagen werden mussten, was zu großen persönlichen Härten, insbesondere zum Verlust von Arbeitsplätzen führte.

14 Volkswirtschaft und Weltwirtschaft

14.1 Von der Hauswirtschaft zur Volkswirtschaft und zur Weltwirtschaft

Die ***Arbeitsteilung*** hat aus einem Nebeneinander geschlossener Hauswirtschaften Volkswirtschaften entstehen lassen. Man kann sich diesen Vorgang so vorstellen, dass sich aus der ursprünglich geschlossenen Hauswirtschaft im Zeitablauf einzelne ***Teilverrichtungen*** (z. B. Brot backen, Häuser bauen, Tiere schlachten) als selbstständige Berufstätigkeiten ***abgespalten*** haben. Es entstanden verschiedene Handwerksberufe. Die vom einzelnen Handwerker erstellten Güter wurden nur zum Teil für den Eigenbedarf benötigt. Den verbleibenden Rest tauschte er gegen sonstige Güter seines Bedarfes mit anderen Handwerkern und mit den Bauern. Die weitere Entwicklung der Arbeitsteilung führte zur Herausbildung des Handels, des Verkehrs, der freien Berufe und zur Aufspaltung der Produktion in mannigfaltige Zweige und Stufen.

Die sich gleichzeitig entwickelnde Arbeitsteilung innerhalb der einzelnen Produktionsstätten bewirkte eine Zunahme der Betriebsgröße und die Trennung des Betriebes vom Haushalt. In der Regel ist der Arbeitnehmer heute in einem Betrieb tätig, der keine nähere Beziehung zu seinem Haushalt hat. Die moderne Volkswirtschaft ist aber kein Nebeneinander von Einzelwirtschaften, sondern ein verflochtenes Gefüge von Betrieben und Haushalten, die einander bedürfen und erst in der Vereinigung lebensfähig sind. Erst die Arbeitsteilung hat die ganze gesellschaftliche, ökonomische und technische Entwicklung der letzten Jahrhunderte ermöglicht. Die Arbeitsteilung hat nicht bei den nationalen Volkswirtschaften Halt gemacht, sondern sie wurde auch grenzüberschreitend wirksam, wie die heutige weltwirtschaftliche Verflechtung erkennen lässt. Die Öffnung nationaler Grenzen, die Verkürzung der Reisezeiten und insbesondere die modernen Informations- und Kommunikationstechnologien haben Entfernungen schrumpfen lassen und ermöglichen es, weltweit praktisch ohne Zeitverzögerungen Informationen aufzunehmen und weiterzugeben, Kostenvorteile auszunutzen und Märkte zu finden. Die Erde wächst zu einem globalen Markt zusammen.

Unternehmen treffen Standortentscheidungen über nationale Grenzen hinweg und stehen mit Geschäftspartnern in zahlreichen Ländern in Verbindung. Auch die Verbraucher haben zunehmend, z. B. über das Internet, die Möglichkeit an diesem unbegrenzten Informationsaustausch teilzunehmen. Sie können z. B. weltweit einkaufen, Reisen und Hotels buchen oder an Last-minute-Versteigerungen von Flugzeugplätzen teilnehmen.

Das Schlagwort für all dieses heißt ***Globalisierung***. Diese Globalisierung hat viele Vorteile. Insbesondere hilft sie z. B. durch die Verlagerung von Produktionsstätten in die ärmeren Länder, dort den Lebensstandard zu heben. Zugleich freilich bedroht sie das Einkommensniveau und die sozialen Errungenschaften in den entwickelten Ländern.
Ausgangspunkt dieser Entwicklung war zunächst der Wunsch die ***Vorteile der internationalen Arbeitsteilung*** wahrzunehmen. Denn es gibt nun einmal von Land zu Land Kostenunterschiede in der Güterherstellung, die durch Klima, Rohstoffvorkommen, technische Entwicklung, Höhe der Lohnkosten u. a. bedingt sind. So ist beispielsweise der Anbau von Südfrüchten in Italien und Israel dank des günstigen Klimas leichter und ergiebiger als in Deutschland. Dagegen kann die Bundesrepublik Deutschland aufgrund ihrer technischen Entwicklung leistungsfähigere Präzisionswerkzeuge und andere Maschinen herstellen als z. B. Griechenland, wo die Industrialisierung und technische Entwicklung des Landes noch nicht so fortgeschritten sind.

14.2 Das Gesetz der komparativen Kosten

David ***Ricardo*** (1772–1823) hat zu Beginn des 19. Jahrhunderts die Grundlagen für den theoretischen Beweis gelegt, dass sich internationale Arbeitsteilung und somit Außenhandel für jedes Land lohnt, weil dadurch sein Wohlstand erhöht wird. Dies ist sicher einleuchtend, wenn im Ausland bestimmte Güter ***absolut*** billiger hergestellt werden als im Inland und – umgekehrt – im Inland andere Güter absolut billiger als im Ausland. Ricardo und seine Nachfolger aber wiesen den Vorteil des Außenhandels auch bei nur ***relativer*** (= komparativer) Kostendifferenz nach. Von komparativen Kostenunterschieden spricht man, wenn ein Land z. B. zwei Produkte absolut billiger herstellt als ein anderes Land, jedoch so, dass jedes der beiden Länder eine Ware relativ (zur anderen Ware) kostengünstiger herstellt:

Beispiel für komparative Kostenvorteile

Gut	Land		zusammen
	USA	Deutschland	
Reifen	*1 Einheit:* 2 Arbeitstage	*1 Einheit:* 6 Arbeitstage	*2 Einheiten:* 8 Arbeitstage
Tuch	*1 Einheit:* 4 Arbeitstage	*1 Einheit:* 5 Arbeitstage	*2 Einheiten:* 9 Arbeitstage

Trotz der absoluten Überlegenheit der USA bei der Erstellung beider Produkte ist es vorteilhaft, Arbeitsteilung anzustreben und Ex- und Import aufzunehmen. Spezialisieren sich die USA auf Reifen und spezialisiert sich Deutschland auf Tuch, und produzieren beide Länder davon jeweils die doppelte Menge, um die Hälfte austauschen zu können, so ergibt sich folgendes Bild:

Gut	Land		zusammen
	USA	Deutschland	
Reifen	*2 Einheiten:* 4 Arbeitstage	–	*2 Einheiten:* 4 Arbeitstage
Tuch	–	*2 Einheiten:* 10 Arbeitstage	*2 Einheiten:* 10 Arbeitstage

In den USA hat man zwei Arbeitstage, in Deutschland einen Arbeitstag, zusammen also drei Arbeitstage, eingespart.

14.3 Die Zahlungsbilanz

Die Bundesrepublik Deutschland hat, wie viele andere Volkswirtschaften, die Vorteile der internationalen Arbeitsteilung erkannt und zu nutzen gewusst. Schon seit vielen Jahren unterhält sie daher einen regen Außenhandel. 1998 exportierte sie Waren für 950 Milliarden DM und importierte Waren für 821 Milliarden DM. An der Spitze der Ein- und Ausfuhr stehen die gewerblichen Fertigerzeugnisse. Ihr Wert ist erheblich höher als z. B. jener ex- oder importierten Nahrungsmittel.
Die wichtigsten Handelspartner Deutschlands sind die Industrienationen der westlichen Welt, vor allem die Mitglieder der Europäischen Union.
Der Wert des jährlichen Warenverkehrs einer Volkswirtschaft mit dem Ausland wird in der ***Handelsbilanz*** erfasst. Sie ist eine wertmäßige Gegenüberstellung der Warenausfuhr und Wareneinfuhr einer Volkswirtschaft. Die Werte der Warenein- und Warenausfuhr stimmen in der Regel nicht überein. Ist der Wert der Exporte größer als der der Importe, so spricht man von einer ***aktiven Handelsbilanz***, übersteigen die Importe die Exporte, so ist die Handelsbilanz ***passiv.***
Die ***Handelsbilanz*** der Bundesrepublik Deutschland ist seit vielen Jahren ***aktiv***. Deutschland gehört – nach den USA und vor Japan – zu den drei größten Exporteuren der Welt (s. Abb. auf S. 178).
Neben dem Warenverkehr besteht auch ein Dienstleistungsverkehr mit

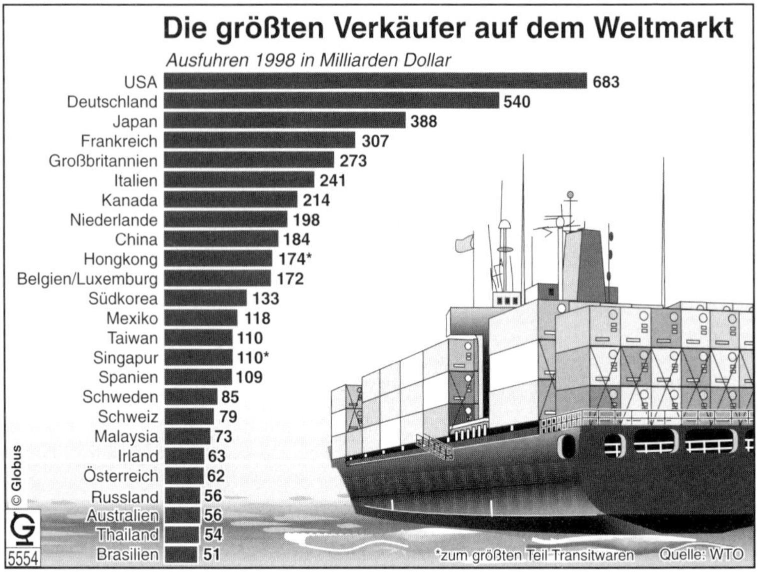

dem Ausland. Die wichtigsten derartigen Dienstleistungen sind Auslandsreisen, der Unterhalt der diplomatischen Vertretungen im Ausland und die Transportdienste, z. B. die Frachten und Hafendienste.

Wareneinfuhr und -ausfuhr 1998 Bundesrepublik Deutschland in Mrd. DM

Handelspartner	Ausfuhr	Einfuhr	Einfuhr- (–) bzw. Ausfuhrüberschuss (+)
alle Länder,	950	821	+ 129
darunter EU-Länder	535	441	+ 94
Schweiz	43	32	+ 11
Japan	18	41	– 23
USA	89	67	+ 22
Länder in Mittel- und Osteuropa	101	84	+ 17
China	12	23	– 11
Entwicklungsländer	109	89	+ 20

Quelle: Deutsche Bundesbank

Alle diese Leistungen werden jährlich in einer ***Dienstleistungsbilanz*** erfasst. Während die Handelsbilanz der Bundesrepublik Deutschland seit Jahren aktiv ist, ist die ***Dienstleistungsbilanz*** seit Jahren ***passiv***. Das ist nicht zuletzt auf die Reiselust der Deutschen zurückzuführen: Mit ihren Ausgaben für Reisen und Urlaub im Ausland liegen die Deutschen nach den US-Amerikanern an der Spitze aller Länder der Erde (vgl. Abb. oben).
In einer eigenen Bilanz werden die grenzüberschreitenden ***Erwerbs- und Vermögenseinkommen*** erfasst. Diese machen, wie dargestellt (s. S. 108 f.), auch den Unterschied zwischen dem Bruttoinlandsprodukt und dem Bruttosozialprodukt aus. In den letzten Jahren schloss diese Bilanz mit einem Ausgabenüberschuss ab, war also passiv.
Schließlich wird für jedes Jahr eine ***Übertragungsbilanz*** erstellt, die die unentgeltlichen Leistungen ausweist, z. B. Heimatüberweisungen der ausländischen Arbeitskräfte und Zahlungen an/von internationale(n) Einrichtungen. Auch die ***Übertragungsbilanz*** weist seit Jahren einen ***Passiv***saldo aus, was vor allem auf die deutschen Zahlungen an die EU und an andere internationale Einrichtungen sowie auf die Überweisungen ausländischer Arbeitskräfte zurückzuführen ist.

Die Handelsbilanz, die Dienstleistungsbilanz, die Bilanz der Erwerbs- und Vermögenseinkommen und die Übertragungsbilanz ergeben zusammen die ***Leistungsbilanz***.
Da die Passivsalden der Dienstleistungsbilanz, der Übertragungsbilanz und der Bilanz der Erwerbs- und Vermögenseinkommen zusammengefasst etwas größer sind als der Aktivsaldo der Handelsbilanz, ist die deutsche Leistungsbilanz insgesamt seit Jahren leicht passiv (siehe Abb. auf S. 181). Es fließt also im Rahmen der Leistungsbilanz mehr Geld vom Inland ins Ausland als umgekehrt aus dem Ausland ins Inland. Dieser Geldabfluss wird jedoch in vielen Jahren kompensiert durch die leistungsunabhängigen Kapitalströme.
Die zwischen den verschiedenen Volkswirtschaften im Laufe eines Jahres zu verzeichnenden Kapitalleistungen, das sind alle gegebenen und empfangenen Geldkredite, Vermögensübertragungen sowie Geld- und Kapitalanlagen, werden in der ***Kapitalbilanz*** zusammengestellt. Der Saldo der Kapitalbilanz schwankt von Jahr zu Jahr stark. 1998 überwog der Kapitalexport. Die unstetige Entwicklung der Kapitalbilanz hängt u. a. damit zusammen, dass große Kapitalströme als „heißes Geld" dort (vorübergehend oder auch auf eine gewisse Dauer) Anlage suchen, wo relativ hohe reale Zinsen gezahlt werden oder wo man erwartet, Wechselkursgewinne mitnehmen zu können.
Der gesamte Verkehr mit dem Ausland, wie er in den bisher erwähnten Bilanzen erfasst wird, schlägt sich in der ***Devisenbilanz*** nieder, weil den zwischen dem Inland und Ausland fließenden Güter-, Dienstleistungs- und Kapitalströmen ein Geldstrom entspricht. Bei diesem Geldstrom handelt es sich um internationales Geld, um Devisen. Wenn also z. B. Güter exportiert werden, strömen dem Inland Devisen zu. Man sagt daher auch, die Devisenbilanz spiegelt sich in den Veränderungen der Währungsreserven eines Landes wider.
Streng genommen müsste der aus der Leistungs- und Kapitalbilanz gewonnene Saldo dem (mit umgekehrtem Vorzeichen versehenen) Devisenbilanzsaldo entsprechen. Da aber manche Güter- und Kapitalleistungen im Verkehr mit dem Ausland den Wirtschaftsstatistikern im Laufe des Jahres nicht gemeldet werden, wird der Unterschied zwischen dem Devisenbilanzsaldo einerseits und dem Leistungs- und Kapitalbilanzsaldo andererseits als „Saldo der statistisch nicht aufgliederbaren Transaktionen" oder als ***Restposten*** bezeichnet.
Alle diese Positionen werden unter dem Oberbegriff ***Zahlungsbilanz*** zusammengefasst.

Zahlungsbilanz der Bundesrepublik Deutschland 1998

			Saldo in Mrd. DM
I.	**Leistungsbilanz**		
	Handelsbilanz		
	Warenexporte	Warenimporte	+ 125
	Dienstleistungsbilanz		
	Einnahmen aus geleisteten Diensten	Ausgaben für Übertragungen	– 62
	Bilanz der Erwerbs- und Vermögenseinkommen		
	empfangene Erwerbs- und Vermögenseinkommen	geleistete Erwerbs- und Vermögenseinkommen	– 16
	Übertragungsbilanz		
	empfangene Übertragungen	geleistete Übertragungen	– 53
			– 6
II.	**Kapitalbilanz**		
Kapitalexport	Abnahme der Forderungen; Zunahme der Verbindlichkeiten	Zunahme der Forderungen; Abnahme der Verbindlichkeiten	Kapitalimport + 24
III.	**Devisenbilanz**		
	Abfluss von Devisen	Zufluss von Devisen	+ 7
IV.	**Unaufgeklärte Differenz**		– 11

Quelle: Deutsche Bundesbank

Die Zahlungsbilanz ist also die Gegenüberstellung aller außenwirtschaftlichen Transaktionen einer Volkswirtschaft während einer Periode, i. d. R. während eines Jahres.

14.4 Außenwirtschaftliche Zusammenschlüsse

Nach der Weltwirtschaftskrise 1929–1933 war die Idee eines freien Außenhandels immer stärker in den Hintergrund getreten. Die Welthandelsländer hatten aus politischen und wirtschaftlichen Gründen ihren Außenhandel erheblich eingeschränkt. Die Folge war ein weltweites Sinken der Volkseinkommen. Nach dem Zweiten Weltkrieg war man international bemüht, den eingeschränkten Welthandel neu zu beleben. Denn die Einkommen steigernde Wirkung des Außenhandels einer Volkswirtschaft wurde allgemein anerkannt. Es sind deshalb verschiedene Organisationen geschaffen worden, die den freien Außenhandel begünstigen sollen, um Beschäftigung und Wohlstand in den Mitgliedstaaten zu fördern.

Die OECD

Die OECD (***O***rganization for ***E***conomic ***C***ooperation and ***D***evelopment; Organisation für wirtschaftliche Zusammenarbeit und Entwicklung) wurde 1961 (durch Umwandlung der OEEC; Organisation für europäische wirtschaftliche Zusammenarbeit) mit Sitz in Paris gegründet. Ihre Ziele sind:

- die Wirtschaftsentwicklung und die Beschäftigung und damit den Lebensstandard in ihren Mitgliedsländern fördern;
- den Dienstleistungs- und Kapitalverkehr der Mitgliedsländer weit gehend von Beschränkungen befreien;
- das Wirtschaftswachstum der Entwicklungsländer fördern;
- auf eine Ausweitung des Welthandels hinarbeiten.

Mitglieder der OECD sind die 24 führenden westlichen Industriestaaten (darunter Deutschland). Sie ist also nicht auf Europa beschränkt.

Der Internationale Währungsfonds/Die Weltbank

Der Internationale Währungsfonds (IWF) ist eine rechtlich selbstständige Sonderorganisation der Vereinten Nationen mit dem Sitz in Washington. Er wurde 1945 in Bretton Woods (USA) gegründet.

Ihm gehören (Anfang 1999) insgesamt 182 Staaten an, d. h. fast alle Staaten der Welt. Ziele des IWF sind die Förderung der Zusammenarbeit auf dem Gebiet der Währung und der Stabilität der Wechselkurse, die Aufhebung der Devisenbewirtschaftung, die Stärkung des Welthandels und der Wirtschaft der Mitgliedstaaten. Das vom IWF zunächst errichtete System fester Wechselkurse musste 1973 aufgegeben werden (s. S. 129 f.).

Die ***Weltbank*** (International Bank for Reconstruction and Development; seit 1946), Washington, ist die Schwesterinstitution des IWF. Sie unterstützt ihre Mitglieder, wie der englische Name bereits sagt, beim Wiederaufbau und bei der wirtschaftlichen Entwicklung, und zwar insbesondere durch Gewährung von Darlehen. Hauptaufgabe der Bank ist seit Jahren die Unterstützung der Entwicklungsländer und der (früher sozialistischen) Transformationsländer Zentral- und Osteuropas durch finanzielle und technische Hilfe.

Die Welthandelsorganisation (WTO)
Die WTO (World Trade Organization) ging 1995 aus dem (1948 abgeschlossenen) Allgemeinen Zoll- und Handelsabkommen (GATT; General Agreement on Tariffs und Trade) hervor. Sie hat ihren Sitz in Genf.
Ziele der WTO sind:
- multilateralen (= vielseitigen) Welthandel mit Waren und Dienstleistungen zu fördern,
- durch Handelsausweitung den Lebensstandard und das Realeinkommen in den Mitgliedsländern zu erhöhen und Vollbeschäftigung zu erreichen,
- zum Fortschritt der Entwicklungsländer beizutragen und dabei
- die Politik nach den Erfordernissen des Umweltschutzes auszurichten.

Zur Erreichung dieser Ziele sollen vor allem der Abbau der Zölle und sonstiger Handelshemmnisse und die Gewährung der unbedingten ***Meistbegünstigung***[1] dienen. Letzteres bedeutet, dass jedes WTO-Mitglied grundsätzlich in den Genuss des günstigsten Zollsatzes sowie der sonstigen günstigsten Regelungen kommt, die das Partnerland bei der Ein- und Ausfuhr von Waren anwendet. Dem WTO gehören (Ende 1997) 131 Mitgliedsländer oder Wirtschaftszusammenschlüsse (darunter Deutschland und die EU) an.

Die Europäische Union (EU)
Am 25. 3. 1957 schlossen Belgien, die Bundesrepublik Deutschland, Frankreich, Italien, Luxemburg und die Niederlande in Rom den Vertrag über die ***Europäische Wirtschaftsgemeinschaft*** (***EWG***), der am 1. 1. 1958 in Kraft trat. Zuvor waren schon die ***Europäische Atomgemeinschaft*** (***Euratom***) und die ***Europäische Gemeinschaft für Kohle und Stahl*** (***Montanunion***) gegründet worden. Diese drei europäischen Institutionen haben seit dem 1. Juli 1972 ***gemeinsame*** Organe. Seitdem spricht man deshalb auch von der EG (***Europäische Gemeinschaft***).

[1] Meistbegünstigung bedeutet, dass die Vorteile, die ***einem*** Handelspartner eingeräumt werden, auch den anderen zu gewähren sind.

Erst mit dem Inkrafttreten des Vertrages von Maastricht (s. S. 130 ff.) am 1. November 1993 wurde die EWG offiziell in EG umbenannt. Häufig wird seitdem anstelle von „EG“ der Begriff ***Europäische Union*** (EU) verwendet, obwohl die EU zusätzlich zur EG die in Maastricht vereinbarte ***Gemeinsame Außen- und Sicherheitspolitik*** und die ***Zusammenarbeit in der Innen- und Rechtspolitik*** zum Inhalt hat.
Die Ziele der EU sind der wirtschaftliche und letztlich der politische Zusammenschluss der Mitgliedsstaaten. Da man erkannte, dass die Zeit für einen politischen Zusammenschluss (bis heute) noch nicht reif ist, bemühten sich die Regierungen zunächst um eine wirtschaftliche Vereinigung. Deshalb wurden etappenweise die ***Binnenzölle*** abgeschafft und ein gemeinsamer ***Außenzoll*** eingeführt. Ferner wurden die Hindernisse für den freien Personen-, Dienstleistungs- und Kapitalverkehr beseitigt, eine gemeinsame Agrar- und Verkehrspolitik eingeführt und die Wirtschaftspolitik tendenziell vereinheitlicht. Ein ***Europäischer Sozialfonds***, eine ***Europäische Investitionsbank***, ein ***Europäischer Währungsfonds*** und das ***Europäische Währungssystem*** (EWS, Vorläufer der Europäischen Wirtschafts- und Währungsunion; s. S. 130) wurden gegründet.
Die ***Organe*** der EU sind im Schaubild auf S. 185 zu erkennen (Stand: Anfang 1999).
Der ***Europäische Rat*** trifft die Grundsatzentscheidungen.
Im ***Ministerrat*** werden die für den Fortgang der wirtschaftlichen oder politischen Vereinheitlichung der Mitgliedsstaaten wichtigen Beschlüsse gefasst und wird über Änderungen oder Ergänzungen des Vertrages entschieden. Die ***Kommission*** nimmt vorwiegend die Ausführung der Rats- und Ministerratsbeschlüsse und verwaltende Aufgaben wahr und kann dem Ministerrat Vorschläge machen.
Der ***Europäische Gerichtshof*** wacht über die Auslegung und Anwendung des Vertrages und die Rechtmäßigkeit der Beschlüsse des Rates und ihrer Ausführung durch die Kommission.
Das ***Europäische Parlament*** hatte bisher überwiegend beratende und geringe kontrollierende Befugnisse, erweiterte jedoch seine Zuständigkeiten von Wahlperiode zu Wahlperiode.

Der wirtschaftliche und soziale Fortschritt in der EU hat eine stetige Besserung der Lebens- und Beschäftigungsbedingungen der EU-Bürger bewirkt. Trotz mancher Unvollkommenheiten war und ist die EU für andere europäische Staaten so anziehend, dass die meisten früheren EFTA[1]-Mit-

[1] EFTA = *E*uropean *F*ree *T*rade *A*ssociation (Europäische Freihandelszone).

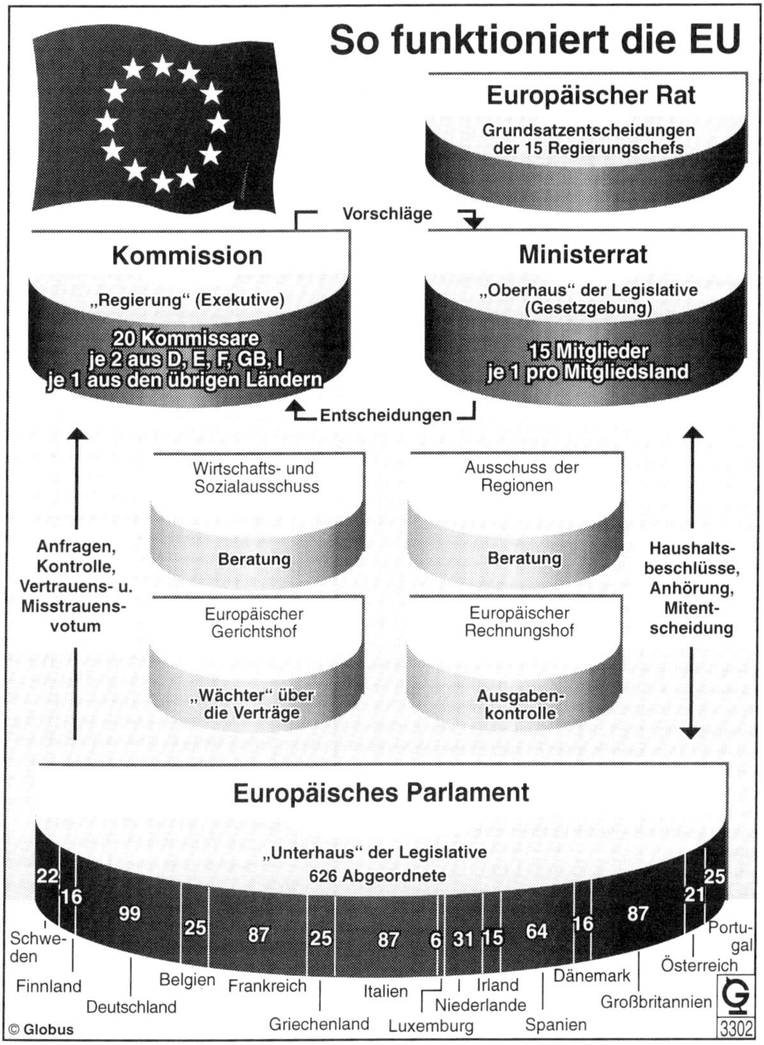
So funktioniert die EU
Europäischer Rat
Grundsatzentscheidungen der 15 Regierungschefs
Vorschläge
Kommission
„Regierung" (Exekutive)
20 Kommissare
je 2 aus D, E, F, GB, I
je 1 aus den übrigen Ländern
Ministerrat
„Oberhaus" der Legislative (Gesetzgebung)
15 Mitglieder
je 1 pro Mitgliedsland
Entscheidungen
Wirtschafts- und Sozialausschuss
Beratung
Ausschuss der Regionen
Beratung
Europäischer Gerichtshof
„Wächter" über die Verträge
Europäischer Rechnungshof
Ausgaben-kontrolle
Anfragen, Kontrolle, Vertrauens- u. Misstrauens-votum
Haushalts-beschlüsse, Anhörung, Mitent-scheidung
Europäisches Parlament
„Unterhaus" der Legislative
626 Abgeordnete
22 Schweden
16 Finnland
99 Deutschland
25 Belgien
87 Frankreich
25 Griechenland
87 Italien
6 Luxemburg
31 Niederlande
15 Irland
64 Spanien
16 Dänemark
87 Großbritannien
21 Österreich
25 Portugal
© Globus
3302

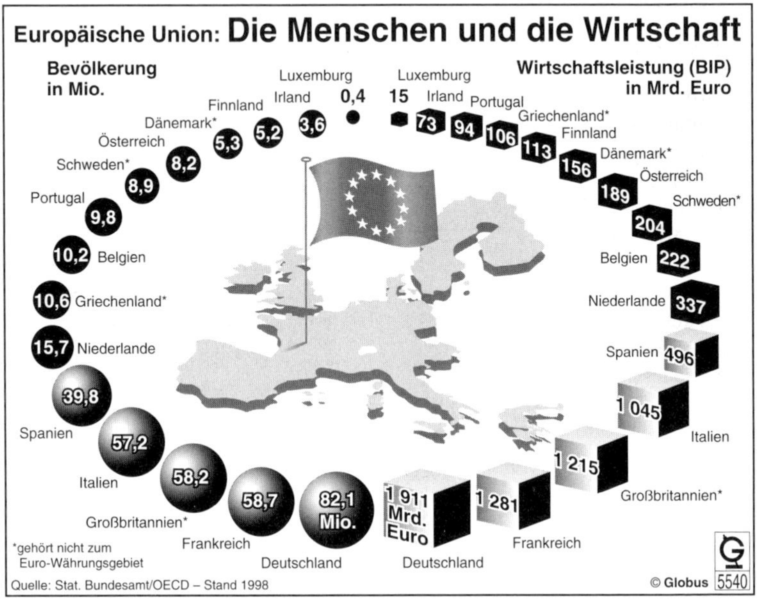

glieder der heutigen EU beigetreten sind. Dänemark, Großbritannien und Irland wurden 1973 EU-Mitglieder, Griechenland 1981, Spanien und Portugal 1986. Österreich, Schweden und Finnland gehören der EU seit 1995 an. Die ***Türkei*** ist assoziiert (angegliedert) und hat das erklärte Ziel Vollmitglied zu werden. Auch die meisten ehemals kommunistischen Staaten Zentral- und Osteuropas streben die Mitgliedschaft an. Zur Kandidatengruppe 1 (Länder, mit denen Beitrittsverhandlungen geführt werden) gehören Estland, Polen, Slowenien, Tschechien, Ungarn und Zypern. Die EU-Kommission hat unter der Bezeichnung ***Agenda 2000*** 1997 eine Studie darüber vorgelegt, wie diese sich abzeichnende beachtliche Erweiterung der EU strategisch bewältigt werden könnte.

Unter dem Aspekt des Welthandels muss man der EU eher kritisch gegenüberstehen, können doch Nicht-EU-Staaten infolge eines besonderen Einfuhrzollsystems nur unter erschwerten Bedingungen Produkte in die EU einführen, auch wenn diese Produkte billiger sind als die gleichen in der EU erstellten Produkte.

Ein besonderes, fast unlösbares Problem der EU ist der gemeinsame ***Agrar-***

markt. Die EU-Landwirte produzieren von vielen Agrarprodukten mehr, als die EU-Verbraucher benötigen.
Um Preis- und damit Einkommenssenkungen zu verhindern, erhalten sie für ihre Erzeugnisse von der EU gestützte Preise, die deutlich über den Weltmarktpreisen liegen. Die dafür nötigen Subventionen machen mehr als die Hälfte des gesamten EU-Haushaltes aus. Das waren rd. 45 Mrd. von rd. 86 Mrd. Euro.
Das Preisgefälle zwischen dem innergemeinschaftlichen Markt und dem Weltmarkt wird dadurch ausgeglichen, dass bei der Einfuhr (dem Import) von Agrargütern ***Abschöpfungen***, d. h. Abgaben, erhoben werden, die die Produkte verteuern. Bei der Ausfuhr (dem Export) von Agrargütern werden umgekehrt **Ausfuhrerstattungen** gezahlt.
Die Lösung dieses Problems kann trotz aller Härten langfristig nur darin bestehen, auch auf dem Agrarsektor Marktwirtschaft einzuführen. Das bedeutet die Preise freizugeben, was dazu führen wird, dass die Preise (auf das niedrigere Weltmarkt-Preisniveau) sinken werden und dass infolgedessen die Produktion zurückgeführt wird. Zahlreichen Landwirten wird damit freilich die Existenzgrundlage entzogen werden.
In eine neue Phase ist die EU durch den Vertrag von Maastricht (Dezember 1991) getreten, durch den zum 1. Januar 1999 die Europäische Wirtschafts- und Währungsunion (EWWU) errichtet wurde (s. S. 130 ff.).

14.5 Entwicklungshilfe

Mehr als die Hälfte der Bewohner der Erde fristet das Leben in bitterer Armut. Wie die Weltbank ermittelt hat, lebt rund die Hälfte der Menschen in Ländern wie China, Indien oder Bangladesch, wo die jährliche Wirtschaftsleistung je Kopf umgerechnet unter 400 $ beträgt. Die Gruppe der Reichen, zu der die Bundesrepublik Deutschland gehört (Pro-Kopf-Einkommen über 10 000 $ pro Jahr), umfasst nur 10 % der Weltbevölkerung.

Zwei Drittel bis drei Viertel der Weltbevölkerung leben in ***Entwicklungsländern***. Für diese Länder ist typisch, dass sie ein niedriges Pro-Kopf-Einkommen, Kapitalmangel, eine niedrige Sparquote, einen niedrigen Ausbildungsstand, primitive Produktionsmethoden und nur eine geringe Industrieproduktion haben. Mithilfe sehr rigider Methoden der Geburtenkontrolle ist es in China und in Indien seit den 80er-Jahren gelungen, die Nahrungsmittelproduktion schneller steigen zu lassen als die Bevölkerungszahl. Das hat in diesen Ländern die Versorgungssituation deutlich verbessert. In Lateinamerika ist die Ernährungssituation unverändert schlecht (etwa gleiche Vergrößerung des Nahrungsmittelspielraums und der Bevölkerungszahlen). Das größte Problemgebiet ist seit langem Afrika, wo die Bevölkerung weitaus schneller wächst als die Nahrungsmittelproduktion. Weil viele Afrikaner glauben, ihre Altersversorgung nur durch Kinderreichtum sichern zu können, gefährden sie insgesamt zugleich ihre Zukunft.

In den vergangenen Jahrzehnten hat sich in den entwickelten Volkswirtschaften die Einsicht durchgesetzt, dass aus ***ethischen*** und ***sozialen Gründen*** die derzeitige ungleiche Verteilung der Güter dieser Erde unvertretbar ist. Daneben sind es auch ***politische Beweggründe,*** die das Interesse der Industriestaaten an einer beschleunigten wirtschaftlichen Entfaltung der wirtschaftlich unterentwickelten Länder geweckt haben. Denn bei niedrigem Lebensstandard sind die Menschen erfahrungsgemäß für radikale Ideen anfällig. Daraus hat sich ein Zwang für die westlichen Industriestaaten zur Wirtschaftshilfe an die Entwicklungsländer ergeben, der stärker wirkt als ethische oder soziale Einsichten.

Arten der Entwicklungshilfe

Es lassen sich drei Arten von Entwicklungshilfe unterscheiden:
- die ***Kapitalhilfe,***
- die ***technisch-organisatorische Hilfe*** und ***Bildungshilfe*** und
- die ***handelspolitische Hilfe***.

Die ***Kapitalhilfe*** wird entweder direkt von einzelnen Industriestaaten oder durch Beteiligung der Kapitalgeberländer an internationalen Einrichtungen gewährt und kann staatlich, privat oder gemischt sein. Sie wird von den Entwicklungsländern besonders begehrt.

Da allerdings in der Vergangenheit die als Kapitalhilfe gedachten Zuwendungen nicht selten in Entwicklungsländern zweckentfremdet verwendet wurden, wird seitens der Industrieländer der ***Bildungshilfe*** und der ***technisch-organisatorischen*** Hilfe verstärkte Aufmerksamkeit gewidmet. Diese Hilfe reicht von der Entsendung von Lehr- und Fachkräften über die Einrichtung von Schulen, Lehrwerkstätten und Musterbetrieben und die Überlassung von Unterrichtsmaterial bis zur Beratung bei Planungs-, Forschungsprojekten und der Bereitstellung von Ausbildungs- und Studienplätzen.

Auf dem Gebiet der ***handelspolitischen*** Hilfe halten sich die Industriestaaten eher zurück. Die Entwicklungsländer versuchen, eine Erhöhung oder

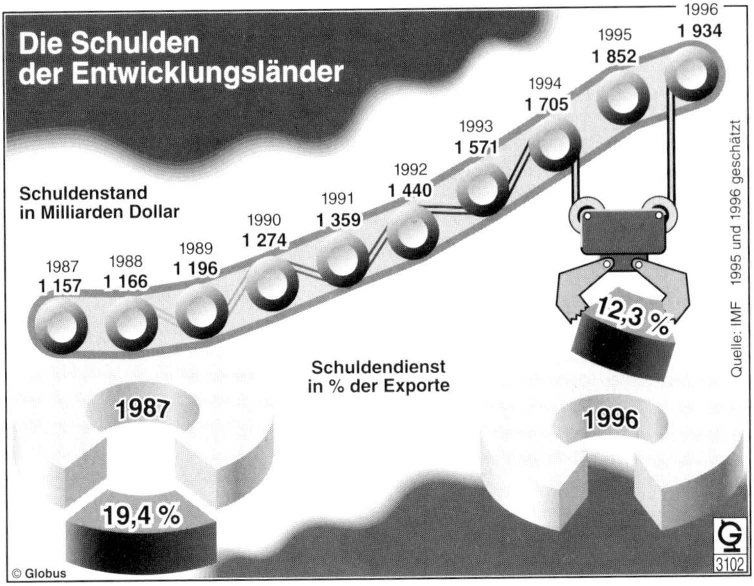

zumindest Stabilisierung der Weltmarktpreise für ihre Rohstoffe wie z. B. Kautschuk, Baumwolle, Kaffee oder Kakao durchzusetzen. Denn die Exporterlöse für diese Güter benötigen sie dringend für den Kauf von Produkten der Industriestaaten (z. B. Lastwagen und Medikamente). Dennoch hat sich im letzten Jahrzehnt gezeigt, dass die Weltmarktpreise für Rohstoffe aus den Entwicklungsländern tendenziell gefallen sind, während die Produkte der Industrieländer und die benötigte Energie ständig teurer wurden. Infolge dieser gegenläufigen Erlösgestaltung auf dem Weltmarkt sind die Aussichten der Entwicklungsländer schlecht, ihre wirtschaftliche Lage aus eigener Kraft zu verbessern. Es gelingt ihnen kaum, aus dem „Teufelskreis der Armut“ herauszukommen.

Umfang der Entwicklungshilfe

Von den rund 48 Milliarden Dollar, die 1997 aus öffentlichen Mitteln der Industrieländer in die Dritte Welt flossen, stammen fast 60 % aus Japan, Frankreich, USA und Deutschland. Beim Vergleich der Leistungen ist freilich die unterschiedliche Größe und Wirtschaftskraft der im Schaubild auf Seite 190 genannten Länder zu berücksichtigen. Der Anteil der Entwick-

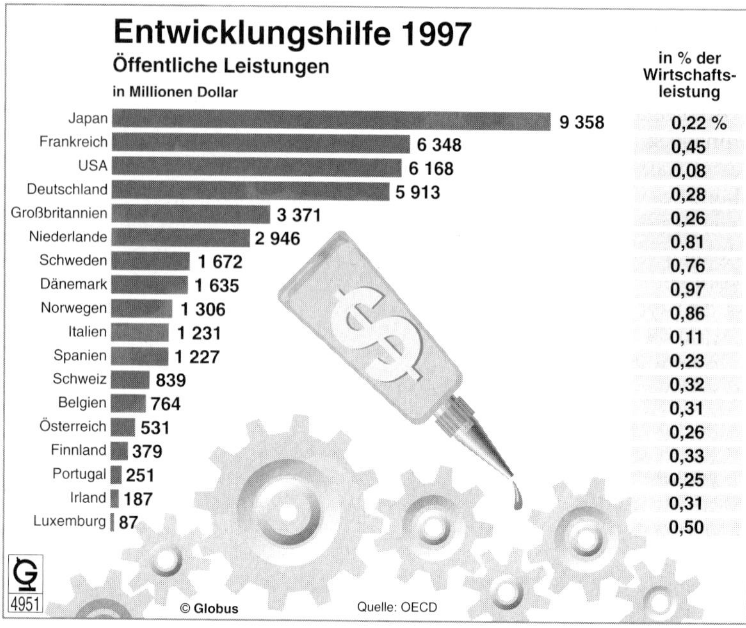

lungshilfe am Bruttoinlandsprodukt beträgt in den USA nur 0,08 % (letzter Platz nach Italien). Die UNO-Resolution, der auch die Bundesrepublik Deutschland zugestimmt hat, wonach Industrieländer 1 % ihrer Wirtschaftsleistung als Entwicklungshilfe leisten sollen, davon sieben Zehntel als öffentliche Hilfe, wird nur von Norwegen, Schweden und Dänemark sowie von den Öl-Ländern (OPEC[1]-Staaten) erfüllt, die im obigen Schaubild nicht berücksichtigt sind.

Mit zunehmender Deutlichkeit fordern die Entwicklungsländer in den letzten Jahren eine Neuordnung der Weltwirtschaft, insbesondere

- die Koppelung der Rohstoffpreise an die Preise der Industriegüter,
- die Stabilisierung der Exporterlöse (durch Rohstoffabkommen) und
- die Erhöhung des Anteils der Entwicklungsländer an der Weltindustrieproduktion.

[1] OPEC = *O*rganization of the *P*etroleum *E*xporting *C*ountries.

Nord-Süd- und West-Ost-Gefälle
Zu den Entwicklungsländern in der Dritten Welt sind mit dem Fall des „Eisernen Vorhangs" auch die ehemaligen sozialistischen Länder Zentral- und Osteuropas, insbesondere auch die Länder der ehemaligen Sowjetunion hinzugekommen. Eine Analyse der dortigen wirtschaftlichen Situation zeigt, dass praktisch keines dieser Länder auf dem Weltmarkt konkurrenzfähig war, dass vielmehr im großen Umfang und auf fast allen Gebieten neu begonnen werden musste.
Zu den für die Entwicklungsländer genannten Problemen kamen und kommen hier aber noch weitere spezifische Probleme hinzu, insbesondere

- die psychologischen Auswirkungen der wirtschaftlichen Bevormundung und das vollständige Fehlen von marktwirtschaftlichem und demokratischem Know-how,
- ethnische und religiöse Gegensätze (in Russland und weiteren GUS-Staaten),
- die bisherige einseitige Abhängigkeit – durch die im früheren ***Rat für gegenseitige Wirtschaftshilfe*** (RGW) vorgenommene volkswirtschaftliche Arbeitsteilung – von Russland,
- der Verfall der gemeinsamen Handelswährung (Rubel).

Sowohl für das Nord-Süd-Gefälle als auch für die West-Ost-Unterstützung gilt: Die reichen Volkswirtschaften dieser Welt verzehren nicht nur den Großteil des Welt-Einkommen-Kuchens; sie backen ihn auch. Um im Bild zu bleiben: Es hat langfristig keinen Sinn, Kuchen zu verschenken, d. h. den Entwicklungsländern und den zentral- und osteuropäischen Ländern einfach Kapital zuzuführen oder Nahrungsmittel zu liefern. Man muss sie lehren selbst Kuchen zu backen.
Die Leistungskraft der Industrienationen ist diesen nicht zugeflogen. Die entwickelten Volkswirtschaften haben Jahrhunderte gebraucht um Wissen anzusammeln und Techniken zu entwickeln. Sie haben Lern- und Arbeitsdisziplin gepflegt und Formen der Gesellschaft hervorgebracht, die modernes Wirtschaften ermöglichen. Dies alles können Entwicklungsländer nicht in wenigen Jahren nachholen.
Deshalb ist bei entwicklungspolitischen Maßnahmen ein langer Atem erforderlich und die Bereitschaft wirtschaftliche Effizienz nicht mit den Maßstäben der entwickelten Länder zu messen.

15 Ökonomische Grundprobleme zu Beginn des 21. Jahrhunderts

Große wirtschaftliche Probleme, die weit über Deutschland hinaus einer Lösung harren, bestehen darin,

- die ***Arbeitslosigkeit*** zu beseitigen und zugleich den nötigen ***Strukturwandel*** der Wirtschaft zu bewältigen und
- die Lebensqualität durch ein ***Gleichgewicht zwischen Ökonomie und Ökologie*** zu sichern.

Von der Lösung dieser Probleme hängt nicht nur in naher Zukunft das wirtschaftliche Wohlergehen der Menschen ab. Letztlich geht es dabei auch langfristig um die Sicherung einer menschenwürdigen Zukunft.

Neben diesen genannten Problemfeldern und damit zusammenhängend bestehen folgende Probleme, die wegen der besonderen Situation der Bundesrepublik Deutschland in dieser Volkswirtschaft eine Schlüsselstellung für die weitere wirtschaftliche Entwicklung besitzen:

- die ***Bewältigung der deutschen Wiedervereinigung***,
- die ***Sicherung der Wettbewerbsfähigkeit*** der Wirtschaft,
- die ***Alterssicherung*** und
- die ***„Kostendämpfung" im Gesundheitswesen***.

15.1 Bewältigung der deutschen Wiedervereinigung

Die mit Abstand größte ökonomische Herausforderung für alle Deutschen ist die 1990 vollzogene deutsche Wiedervereinigung. Zu ***einem*** Stichtag, dem Tag der Wirtschafts-, Währungs- und Sozialunion – 1. Juli 1990 – entstand ein großes Wirtschaftsgebiet aus zwei Teilen, die völlig unterschiedliche Gegebenheiten in die nunmehr gemeinsame Volkswirtschaft einbrachten, nämlich

- unterschiedliche Wirtschaftssysteme,
- unterschiedliche Eigentumsformen an den Produktionsmitteln,
- Unterschiede im Einkommen und Vermögen,
- insgesamt im Lebensstandard,
- in den Konsumgewohnheiten und Produktionsmethoden,
- in der Finanz- und Sozialpolitik,
- im Außenhandel,
- in der Arbeits- und Wirtschaftsmentalität usw.

Die alte Bundesrepublik Deutschland hatte nach der Schweiz und Norwegen den höchsten Lebensstandard in Westeuropa (ausgedrückt im Bruttoinlandsprodukt je Einwohner), die ehemalige DDR den niedrigsten.

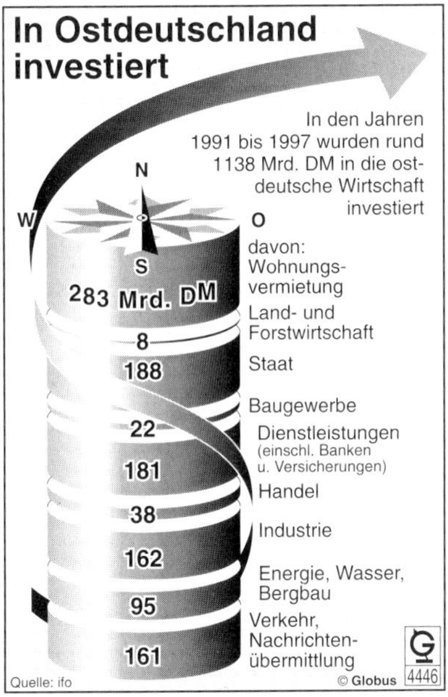

Nach der Wiedervereinigung nimmt Gesamtdeutschland in der europäischen Wohlstandsskala einen mittleren Platz ein. Diese Durchschnittsbetrachtung täuscht darüber hinweg, dass das Wohlstandsgefälle zwischen den alten und den neuen Bundesländern noch beachtlich ist.

Die ehemalige DDR durchlebte in den Neunzigerjahren eine ähnliche Phase wie die (alte) Bundesrepublik in den Fünfzigerjahren. Damals hatte es ebenfalls sehr hohe Arbeitslosigkeit gegeben. Jeder zweite Erwerbstätige musste einen neuen Beruf finden, was durch die Tatkraft aller Bürger rasch gelang. Man sprach vom deutschen ***Wirtschaftswunder.***

Auch in Ostdeutschland führt die Marktwirtschaft neben allen schmerzhaften Anpassungsprozessen, insbesondere auch der Umsetzung von Millionen Arbeitskräften, dass der wirtschaftliche Rückstand aufgeholt werden wird. Allerdings wird das erst im Laufe einer Generation erreicht sein.

Der Bund sowie die Länder und Gemeinden in Westdeutschland verschuldeten sich seit 1990 für diese nationale Aufgabe gewaltig. Die Nettokreditaufnahme der Gebietskörperschaften stieg von 43 Milliarden DM (1989) auf 122 Milliarden DM (1991) und betrug 1998 immer noch 65 Milliarden DM. Von 1991 bis 1997 (einschließlich) wurden von der öffentlichen Hand 1,14 Billionen DM in die ostdeutsche Wirtschaft investiert, die außer aus der Kreditaufnahme aus Steuererhöhungen, dem Solidaritätszuschlag zur Lohn- und Einkommensteuer und aus Haushaltseinsparungen stammen.

Diese „Finanzspritzen“ werden langfristig ökonomisch nur wirksam, wenn sie die Investitionstätigkeit und die Infrastruktur der neuen Bundesländer fördern und nicht in den Konsum fließen, was bisher allerdings zu einem großen Teil geschah. Den weitaus größten Anteil an den Geldströmen, die investiv in den Osten Deutschlands fließen, hat die Wirtschaft. Wenn die noch bestehenden Hemmnisse beseitigt, insbesondere die ungeklärten

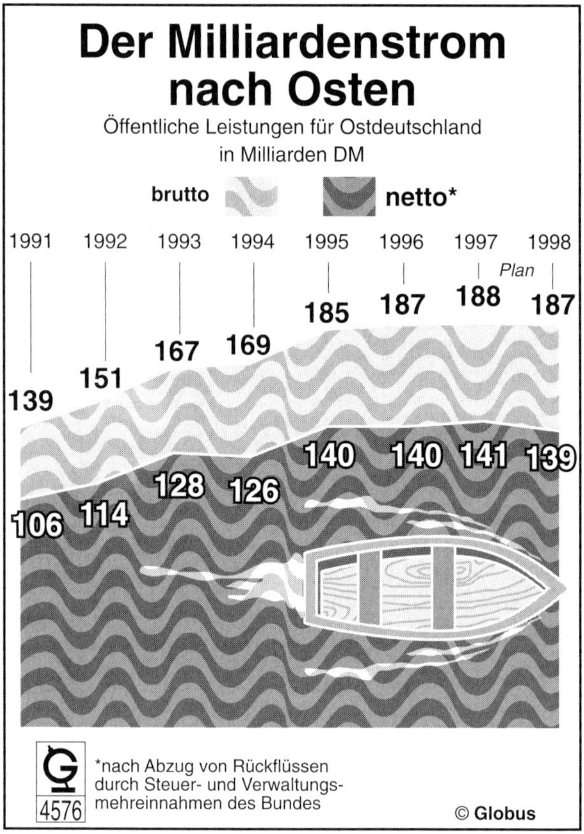

Eigentumsverhältnisse an Grund und Boden und an den Produktionsstätten geklärt sind, ist immer noch hoher Investitionsbedarf vorhanden. Freilich wird die Investitionsbereitschaft von „dynamischen Unternehmern" dadurch inzwischen gebremst, dass die Löhne in Ostdeutschland – verglichen mit dem Produktivitätsfortschritt – zu schnell und zu stark gestiegen sind.

Da in der ehemaligen DDR praktisch alle Bereiche der Wirtschaft, der Politik, der Bildung und Wissenschaft, des Verkehrs, des Gesundheitswesens, des Wohnungswesens, der Altersversorgung usw. darnieder lagen oder doch stark reform- und ergänzungsbedürftig sind, wird es über Jahrzehnte nötig bleiben, seitens Westdeutschlands und seiner Bürger den Deutschen in den neuen Bundesländern finanziell und personell Unterstützung zu leisten.

15.2 Beseitigung der Arbeitslosigkeit

Wie das folgende Schaubild erkennen lässt, betrug die Arbeitslosenzahl in der Bundesrepublik Deutschland Anfang der 50er-Jahre fast zwei Millionen, eine Zahl, die Anfang der 80er-Jahre wieder erreicht wurde. 1996 war die Arbeitslosigkeit dann bereits auf über 4 Millionen gestiegen.
In den 50er-Jahren nahm die Arbeitslosigkeit schnell ab. Für jeden Arbeitslosen aus einem kriselnden Wirtschaftszweig schossen zwei oder mehr neue Erwerbsmöglichkeiten aus dem Boden. Kleinbauern oder die Kumpel im Ruhrgebiet wurden z. B. ohne Schwierigkeiten in die expandierende Automobilindustrie vermittelt.

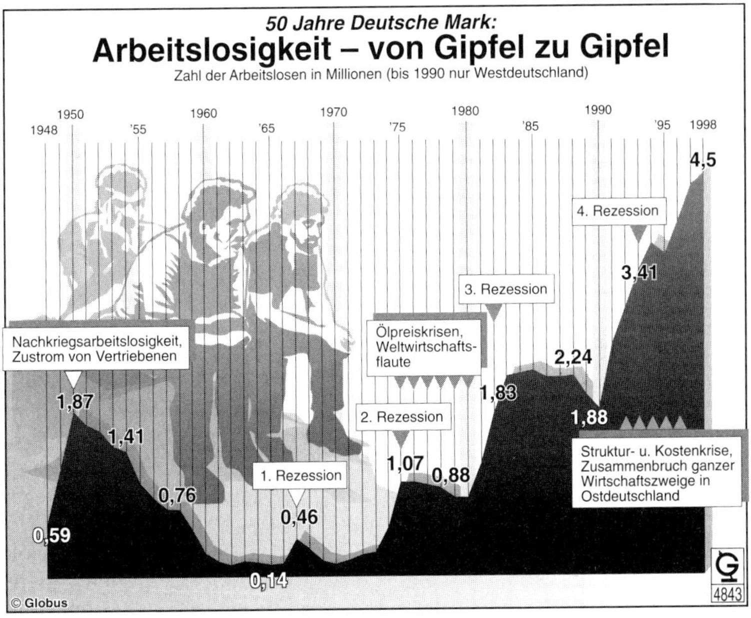

In den 60er-Jahren und zu Beginn der 70er-Jahre gab es in der Bundesrepublik Deutschland mehr offene Stellen als Arbeitslose. Die Arbeitslosigkeit stieg dann von 1974 bis 1976 sprunghaft auf über eine Million an, konnte in der zweiten Hälfte der 70er-Jahre und der 80er-Jahre jeweils etwas zurückgeführt werden, um dann seit 1980 steil auf über 4 Millionen zu wachsen.

Die Arbeitslosigkeit ist nicht gleichmäßig in ganz Deutschland verteilt. Im alten Bundesgebiet ist sie relativ hoch in den nördlichen Bundesländern und im Saarland. Ein besonderes Problem stellen aber die neuen Bundesländer dar (vgl. Schaubild auf S. 197, oben). In den neuen Bundesländern hat die Arbeitslosigkeit seit 1991/92 stark zugenommen, weil viele unrentable Betriebe geschlossen werden mussten. Mittelfristig wird je nach der gesamtwirtschaftlichen Entwicklung die Arbeitslosigkeit auch in Ostdeutschland mehr oder minder schnell wieder abnehmen. Wie schnell dies geschieht, wird auch davon abhängen, wie mobil die Arbeitskräfte sind, d. h. inwiefern sie umzugsbereit (räumlich mobil) und inwieweit sie umschulungsbereit (sachlich mobil) sind.

Ferner wird die künftige Lohnentwicklung (Lohnerhöhungen nur im Rahmen der Produktivitätssteigerung) eine Rolle spielen.

Das Problem der Arbeitslosigkeit ist nicht nur auf Deutschland beschränkt, sondern inzwischen ein weltweites Problem. Im internationalen Vergleich befindet sich die Bundesrepublik Deutschland, wie die Abbildung auf S. 197, unten zeigt, im vorderen Feld.

Der weitaus größte Teil der heute vorhandenen Arbeitslosigkeit ist nicht konjunktureller, sondern struktureller Art:

Änderungen der Nachfrage, Verschiebungen in der weltweiten Arbeitsteilung, technischer Fortschritt und damit verbundene Rationalisierung sowie Nachteile nationaler Standorte führen dazu, dass traditionell bedeutsame Wirtschaftszweige an Bedeutung verlieren und andere an Bedeutung gewinnen. Im Extrem können sogar Branchen in einer Volkswirtschaft völlig verschwinden und ganz neue Wirtschaftszweige entstehen.

Es gibt kein wirtschaftspolitisches Patentrezept zur Beseitigung der Arbeitslosigkeit. Zunächst gilt: Alles, was das Wirtschaftswachstum fördert, verbessert auch die Situation am Arbeitsmarkt. Die zur Förderung des Wirtschaftswachstums oft geforderten staatlichen Investitionen, z. B. auf dem Gebiet der Fernwärme und des Umweltschutzes, und staatliche Maßnahmen zur Anregung der privaten Investitionsfähigkeit (s. S. 149) mögen einen gewissen Beitrag leisten, nur erhöhen sie zugleich wiederum die staatliche Verschuldung. Eine Arbeitszeitverkürzung bei vollem Lohnausgleich ist ***kein*** Beitrag zum Abbau der Arbeitslosigkeit, denn dadurch wird

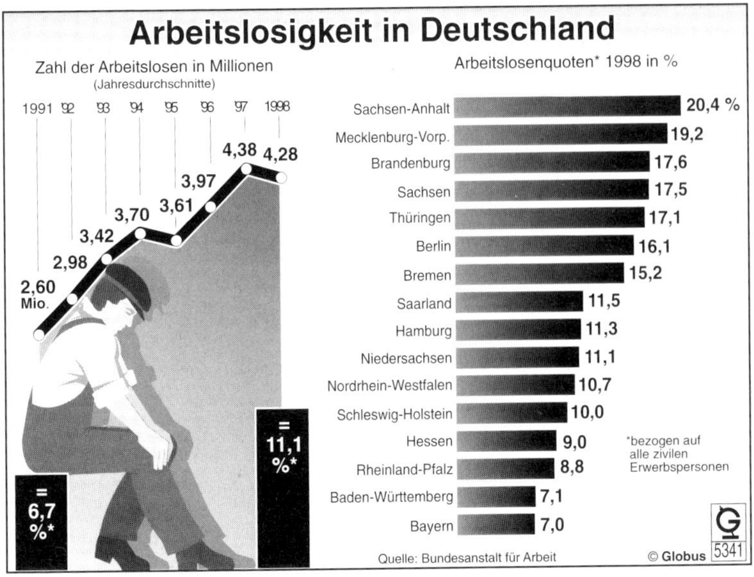
Arbeitslosigkeit in Deutschland
Zahl der Arbeitslosen in Millionen
(Jahresdurchschnitte)
1991 92 93 94 95 96 97 1998
2,60 Mio.
2,98
3,42
3,70
3,61
3,97
4,38
4,28
= 6,7 %*
= 11,1 %*
Arbeitslosenquoten* 1998 in %
Sachsen-Anhalt 20,4 %
Mecklenburg-Vorp. 19,2
Brandenburg 17,6
Sachsen 17,5
Thüringen 17,1
Berlin 16,1
Bremen 15,2
Saarland 11,5
Hamburg 11,3
Niedersachsen 11,1
Nordrhein-Westfalen 10,7
Schleswig-Holstein 10,0
Hessen 9,0
Rheinland-Pfalz 8,8
Baden-Württemberg 7,1
Bayern 7,0
*bezogen auf alle zivilen Erwerbspersonen
Quelle: Bundesanstalt für Arbeit
© Globus 5341

Die Lage auf dem Arbeitsmarkt
Arbeitslosenquoten 1998 in %
Tendenz bis zum Jahr 2000: abnehmend (–), zunehmend (+)
Spanien 19,1 % (–)
Italien 12,2 (–)
Frankreich 11,8 (–)
Belgien 11,8 (–)
Deutschland 11,2 (–)
Finnland 10,9 (–)
Griechenland 10,0 (–)
Irland 9,1 (–)
Großbritannien 6,5 (+)
Dänemark 6,5 (–)
Schweden 6,5 (–)
Österreich 6,1 (–)
Portugal 5,1 (+)
USA 4,6 (+)
Japan 4,2 (+)
Niederlande 4,1 (+)
Schweiz 4,0 (–)
Norwegen 3,4 (+)
Luxemburg 3,1 (+)
Quelle: OECD-Schätzung
© Globus 5254

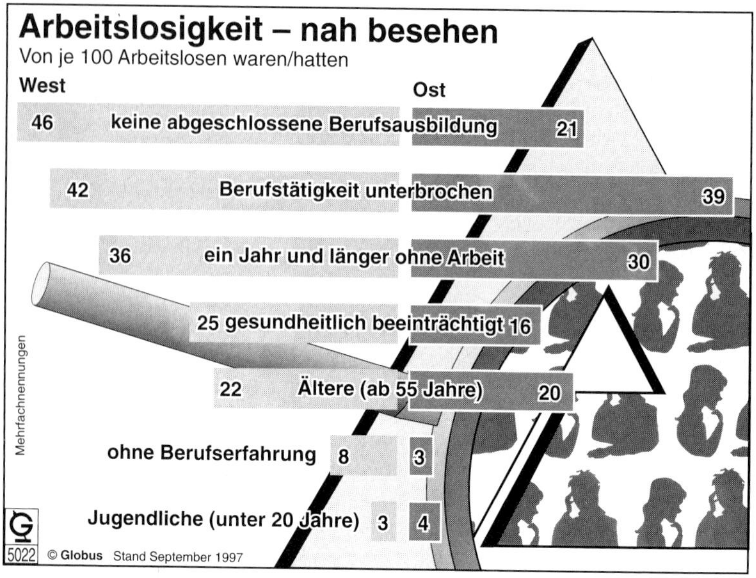

das Lohnkostenniveau erneut erhöht. Eine Verkürzung der Lebensarbeitszeit erschwert zudem die Lösung des Rentenproblems (s. S. 204 ff.).
Eine Erhöhung der Mobilität und der beruflichen Qualifikation könnte manchem Arbeitslosen zu einem Arbeitsplatz verhelfen. Immerhin geben vier Fünftel der Arbeitslosen an, zum Ortswechsel nicht in der Lage zu sein, und viele Arbeitslose verfügen über keine abgeschlossene Berufsausbildung. So wird die paradoxe Situation bestehen bleiben, dass in Stuttgart Facharbeiter gesucht und in Rheinhausen Stahlarbeiter freigesetzt werden.
Die Gastarbeiter wieder nach Hause zu schicken, löst das Problem nicht: Zum einen sprechen moralische Gründe dagegen; schließlich haben wir die meisten Gastarbeiter in die Bundesrepublik Deutschland eingeladen. Viele der von ihnen verrichteten Arbeiten lassen sich außerdem nur schwer an deutsche Arbeitnehmer vermitteln. Hinzu kommt, dass innerhalb der EU auf dem Arbeitsmarkt Freizügigkeit besteht.
Eine gewisse automatische Entlastung wird die Bevölkerungsentwicklung bringen (s. S. 12 ff.).

15.3 Gleichgewicht zwischen Ökonomie und Ökologie

Die Umweltbelastung im Zusammenhang mit der industriellen Produktion und dem wirtschaftlichen Wachstum hat inzwischen weltweit Ausmaße angenommen, die die natürlichen Grundlagen unseres Globus erschüttern.
Gewaltige Müllberge sind das sichtbare Zeichen unserer „Wegwerfgesellschaft". Die Abfallmengen und die Zusammensetzung der Abfälle stellen große Anforderungen an die Abfallbeseitigung.

Die öffentliche Hand und die Industrie unterhalten für die Abfallbeseitigung zahlreiche Deponien, Verbrennungs- und Kompostierungsanlagen. Häusliche und industrielle Abwässer belasten in hohem Maße die Flüsse und Seen, aber auch das Grundwasser und damit die Trinkwasserversorgung. 76 % des Abwassers stammt von den Wärmekraftwerken (Kühlwasser). Fast ein Viertel der Abwässer wird biologisch oder mechanisch gereinigt; der große Rest, der unbehandelt abgeleitet wird, stammt im Wesentlichen aus Kühlprozessen.
An der Luftverschmutzung sind die gewerbliche Produktion, die industriellen Feuerungsanlagen, die privaten Heizungen und der Straßenverkehr beteiligt. Im Einzelnen werden folgende Schadstoffe ausgestoßen:
- ***Schwefeldioxid***: weit überwiegend aus Kraftwerken und Fernheizwerken; daneben Ferntransport aus anderen Ländern,
- ***Stickoxide:*** weit überwiegend aus den Abgasen von Kraftfahrzeugen,
- ***Kohlendioxid***: ebenfalls aus Kraftwerken und aus den Abgasen von Kraftfahrzeugen,
- ***Staub***: weit überwiegend von der Industrie (Flugasche, Ruß),
- ***organische Verbindungen***: aus dem Verkehr und aus dem Lösemittelverbrauch (bei Verbrennungs- und Produktionsprozessen).

In der Landwirtschaft und im Gartenbau werden in großem Ausmaß Umwelt belastende ***Düngemittel*** und ***Pflanzenschutzmittel*** zur Verbesserung der Erträge und der Qualität der Erzeugnisse eingesetzt.

Schließlich seien die folgenden Belastungen der Umwelt aufgezählt:
- Zwischen- und Endlagerung von Atommüll,
- Unfälle mit wassergefährdenden Stoffen (Tankerunfälle),
- sonstige Industrie- und Verkehrsunfälle,
- Lärmbelästigung,
- Flurbereinigung,

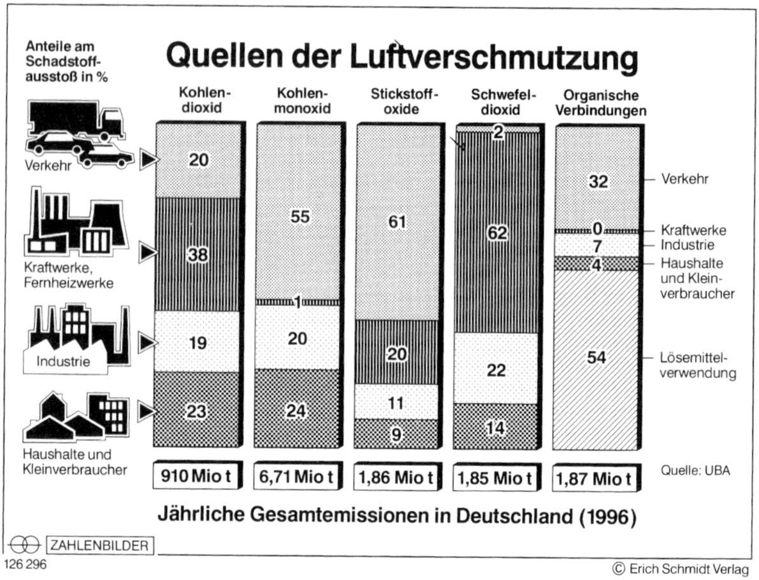

- Streusalz auf Autobahnen und sonstigen Straßen,
- Spraydosen u. a.

Alle diese Umweltbelastungen haben zahlreiche negative Auswirkungen, die z. T. noch nicht erforscht sind. Dazu zählen:
- das Waldsterben (insbesondere in Baden-Württemberg, in Bayern und in großen Teilen Ostdeutschlands),
- die Gefährdung von Tieren und Pflanzen bis hin zur Artenvernichtung,
- Veränderungen im Klein- und im Großklima,
- die Gefährdung der Böden und des Grundwassers,
- Veränderungen des Landschaftscharakters,
- vor allem: Gefahren für die menschliche Gesundheit (z. B. Leber- und Nierenschäden durch Genuss von Pilzen und Wassertieren mit Anreicherung der Schwermetalle Blei, Kadmium und Quecksilber; Atemwegserkrankungen; Lärm-Schwerhörigkeit; Berufskrankheiten).

Zwischen Ökonomie und Ökologie bestehen enge Wechselbeziehungen: Verminderungen der Umweltbelastung erfordern in der Regel zusätzliche

Investitionen oder Kontrollmaßnahmen und verringern den Unternehmensgewinn sowie das Wirtschaftswachstum. Dennoch hat man in den letzten Jahren weithin erkannt, dass der Raubbau der Natur, der Gesundheit, letztlich der Lebensqualität nicht mehr so wie bisher weitergehen kann.

Umweltschutz war und ist nicht nur ein Problem in marktwirtschaftlichen Systemen. Auch in Zentralverwaltungswirtschaften, und gerade hier, entstanden schwere Umweltschäden, weil die Planerfüllung über alles ging und Schädigungen der Umwelt oft bewusst in Kauf genommen wurden. Ansatzpunkte zur Besserung des Umweltschutzes sind:

- das ***Recycling*** (Rückgewinnung von Rohstoffen aus Abfällen und Schrott);
- strenge ***Vorgaben*** (und ihre Kontrolle) bezüglich der Abfallbeseitigung, des Wasserhaushalts, der Reinhaltung der Luft, des Schutzes gegen Lärm;
- ***interdisziplinäre Zusammenarbeit*** (z. B. von Boden- und Wasserexperten, Nahrungsmittelchemikern, Betriebswirten);
- ***internationale Zusammenarbeit*** (die z. B. bei der Säuberung des Rheins bereits beachtliche Fortschritte erzielte);
- letztlich: Verzicht auf maximales Wirtschaftswachstum und ***Stärkung des „ökologischen Gewissens“***.

Umweltschutz ist gleichzeitig eine Aufgabe für den Staat (Gesetze, Kontrolle), die Kommunen (z. B. Kläranlagen), die Unternehmungen und die privaten Haushalte. Nicht alles Wünschenswerte wird auf diesem Gebiet erreichbar sein. Die Erfolge der letzten Jahre, z. B. die Rauchgasentschwefelung, die Einführung des schadstoffarmen, benzinsparenden Autos, der Natur- und Landschaftsschutz, die beträchtlichen Umweltschutz-Investitionen, insbesondere in der chemischen Industrie und in der Energiewirtschaft, lassen für die Zukunft hoffen. Jedenfalls sind offensichtlich viele Bürger inzwischen bereit, zugunsten des Umweltschutzes materielle Opfer zu bringen.

15.4 „Standort Deutschland“: Sicherung der Wettbewerbsfähigkeit unserer Wirtschaft

Über ein Drittel der in der Bundesrepublik Deutschland erstellten Güter geht in den Export. Die deutsche Wettbewerbsfähigkeit auf dem Weltmarkt wird seit Jahren von drei Seiten beeinträchtigt:
- von der Entwicklung der Wechselkurse,

- von den Arbeitskosten und
- von der zu zögerlichen Ausnutzung des technischen Fortschritts (Produktivitätslücke).

Wechselkurs-Entwicklung
Die DM war, bis zu ihrem Aufgang in den Euro Ende 1998, stets eine starke Währung: Ihr Außenwert nahm permanent zu. In der Zahlentafel (unten) ist dies für die wichtigsten Außenhandelspartner der Bundesrepublik Deutschland dargestellt, mit denen fast 50 % der Güterexporte und der -importe abgewickelt wurden.
Die Aufwertung der DM verteuerte den Export (die deutschen Waren wurden im Ausland teurer) und erschwerten ihn dadurch. Zugleich verbilligten sie den Import und erleichterten ihn deshalb.

Die Arbeitskosten
Da die Materialkosten wegen ihrer Abhängigkeit von ausländischen Rohstoffen und Vorprodukten nur in engen Grenzen beeinflusst werden können, spielt die Entwicklung der Personalkosten für die internationale Wettbewerbsfähigkeit Deutschlands eine besondere Rolle. West-Deutschland nimmt bei den Lohn- und Lohnzusatzkosten mit Abstand den ersten Platz ein (s. Abb. S. 203).
Da Löhne in einem System mit Tarifautonomie nach allen Erfahrungen nicht zurückgeführt werden können, geht es zum einen um die künftigen Steigerungsraten, zum anderen um die Verbesserung der Arbeitsproduktivität. Letzteres setzt erheblichen Aufwand für Forschung und Entwicklung voraus und die Bereitschaft in Zukunftstechnologien zu investieren. Ein Arbeitsplatz kostet in modernen Unternehmungen oft über 50 000 Euro.

Entwicklung der DM-Wechselkurse wichtiger Außenhandelspartner *)

Jahr	Frankreich 100 FF	Niederlande 100 hfl	USA 1 $	Italien 1000 Lit.	Großbritannien 1 £
1960	85,05	110,59	4,17	6,72	11,71
1970	65,97	100,85	3,65	5,82	8,74
1980	43,01	91,46	1,82	2,12	4,23
1990	29,68	88,76	1,62	1,35	2,88
1998	29,83	88,71	1,76	1,01	2,91

Quelle: Deutsche Bundesbank.
*) Preisnotiz, s. S. 128 f.

In der Mineralölwirtschaft z. B. ergaben sich, bezieht man die jährlichen Aufwendungen für das Anlagevermögen auf den einzelnen Arbeitsplatz, 465 000 Euro. In der feinmechanischen und optischen Industrie hingegen waren es „nur“ 35 000 Euro.

Neue Technologien
Die Mikroelektronik und die Gen-Technik schaffen hier ganz neue Möglichkeiten. Obwohl der Einsatz von Robotern und Mikroprozessoren im Ergebnis Arbeitsplätze vernichtet, kann der Verzicht darauf, wie dargestellt, bei der gegebenen Weltmarktabhängigkeit der Bundesrepublik Deutschland nur zu einer weiteren Verschlechterung der Situation führen.

15.5 Alterssicherung

In den nächsten Jahren geht es insbesondere um das Problem, die Renten zu sichern. Es ist ***nicht*** so, dass jeder Arbeitnehmer – gemeinsam mit seinem Arbeitgeber, der die Hälfte der Sozialversicherungsbeiträge bezahlt –, zunächst seine Rente anspart um sie dann im Alter aufzuzehren. Vielmehr

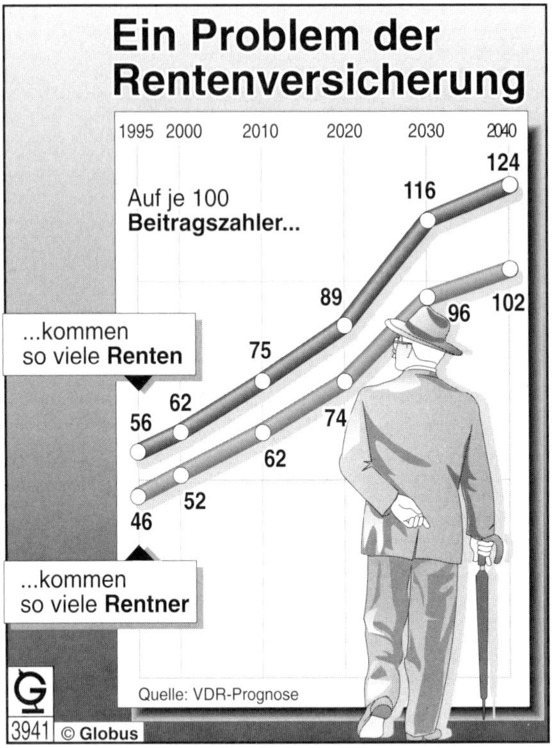

stellt die Rentenversicherung einen „Generationenvertrag“ dar: Die jeweils arbeitenden Menschen erwirtschaften die Rente für die nicht mehr Erwerbstätigen.

Als die „dynamische Rente“ 1957 eingeführt wurde, entfielen auf 100 pflichtversicherte Arbeitnehmer 37 Rentner. Wegen der rückläufigen Geburtenzahlen, dem späteren Eintritt in das Erwerbsleben (längere Ausbildung), dem früheren Übergang ins Rentenalter und einer Erhöhung der durchschnittlichen Lebenserwartung ergibt sich die im obigen Schaubild dargestellte Entwicklung: Danach müssen z. B. im Jahr 2030 voraussichtlich 100 Beitragszahler 96 Rentner ernähren.

Die absehbare Entwicklung führt nach Berechnungen des Instituts der deutschen Wirtschaft notwendigerweise zu folgender Konsequenz:

- Entweder man bleibt beim bisherigen Rentenniveau von durchschnittlich 45 %; dann muss der Beitragssatz von derzeit rund 20 % des Bruttolohnes oder -gehaltes auf 35 % angehoben werden;
- oder man bleibt beim derzeitigen Beitragssatz; dann muss die Rente auf 23 % gekürzt, d. h. fast halbiert werden;
- eine Minderung des Problems könnte durch eine Verlängerung der Lebensarbeitszeit (z. B. Hinausschieben des Eintritts in das Rentenalter von derzeit im Durchschnitt 60 auf 70 Jahre) oder
- in einer Erhöhung der Gastarbeiterzahl (und damit einer „Verjüngung" der Bevölkerung wegen der höheren Kinderzahlen, s. S. 13) liegen.

Voraussichtlich wird es darum gehen müssen, eine Kombination all dieser Varianten zu verwirklichen.

Ein besonderes Problem im Rahmen der Alterssicherung stellt die Pflegebedürftigkeit vieler alter Menschen dar. Mit der Verlängerung der durchschnittlichen Lebenserwartung stieg die Pflegebedürfigkeit überproportional. Von den über 80-Jährigen ist immerhin jeder Fünfte pflegebedürftig. Die meisten davon werden in der Familie betreut. Viele alte, hilfsbedürftige Menschen werden aber auch in Pflegeheimen „rundum" versorgt. Das

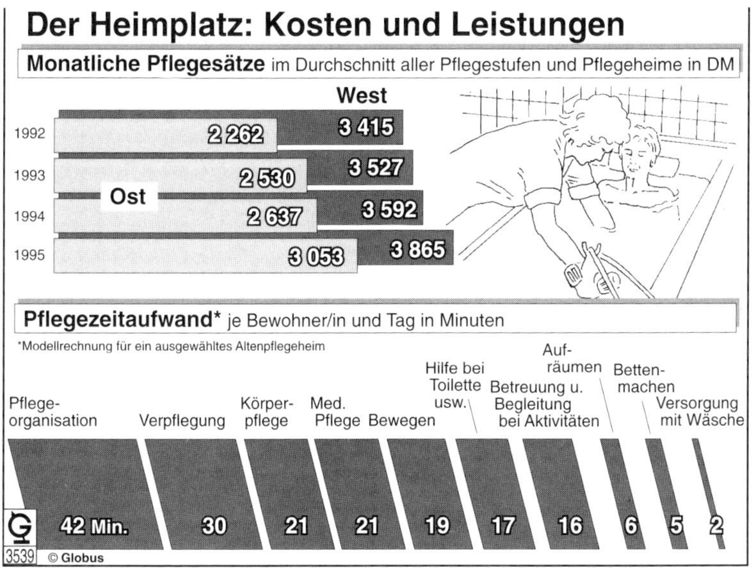

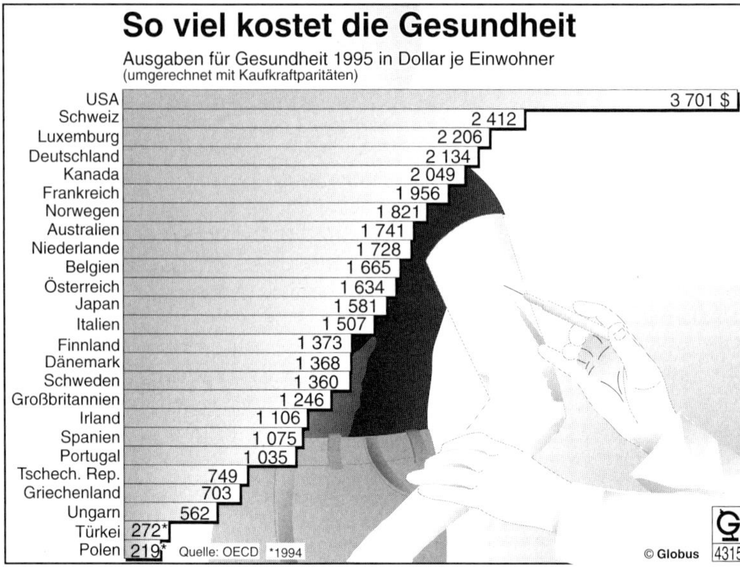

kostet viel Geld und macht viele zu Sozialhilfeempfängern, weil die Rente nicht ausreicht um den hohen Preis eines Pflegeplatzes zu bezahlen.
Die gestiegenen Ausgaben für Sozialhilfe belasten wiederum in erheblichem Ausmaß die öffentlichen Haushalte und damit die Allgemeinheit. Deshalb wurde 1994 eine pflichtmäßige Pflegeversicherung eingeführt, die – außer in Sachsen – von den Arbeitnehmern und den Arbeitgebern zu tragen ist.

15.6 „Kostendämpfung" im Gesundheitswesen

Seit den 60er-Jahren ist zu beobachten, dass die Ausgaben für die Gesundheit (Arzt- und Zahnarzthonorare, Krankenhausaufenthalt, Arzneimittel, medizinisch-therapeutische Maßnahmen, Kuren u. a.) von Jahr zu Jahr sehr stark angestiegen sind, sodass Krankenkassen, Krankenversicherungen und Sozialversicherungsträger immer wieder ihre Einnahmen, d. h. die Beiträge, den gestiegenen Ausgaben anpassen müssen. Dies gilt außer für Deutschland auch für andere Länder, insbesondere die USA und die Schweiz (s. Abb. oben).

Das überproportionale Wachstum der Gesundheitsausgaben hat Ursachen auf der Seite der Nachfrager (Patienten), der Anbieter (Ärzte usw.) und systembedingte Ursachen.

Ursachen auf der Nachfragerseite

- Mit der Wohlstandsentwicklung hat das subjektive Gesundheitsbewusstsein zugenommen.
- Mit steigendem durchschnittlichen Lebensalter verlängerte sich auch die letzte Phase des Lebens, in der medizinische Leistungen besonders häufig in Anspruch genommen werden.
- Neben der Behandlung von Krankheiten spielt die Vorsorge gegen Erkrankungen eine zunehmende Rolle.
- Die Patienten achten nicht auf Preisgünstigkeit, sondern legen häufig Wert auf besonders teure Medikamente und Heilverfahren.
- Zivilisationskrankheiten sind massenhaft geworden (z. B. Krebs).
- Es werden „Erkrankungen" behandelt, die früher nicht zur Kenntnis genommen wurden (Zahnspangen!).

Ursachen auf der Anbieterseite

- Die Zahl der Ärzte und Zahnärzte hat zugenommen und damit die Möglichkeit zur intensiveren medizinischen Betreuung.
- Die apparative Medizin ist erheblich aufwändiger als es frühere Behandlungsmethoden waren.
- Nicht nur die Arztpraxen, sondern auch die Krankenhäuser sind besser und erheblich teurer geworden. Sie achten stärker als früher auf eine weit gehende Ausnutzung ihrer Kapazitäten (betriebswirtschaftliche Führung der Kliniken).
- Die Einkommen der Ärzte sind überproportional gestiegen.
- Die Medikamente sind in ihrer Entwicklung und damit im Preis erheblich teurer geworden.

Ursachen im System

- Es gibt nur eingeschränkten Preiswettbewerb zwischen den Anbietern.
- Beim geltenden Abrechnungsverfahren weiß der Verbraucher nicht, was die Gesundheitsleistung kostet, die er in Anspruch nimmt. Er ist deshalb auch nicht an einer Begrenzung der Inanspruchnahme interessiert.
- Das Abrechnungsverfahren bietet den Anbietern wenig Anreiz zu einer Ausgaben schonenden Medizin. Eventuell bietet der verschwenderische Umgang mit Gesundheitsgütern den Ärzten sogar Vorteile (Einkommenserhöhung).

- Es gibt immer noch relativ wenig Selbstkostenbeteiligung der Nachfrager.
- Es erfolgt keine hinreichende Abstimmung zwischen niedergelassenen Ärzten und Krankenhäusern (mehrfache Erbringung der gleichen Leistungen).

Trotz Kosten dämpfender gesetzlicher Maßnahmen ist der Anstieg der Gesundheitsausgaben weitergegangen. Auf Dauer wird es nötig sein, den Gesundheitssektor anders zu organisieren, und zwar mit folgenden Merkmalen:

- freie Tarifwahl mit unterschiedlicher Selbstbeteiligung (je nach Einkommenssituation);
- stärkere Bindung der Beiträge an die Inanspruchnahme von Leistungen bei gleichzeitiger Unterstützung bedürftiger Versicherungsnehmer durch den Staat;
- grundsätzlich: Bezahlung durch den Patienten und anschließende Erstattung durch die Krankenkassen (Erhöhung der Preistransparenz).

Personen- und Sachwortverzeichnis